U0470151

本书系作者主持的国家社会科学基金项目“马克思主义经济学中国化历程研究”（13BJL005）的阶段性成果，得到江苏省高校“青蓝工程”和江苏省重点建设学科——盐城师范学院马克思主义理论一级学科支持

马克思主义话语创新与生活传播研究丛书

论马克思主义经济学的当代性与中国化

贾后明　著

中国社会科学出版社

图书在版编目（CIP）数据

论马克思主义经济学的当代性与中国化/贾后明著．—北京：中国社会科学出版社，2016.6

ISBN 978－7－5161－7918－5

（马克思主义话语创新与生活传播研究丛书）

Ⅰ.①论…　Ⅱ.①贾…　Ⅲ.①马克思主义政治经济学—发展—研究—中国　Ⅳ.①D61

中国版本图书馆 CIP 数据核字(2016)第 070539 号

出 版 人	赵剑英
责任编辑	卢小生
特约编辑	林　木
责任校对	周晓东
责任印制	王　超
出　　版	中国社会科学出版社
社　　址	北京鼓楼西大街甲 158 号
邮　　编	100720
网　　址	http：//www. csspw. cn
发 行 部	010－84083685
门 市 部	010－84029450
经　　销	新华书店及其他书店
印　　刷	北京君升印刷有限公司
装　　订	廊坊市广阳区广增装订厂
版　　次	2016 年 6 月第 1 版
印　　次	2016 年 6 月第 1 次印刷
开　　本	710×1000　1/16
印　　张	18. 25
插　　页	2
字　　数	309 千字
定　　价	78. 00 元

凡购买中国社会科学出版社图书，如有质量问题请与本社营销中心联系调换

电话：010－84083683

序　言

赵玉琳*

传统或经典的马克思主义经济学，是指马克思主义创始人的经济学说，最具代表意义的经济学理论范本当属马克思的《资本论》。经典马克思主义经济学当代性与中国化这个选题不仅意义重大，而且涉及经济学理论范畴、科学原理、理论体系乃至研究方法等许多理论问题，应该说一个经济学者哪怕投入毕生精力也未必能够解决其中涉及的所有问题。贾后明教授的《论马克思主义经济学的当代性与中国化》这部新作，可以说是他对这个问题进行探讨的阶段性成果，着重对其中的几个重要问题进行了较为系统的探讨与思考。据我理解，在这部著作中，作者主要试图回答以下几个问题：（1）研究经典马克思主义经济学的当代性与中国化的重要意义；（2）实现经典马克思主义经济学中国化的基本路径；（3）如何实现价值、资本、所有制、分配等重大经济理论的传承与创新；（4）怎样看待社会主义与市场经济的关系；（5）怎样看待当代资本主义的新变化；（6）实现经典马克思主义经济学中国化的基本方法。

一　研究经典马克思主义经济学的当代性与中国化的意义

贾后明教授这部著作讨论的问题，可以说是国内经济理论界许多学者都十分关注的一个重大课题。那么，为什么要研究马克思主义经济学的当代性与中国化这个问题呢？作者认为，这是由经典马克思主义经济学的历史时代特征和批判性特征决定的。

众所周知，18 世纪后期到 19 世纪中期，以英国为代表的西方国家产业革命迅速兴起，使一些国家步入了工业化时期，不仅推动了经济发展，

---

* 赵玉琳，吉林省社会科学院研究员，《经济纵横》杂志社编委会副主任，吉林省财政学会、价格协会常务理事，吉林省社会科学研究系列高级职称评审委员会委员，吉林省社科基金项目学科组评审专家，国家社科基金项目学科组评审专家。

也促使工场手工业时期的社会经济关系发生了巨大变化，工人阶级逐渐登上了历史舞台，劳资矛盾逐渐上升为社会各阶层之间的主要矛盾。经典马克思主义经济学就是在这样的历史背景下产生的。

从18世纪后期到19世纪中后期，伴随着西方国家工业化步伐的加快，工人阶级受剥削受奴役的程度也在逐步加深，在推进工业化加快经济发展的过程中，如何认识乃至改变处于社会最底层的工人阶级的生活状况，成为当时经济发展中面临的十分重大的社会问题。这个问题不但引起了社会有识之士的关注和担忧，也引起了众多经济理论学者的思考和探索，有的学者特别关注经济增长，有的学者格外关注福利改善，从而形成了不同的经济理论流派和不同的经济思想，占据主流地位的是自由资本主义的经济思想。

马克思为了揭露劳资之间矛盾的实质，批判资本主义制度，批判自由资本主义的经济思想，耗费了大约40年的时间，完成了饱含他毕生心血的经济学理论巨著《资本论》。他依据唯物史观，发现了任何社会经济形态的产生、发展、衰落、消亡都具有历史必然性的一般规律，因而他证明了资本主义社会经济形态产生和发展既有客观必然性，又有历史暂时性，不是永恒的。他通过科学的劳动价值论和剩余价值理论的确立揭示了利润的本质，从而深刻地揭示了资产阶级是怎样利用资本来剥削工人阶级的奥秘。以《资本论》为标志的经典马克思主义经济学在经济学说史上的划时代的里程碑意义，是一百多年来国内外学者普遍认可的，所以，马克思才成为一位最伟大的千年思想家。

任何人的任何一部著作都不可能终结真理，即使是最伟大的思想家最经典的著作，也只是人类在探寻真理过程中的一个阶段性成果。马克思毕竟是处于自由资本主义时代的工人阶级的代言人，他的研究目的只是揭示劳资之间尖锐对立的一面，而不是研究如何解决劳资矛盾。他所处的时代市场经济尚未充分发展，因而他的理论不可能回答当今时代日趋成熟的市场经济发展中遇到的新问题。中国改革开放以来，在发展社会主义市场经济过程中遇到的许多新问题，也很难在《资本论》中找到现成的答案。正如贾后明教授所说的那样："传统马克思主义经济学的核心任务是批判资本主义制度，而资本主义实行的是市场经济。要用批判市场经济的马克思主义经济学传统理论来指导中国的市场经济建设，传统马克思主义经济学理论是难以承担这一任务的。"

正因为经典马克思主义经济学具有鲜明的历史时代特征和批判性特征，所以，我们才要研究经典马克思主义经济学的当代性和中国化问题，才要继承和发展经典马克思主义经济学，努力构建符合当代中国现代化建设需要的马克思主义经济学理论新体系，为深化经济体制改革和扩大对外开放服务，为完善社会主义市场经济体制提供有力的理论指导，为促进经济发展和社会进步提供强大的理论支撑。

二 经典马克思主义经济学中国化的基本路径

对于这个问题，作者从经典马克思主义经济学与一般经济理论、西方经济学、中国实践的关系等方面进行了探讨。他认为，经典马克思主义经济学属于描述自由资本主义时代经济关系的特殊经济理论，不属于一般的经济理论。因而他指出："从现实和理论上看，马克思经济学只能说是现代经济学理论中的一个流派，难以成为一个基础性的理论。一方面，社会接受马克思主义经济学的程度有限，只有一部分人接受和运用马克思主义经济学理论去研究社会经济问题；另一方面，传统的马克思主义经济学只是在经济学理论的部分领域作了分析和探讨，没有形成指导经济活动的系统理论体系。此外，传统马克思主义经济学主要是批判资本主义经济制度的，虽然对资本主义的制度分析有意义，但难以实现对经济决策的具体指导。""事实上，马克思主义经济学不是现代经济学的范式，尚未成为主流经济学，马克思主义经济学的历史定位和自身逻辑也决定了它不可能成为现代经济学的范式。"

贾后明教授说："马克思主义经济学要发展和创新，其动力既来自中国的社会主义市场经济实践，也来自各种思想和理论的交锋与碰撞。""马克思主义经济学批判西方经济学，不等于彻底否定和取代西方经济学。在具体的微观领域，马克思主义经济学不可能也没有必要创造出一套完全不同于西方经济学的概念和理论的新体系。西方经济学在微观领域所做的研究要早于马克思主义经济学，总结的内容要比马克思主义经济学更全面，不能因为这些结论是西方经济学做出的就要另外创立一套不同的理论来代替它们。"

作者强调指出："马克思主义经济学之所以要中国化，是因为中国的社会主义市场经济实践提出了许多新课题，而传统的马克思主义经济学不能解决这些新课题，这就要求创新马克思主义经济学，从而必然会使马克思主义经济学实现中国化。""我们不仅要挖掘马克思的市场经济思想，还要科学地对待马克思经济思想中与现代经济发展存在矛盾的内容，从历史唯物主义的角度科学地理解和运用这些思想。对传统的马克思主义经济学理论，要从对资本主义批判和对社会主义建设两个方面的统一需要角度加以转换，克服马克思主义经济学体系中的矛盾，重新构建马克思主义经济学体系的新框架，体现马克思主义经济学中国化的理论价值。”

这就不难看出，在作者看来，只有从中国的国情出发，继承和发展经典马克思主义经济学的理论成果，借鉴和吸收西方经济学理论体系的科学成分，才能构建当代中国的马克思主义经济学理论体系，从而实现经典马克思主义经济学中国化。

三　如何实现价值、资本、所有制、分配等重大经济理论的传承与创新

关于价值理论。作者对国内外有关价值理论不同观点的争论作了较为系统的梳理和点评，为深化这方面的研究提出了一些值得思考的问题和研究方向。在作者看来，价值理论的争论之所以旷日持久，难以达成共识，主要是因为我们赋予了价值理论不该承担的任务，对价值理论的期望值过高。劳动价值论强调的是劳动是创造价值的唯一要素，因此，其他生产要素参与分配就是对劳动创造的价值的剥削，就是不合理的。劳动价值论为社会分配关系的合理性提供了客观标准和根本的价值判断。

无论是效用价值论还是生产费用价值论，或者是生产要素价值论，强调的是各种生产要素因为共同创造财富，所以才共同创造价值，因此，各种生产要素参与财富分配都是合理的。严格说来，西方经济学的价值理论所说的价值实际上就是效用，只要是对人有用的物品（财货），就有价值，就是财富。他们并有严格区分使用价值和价值，或者说，他们的价值概念与马克思所说的使用价值概念更为相似。

劳动创造的价值因为各种劳动质的差别而无法比较，因而体现在商品中的价值量是不可能直接量化的。同样的道理，各种物品的使用价值质的差别也无法比较，因而效用的价值量也是无法衡量的。如果试图直接对各种不同使用价值和价值进行量化及比较，都是徒劳的，也是毫无意义的。因为现实的商品交换和收入分配都是通过价格形式实现的，现实的分配是财富的分配，不是价值的分配，而是价格的分配，价值不过是在背后更深层次上起作用的因素，不能把价值理论与分配政策直接挂钩。我们只要清楚一点就足够了，那就是：两种不同的价值理论只不过是为社会财富分配关系提供了两种根本不同的价值评判标准而已，不能赋予价值理论更多的

使命。

关于资本理论。作者通过对资本理论的全面梳理和分析，在深入挖掘已有理论成果的基础上，提出了自己的见解。认为：资本在组织生产、优化资源配置、优化劳动组合、节约成本和费用、促进技术创新等方面具有重要作用，通过资本一般性质的分析，论述了资本在市场经济中存在的必然性与合理性。这就提出了一个很重要的问题，资本不是资本主义社会中特殊的经济关系，并非仅仅具有“从头到脚，每个毛孔都滴着血和肮脏的东西”① 的阶级属性，而是市场经济中一般的经济关系，探讨资本的一般属性，对于发展社会主义市场经济具有十分重要的理论价值和应用价值，为深化资本理论研究拓展了新视野。

关于所有制理论。作者不但理清了相关争论的来龙去脉，还抓住了争论的关键所在，强调对公有制效率必须历史、全面、辩证地加以认识，“不能把历史价值与现实价值混淆”，“不能把制度因素与自身经营相混淆”，“不能把公共领域与竞争领域相混淆”，“不能把理论效率与现实效率相混淆”，从而为深化对公有制的认识进一步理清了思路。

至于民营资本存在和外国资本引入的现实必然性与合理性问题，作者也是从市场经济一般属性的视角进行解释的：“如果不把社会主义定位为一种纯粹的计划经济，不定位为完全的公有经济，而是以市场作为资源配置的一种经济模式，那么，私有资本与外来资本不仅有存在的空间，还有存在的必要。市场就是要不同的主体进行竞争才能发挥效率，才能发现价值并最终实现资源的有效配置。而私有资本的存在不仅是解决经济发展中的资本稀缺问题，而且还提供了竞争主体和竞争模式，促使各种主体以市场为导向来进行资源配置，促进整个社会效率提升和资源的合理利用，使整个社会的经济得到更快发展。”这种超越某些已然固化了的思想意识束缚的研究视角和分析结论，令人觉得更能彰显学术的味道和学者的风范。

关于分配理论。正如作者分析的那样，价值理论是分配理论的思想基础。按照马克思的劳动价值论，既然劳动是创造价值的唯一要素，那么，社会财富只有实行按劳分配才是合理的。按照西方经济学的效用价值论，社会财富既然是土地、资本、劳动、技术等生产要素共同创造的，那么，这些要素共同参与分配就是合理的。由于人们的立场不同，如果站在劳动

① 马克思：《资本论》第一卷，人民出版社 2004 年版，第 871 页。

者的角度，就会强调按劳分配的合理性；如果站在投资者或生产要素所有者的角度，就会强调按生产要素分配的合理性，所以，这两种分配理论因为包含着根本不同的价值判断，不可能在学界乃至全社会形成统一的思想认识。

现实的财富分配关系是按生产要素自发形成的价格进行的分配。在市场经济条件下，社会生产规模取决于货币资本的规模，社会生产和再生产规模随着货币资本规模的增减而扩大或缩小，工资水平随着投资规模的增减而上升或下降，资本决定着生产和分配。市场经济内在的运行机理决定了资本在生产和分配中居于支配地位，起着主导作用，导致社会财富不断地向投资者手中积聚，而劳动者拥有的财富逐渐相对减少，最终形成两极分化的分配格局。

西方许多学者也不认为这种分配结果就是合理的。但是，由于他们在理论上不承认劳动价值论的科学性，而是以效用价值论为基础，强调按生产要素分配的合理性，实质上也就间接地肯定了资本在市场经济分配关系中占据统治地位的合理性。

无论是社会主义国家还是资本主义国家，只要是实行市场经济的国家，都面临着收入分配不公乃至两极分化问题，都不能不通过各种制度和政策手段对国民收入进行调节。作者依据生产决定分配的经济学原理，阐明了如果不把蛋糕做大，不通过财富增量的调节，就不可能改善分配结构，所以，要坚持效率优先的原则，在把蛋糕不断做大的前提下，适时调整和改善社会财富的分配格局，逐步缩小收入分配的差距。

作者特别关注社会财富的市场分享机制问题，国内有些学者也在探讨利润分享问题，难点在于发现或找到财富或利润分享的路径、手段和方法。在实践层面上，北欧一些高福利国家在不同的经济发展阶段，调整社会财富分配关系的具体制度和政策，或许对我们更有借鉴意义，可能更值得我们研究和思考。

四　怎样看待社会主义与市场经济的关系

正如作者所说的那样，如果教条式地把社会主义理解为“社会主义＝公有制（全民和集体　国有）＋计划经济＋按劳分配”，把资本主义理解为“资本主义＝私有制＋市场经济＋按资（要素）分配”，那么，“当我们今天出现私有制时，当实行市场经济时，当按要素分配时，就会被人们认为不是在搞社会主义，而是在搞资本主义”。

如果摆脱传统的思维定式，重新认识社会主义的本质，就会发现，社会主义与市场经济是可以相容的。因而作者从“更加广泛的社会联系和丰富的社会消费”、“更加有效的社会协调”、“共同富裕和发展的社会奋斗目标”三个方面重新阐释了社会主义的本质特征，进而论述了社会主义与市场经济的内在统一性：“生产发展与效率提升是社会主义与市场经济的共同目标”，“分配公平与社会协调是社会主义与市场经济的内在要求”。当然，作者这些带有创新意义的思想观点未必能为学者们普遍接受，还有很大的探索空间。

五 怎样看待当代资本主义的新变化

资本主义社会经历了几百年的发展而没有很快走向衰落乃至消亡，这也是众多学者思考的一个重大的实践问题和理论问题。作者认为，资本主义之所以能够持续发展，是因为“资本主义制度内在的扬弃”。依作者之见，当代资本主义的新变化主要体现在四个方面：一是资本集中、集聚和垄断；二是资本集中社会化的方式更加广泛；三是国家不断强化对经济的宏观调节；四是资本主义国家不断调整制度形态，推动科技创新和组织创新。

作者指出，资本主义发展过程中遇到的诸多矛盾，“既不断带来各种冲突，也促使社会各个方面寻找解决办法，社会不断扬弃一些旧的体制和方法，通过新的手段和方法从某种程度上缓解矛盾。资本主义虽然不能从根本上来解决这些矛盾，但找到了化解的办法，化解了一次次的危机，实现了新旧更替，使资本主义得到了一定的发展，实现了资本主义内部的多次质变”。

作者进一步指出：“随着资本主义制度进一步的巩固和发展，资本主义社会中的统治阶级，包括资本家和资产阶级学者，开始认识到必须自觉主动地对其制度中不适应生产力发展，尤其是不利于社会保持稳定的因素进行调整，因此对社会中存在的各种矛盾和出现的问题进行自觉地研究，力求通过体制创新来解决社会矛盾。这种自觉调整使资本主义制度有了弹性，使这种制度有了一定的应变性。”但是，“资本主义制度的内在扬弃不可能直接导致资本主义向社会主义的转变”。

六 实现经典马克思主义经济学中国化的基本方法

长期以来，我们在坚持和发展马克思主义经济学时总是强调，不能拘泥于马克思主义经典著作中的具体结论，而是应该坚持马克思主义经济学的立场和方法。马克思主义经济学的立场是为了无产阶级和整个人类的自由和全面发展，而马克思主义经济学的方法则并没有清晰明确的总结。有的学者从社会经济结构和制度层面总结马克思主义经济学的特征，有的学者则坚持马克思主义经济学是历史演化过程方法的开端。而贾后明教授则充分肯定了马克思的历史与逻辑统一研究方法是马克思主义经济学的精髓，强调在研究经济问题过程中，要把科学的理论抽象与实践经验总结有机结合起来。他认为，现阶段坚持历史与逻辑统一的方法，很重要的一点就是要把社会主义社会的发展看作是一个动态的历史发展过程，不回避前进中的问题和矛盾，坚持“马克思主义者对待现实社会主义社会的科学态度，要用发展的眼光来看待现实社会，对问题进行分析和批判”，并“把这种分析批判作为推动事物进步的力量，作为建构社会主义经济制度的一个部分”。

同时，作者还指出，“马克思主义经济学要向应用化方向发展，需要学习借鉴西方经济学的方法，包括边际分析方法”；“相比马克思主义经济学，西方主流经济学对数学的运用更加显著和有成效”，这也是值得学习和借鉴的。

作者旗帜鲜明地反对以教条主义的态度看待经典马克思主义经济学理论，特别强调要突破那些背离科学精神的意识形态的局限，指出：“从改革开放到今天，我们实践和创新着属于中国的马克思经济学，这种经济学的特点就是：超越意识形态对具体经济的价值评判，根据中国改革开放以来社会主义经济建设的实践经验，建立中国特色的社会主义市场经济理论。”

综观全书，贾后明教授这部著作的一个突出特点就是对相关理论不同观点争论的梳理较为系统，对每个问题的探讨都尽可能先弄清楚理论演进的脉络。这不但为他提出自己的观点奠定了坚实的基础，也可以为学者们继续深入探讨这些问题提供一些有重要参考价值的资料，有利于同类研究节约时间、节省成本。

这部著作的另一个显著特点就是充分体现了作者对这些问题的独立思考。经典马克思主义经济学的当代性与中国化的目的是把经典马克思主义经济学化为当代中国的马克思主义经济学。实现这个目标，既要破也要立，既要传承也要创新，要对经典马克思主义经济学的方法、概念、原理、体系进行全方位的解读、辨识和评价，在此基础上，继承和发展经典马克思主义经济学，为构建当代中国的马克思主义经济学理论新体系夯实基础。贾后明教授在这方面作了有益的探索，在本书中提出了许多新见解，这种善于独立思考和勇于探索的科学精神是值得赞赏和推崇的，相信他会继续发扬这种科学态度和探索精神，坚持不懈地深入进行研究，把更多的马克思主义经济学的当代性与中国化的新成果奉献给读者。

目　　录

导论　马克思主义经济学中国化的若干问题

作为马克思主义理论主要组成部分，马克思主义经济学必然随着马克思主义中国化而出现中国化问题。不过，马克思主义经济学的中国化与马克思主义哲学或科学社会主义理论的中国化有不同之处。马克思主义哲学和科学社会主义理论可以结合中国传统哲学和中国社会主义实践而形成新的思想和理论，但马克思主义经济学有着自身内在逻辑与结构，还面临着西方经济学的挑战，其所面临的理论困境远远大于哲学和科学社会主义理论。马克思主义经济学的中国化需要解决其与一般经济理论、西方经济学及中国实践等关系问题。只有构建有中国特色的马克思主义经济学理论体系，才能实现马克思主义经济学中国化的理论价值。

一　一般经济理论与马克思主义经济学

中国的经济建设需要经济理论的指导，那么有没有一般性的指导具体经济活动的经济理论呢？如果有，马克思主义经济学与一般经济理论是什么关系？如果没有，马克思主义经济学可以成为一般经济理论或经济学基础理论吗？从应用经济学角度看，存在一般性的企业经营、管理和市场营销等理论，因为应用经济学不存在阶级性的问题。当然，研究者对应用经济学涉及的一些基本经济概念可能还存在争议，但应用经济学的理论内容已经得到了社会的普遍认可，否则应用经济学就无法得以教学和研究。这说明，存在不同层次的经济学理论，具体应用领域的经济理论存在普遍性，不区分为社会主义或资本主义的理论，这些理论同样适用于中国的经济活动。但在经济学的基础理论领域，对于是否存在普遍性理论的问题，各界对此争议很大。不仅马克思主义者对经济学基本理论的看法不同于西方经济学，就是西方经济学内部也有不同看法。这种情况并不限于经济学领域，其他社会科学的基础理论也都面临着同样问题，越是基本概念、基本原理越是有争议。但不管如何争议，人们在一定时期和阶段还是大致接受了某些基本概念和理论，并用这些概念、理论和方法观察和指导社会实践活动，形成了一定的范式。范式不是永恒的，范式中的基本概念和理论体系会随着社会实践的变化和研究的深入而出现突破，最终被新的范式所取代。但在旧范式还没有被取代之前，虽然存在各种争议，人们还是基本遵循了旧范式的基本规定。作为一门社会科学，经济学在一定时期也会有一定范式，这些范式不是人为规定的，而是取决于社会对某种理论的接受程度，范式形成后就会成为各种活动的研究基础。

从经济学研究和指导社会实践的角度看，现代经济学存在一定的范式。虽然这一范式的表述并不完全明确，许多基本问题还有争议，但是经济研究和经济决策依据的基本概念、原则和方法是存在的。[①] 这是经济决策的需要，也是经济学教学与研究的需要。存在一定范式，也就等同于存在着被广泛接受的具有一般性的基本理论。在现代经济学范式中，马克思主义经济学的地位、作用和价值是什么？马克思主义经济学中国化的目的是不是要增强马克思主义经济学在这一现代经济学范式中的地位，或是由马克思主义经济学为主导创立一个新的范式？这些都是需要研究的问题。

经济学作为应用性学科的主要任务是解释经济现象而不是批判经济现象，现代经济学的研究和发展主要是在经济发达国家和地区，这些国家和地区为经济学研究提供了众多的资料和条件。马克思主义经济学应该坚守一些领域吸纳各种经济思想和理论。马克思主义经济学不可能摆脱现有的经济学概念体系，在现有概念体系下独创一套思想理论体系。马克思主义经济学的研究应该得到重视，但这不等于说要用马克思主义经济学取代一

---

① 当前，我国理论界对现代经济学范式并没有统一说法，一些学者不承认西方经济学教科书提出的概念和体系，即不承认西方主流教科书中表述的理论代表了现代经济学范式。但是，不管是否承认，从人们的接受程度和传播角度看，经济学作为一门学科，当前存在一定的范式。中外许多《经济学原理》、《经济学概论》、《经济学基础》等教材虽然角度各异、表述不同，但基本概念、思想和方法是相似的，这些教材内容被广泛地接受为经济学的基础内容，表明现代经济学范式的存在是客观的。西方主流经济学所表述的范式不断受到各个方面挑战，但并没有达到可以推翻这一范式而形成新范式的时机。国内一些学者提出要建立一套新的现代经济学范式，可以尝试，但是要建立一套可以成为范式的经济学理论并不取决于个人。西方新古典经济学成为西方主流经济学是经过几代人长期努力的结果，因此，新的经济学范式的形成取决于理论的逻辑力量和社会对这种新体系的需要与接受程度。

般性的经济学理论。马克思主义经济学在经济学中的地位和作用是由其理论贡献和社会影响决定的。只有科学认识和对待马克思主义经济学，才能充分发挥马克思主义经济学在经济学研究中的作用，最终形成真正在理论上有说服力的中国化的马克思主义经济学创新思想。

二 西方经济学与马克思主义经济学

在马克思主义经济学中国化或马克思主义经济学创新过程中，如何对待和处理其与西方经济学的关系是一个核心问题。马克思主义经济学与西方经济学在许多经济学的基本问题上都存在明显分歧，但不能因存在这些分歧而否定对方。从理论层面上看，不管是马克思主义经济学还是西方经济学，当前还没有哪一种经济学理论已经穷尽了经济问题而成为真正完整的理论体系，各种经济学说和流派存在观点不一致是正常的科学研究现象。即便马克思主义经济学在方法上有科学性，在经济问题的本质分析上更深刻，也不等于说西方经济学侧重经济现象的研究就没有价值。从实践中看，经济活动十分丰富，不同研究角度不同，运用的方法和手段不同，得出相悖的结论也是正常的，科学的研究正是需要从不同角度去探寻真理。此外，不能把西方经济学中从现实经济运行合理性的角度形成的经济学理论，都一味地称为庸俗经济学理论并加以批判。由于发达国家经历了长时期的市场经济发展过程，所以应用层面的经济理论来自发达国家并不奇怪，而且很多应用性理论并没有涉及意识形态领域。对于一些与资本主义制度直接关联、有意识形态内容、来自发达国家的经济学理论，也不能单纯地将其与政治立场挂钩。西方经济学中许多内容只是对西方社会的现象描述，可能不深刻，但在现象层面上又是西方社会实际存在的。西方经济学没有对西方经济社会作过多的分析和批判，而这正是马克思主义经济学的任务。

西方经济学不是单纯为了对抗马克思主义经济学而产生的一种学说，而是为了其自身经济发展的需要而产生的。西方经济学在发展中确实有为其社会制度辩护的一面，包括为其自身思想的价值进行辩护，但不等于说西方经济学就可以漠视经济实践的需要而成为纯粹的制度辩护理论。市场经济的形成、发展和存在的问题正是西方经济学研究的主题，也是西方经济学发展的动力。中国在社会主义市场经济建设过程中如果没有对西方经济学的学习和借鉴，就无法较快地掌握市场经济的一般规律。学习和借鉴人类优秀成果，包括西方经济学的研究成果，依旧是中国加快发展的必由之路。在我国市场经济实践中，虽然也可以逐步总结和归纳市场经济的一般规律，但这是一个非常漫长而且可能存在许多曲折的过程。因此，在对待西方经济学上也应该坚持科学的态度，不能否定在前，而是应该实事求是，学习和借鉴在前。当然，在所有理论面前都不能盲从，而是要根据实践情况和需要加以分析和判断，这才是对待理论的科学态度。这种态度对所有的理论都适用。①

马克思主义经济学要发展和创新，其动力既来自中国的社会主义市场经济实践，也来自各种思想和理论的交锋与碰撞。坚持马克思主义，不能故步自封，而是要定位好自己的理论，在学习和借鉴其他理论中发展自身。马克思主义经济学与西方经济学在根本问题看法上是对立的，马克思主义经济学正是要在批判西方经济学的基础上阐发自己的思想和理论，这更需要对西方经济学采取科学的态度。马克思主义经济学批判西方经济学，不等于彻底否定和取代西方经济学。在具体的微观领域，马克思主义经济学不可能也没有必要创造出一套完全不同于西方经济学的概念和理论的新体系。② 西方经济学在微观领域所做的研究早于马克思主义经济学，总结的内容要比马克思主义经济学更全面，不能因为这些结论是西方经济学做出的就要另外创立一套不同的理论。

---

① 杨瑞龙认为："把马克思主义经济学或者西方经济学教条化，都会导致中国经济学的发展走入死胡同。我们常常看到在有关中国问题的研究中出现了一些伪命题，其原因在于理论忽视了所探讨问题的复杂性。"（参见《西方经济学与中国经济学的现代化——杨瑞龙教授访谈》，《国外理论动态》2003 年第 9 期）因此，不管是马克思主义经济学还是西方经济学，对理论的盲目相信并不是理论本身的错，而是教条理解和使用理论的人犯了错，不能将教条主义的错归咎于理论本身。

② 有学者提出把"利己与利他经济人"作为现代经济学对经济个体的理论假设前提，以此代替西方经济学"经济人"或"理性人"单论的利己角度的假设前提。（参见于金富《构建现代马克思主义经济学范式》，《马克思主义研究》2008 年第 4 期；程恩富：《重建中国经济学：超越马克思与西方经济学》，《学术月刊》2000 年第 2 期）从对人性假设的全面性看，"利己与利他经济人"比单纯的"利己经济人"更能全面地反映人性，但是这种提法试图将经济理论构建在没有矛盾并且可以辩证解释现实的理论体系之中，这在理论体系的构建和完善中是难以实现的。过多的前提假设条件只会使理论难以清晰，无法进行模型构建。经济学作为不同于社会学等学科的一门学科，"经济人"比"社会人"的假设更有利于学科研究的需要。

三 中国实践与马克思主义经济学

马克思主义经济学之所以要中国化，是因为中国的社会主义市场经济实践提出了许多新课题，而传统马克思主义经济学不能解决这些新课题，这就要求创新马克思主义经济学，从而必然会使马克思主义经济学实现中国化。但是，中国的实践有没有提出一些带有根本性的理论问题，而这些问题是否用传统经济学和马克思主义经济理论都无法解决，必须要在理论上进行变革和创新呢？

应该说，中国的社会主义市场经济实践确实给马克思主义经济学提出了许多根本性的课题，如社会主义制度下能不能实行市场经济、公有制与其他所有制的关系、资本在社会主义制度里的性质和作用、股份制的公有性、按劳分配如何实施、计划与市场的关系、融入全球市场带来的剩余价值剥削等问题。这些问题在马克思主义经济学的传统体系中是无法解决的，只有对马克思主义经济学进行创新和发展，最终形成有中国特色的马克思主义经济学，才能很好地解释并指导中国的社会主义市场经济建设。

但是，从经济学的基本理论上看，实行市场经济的中国能不能形成自己独特的经济理论和创新呢？学界对没有形成共识。中国社会主义市场经济模式到底是一种理论创新还是一种体制转型的模式，在经济理论上有没有独特意义，或者独特性能否促使一种新的理论诞生？当前理论界也没有充分解决这一问题。

如果在经济学理论上没有重大意义，中国的社会主义市场经济实践在传统经济理论内还可以解释，那么这种实践的创新意义可能更多的是对马克思主义经济学而言的。依据西方的发展经济学理论来看，中国在经济建设上的成就是一种后发优势的表现，并没有突破前人对市场经济规律的总结，只不过中国在经济手段和资源使用上更加充分和灵活而已。在转型过程中，中国确实具有其他市场经济国家发展中所没有的政府对社会资源的控制能力，这在起飞阶段发挥了很大的作用，但很难说这是一个可以持久运用的超阶段性的手段。中国在转型中有许多特殊性和复杂性的一面，但这些特殊的一面并不必然指向一种新理论的诞生。创新理论必须要有实践验证，还要有逻辑证明。

中国实践加上马克思主义经济学的主导影响下，中国经济理论确实会有不同于西方主流经济学的思想内容和研究方法，也可能会形成经济学中的中国流派或学派，但是中国流派或学派的经济学即便存在，也不能说就可以取代西方经济学而成为中国经济学的唯一指导思想。一种思想唯一化也就走向了绝对化，失去了创新和发展动力。中国的实践再特殊，也依旧要遵循经济规律；西方主流经济学再有问题，也是人类长期社会实践和理论研究的成果。中国的经济学可以吸收三者的营养：马克思主义经济学、西方经济学和中国实践，形成有中国特色的经济理论或流派，但不等于说可以抛弃西方经济学而成为完全创新的理论体系。正如杨瑞龙所言，"经济学的现代化既不是纯粹的国际化，也不是纯粹的本土化，而是两者的有机结合"。①

四　马克思主义经济学中国化的体系与价值

马克思主义经济学在中国承担的任务有两项：一是指导中国的经济建设；二是批判资本主义经济制度，这二者应该是马克思主义经济学中国化理论体系中的主要组成部分。从马克思主义经济学的统一性来看，马克思主义政治经济学教材中的社会主义与资本主义两部分应该有一个统一的立场、观点和方法。如果在对待资本主义市场经济与社会主义市场经济上二者观点不同，可能导致马克思主义经济学的两难境地。②

传统马克思主义经济学的核心任务是批判资本主义制度，而资本主义实行的是市场经济。要用批判市场经济的马克思主义经济学传统理论来指导中国的市场经济建设，传统马克思主义经济学理论是难以承担这一任务的，而要创新和发展马克思主义经济学，首先是要学习和借鉴西方相对成熟的经济理论。有些内容并不是西方经济学讲过了马克思主义经济学就不能讲，因为市场经济在具体操作层面是相似的，理论不过是经济实践的总结。西方经济学可以研究，而且完全可以根据自己的实践加以深入挖掘，

---

① 《西方经济学与中国经济学的现代化——杨瑞龙教授访谈》，《国外理论动态》2003 年第 9 期。

② 参见贾后明《批判与构建——马克思经济学的两难》，《贵州财经学院学报》2007 年第 3 期。

不能有非此即彼的线性思维。当前国内编写的社会主义市场经济理论教材试图把市场经济的一般理论与中国实践相结合，把中国社会主义市场经济中的实践经验结合市场经济理论加以阐释，较好地发挥了马克思主义经济学对中国现实经济的理论指导作用。当前许多《社会主义市场经济理论》教材也是从微观个体和企业讲起，分析市场交换的地位和作用，研究社会主义生产、交换、消费和分配在市场体制下的运行机制，并且对宏观调控和国际经济关系作了较全面的分析。这样的教材虽然有模仿西方经济学教材形式和内容之嫌，但是结合了中国的市场经济实践，从社会主义与市场经济相结合的角度对现实经济问题作了理论分析，提高了理论解释现实的能力，对推进社会主义市场经济理论的深入宣传与研究是有价值的。

当然，许多社会主义市场经济理论的教材还没有很好对马克思关于资本主义市场经济的批判思想加以转换，这些教材往往直接借用了西方经济学的理论来分析中国的经济问题，而对《资本论》等马克思主义经济学经典著作中对市场经济客观规律的分析没有提炼和概括，没有从马克思主义经典著作中吸收营养，这样就很难保证在马克思主义的立场和方法下对社会主义的经济建设进行全面理解和阐发，也就不能全面准确地理解、把握和运用马克思的经济思想来指导中国的经济建设。因此，从马克思对资本主义市场经济的否定性论述中提炼、转换适用于中国社会主义市场经济建设的理论，是马克思主义经济学中国化的重要任务。

我们不仅要挖掘马克思的市场经济思想，还要科学地对待马克思经济思想中与现代经济发展存在矛盾的内容，从历史唯物主义的角度科学地理解和运用这些思想。对传统的马克思主义经济学理论，要从对资本主义批判和对社会主义建设两个方面的统一需要角度加以转换，克服马克思主义经济学体系中的矛盾，重新构建马克思主义经济学体系的新框架，体现马克思主义经济学中国化的理论价值。如对于我国政治经济学界长期争论的劳动价值论中的价值创造与价格形成的矛盾问题，应该承认传统的马克思劳动价值论在解释现实商品交换中的价格形成存在着与经验矛盾的地方，过于教条地坚持传统的劳动价值论，就很难使学生理解现实市场中价格形成中的供求关系，会使劳动价值论思想的传播范围越来越小。只有把劳动价值论与历史唯物主义结合起来，才能深入认识劳动价值论的意义和作用，认识其科学性。劳动价值论在具体应用中存在的问题，实际上正是反映了社会变化的复杂性，而不能说明劳动价值论失败了。劳动价值论作为一种理论抽象，是舍弃现象的波动，发现事物变化的规律。

而对于马克思主义政治经济学批判资本主义经济制度的部分，即传统的政治经济学资本主义部分，不应该只是转述马克思《资本论》里的思想，而是应该成为对马克思之后西方经济学发展中庸俗部分的分析和批判。经过一百多年的发展，西方经济学和西方资本主义制度都发生了很大变化，经济理论也有了很大发展。如果仅仅停留在马克思的时代，用马克思当时对古典政治经济学的批判作为对今天资本主义制度和西方经济学的批判，就很难达到批判的效果。马克思并不是批判一般性的市场经济，而是批判资产阶级庸俗经济学家把市场经济永久化和神圣化，批判把市场经济自然化的做法。应该坚持把马克思主义的立场和方法作为批判的武器，而不是把具体结论作为政治经济学资本主义部分教材的永恒内容。当前国内一些西方经济学教材在每一章最后一节中都对这一章中西方经济理论所述内容进行了分析和批判，这种从马克思主义角度对西方经济学理论的分析和批判不应该放在经济学基础性课程中去进行，而应该放在马克思主义政治经济学资本主义部分来进行，这才能体现不同课程所要实现的不同任务，有利于马克思主义经济学有针对性地开展研究，从而促进马克思主义经济学的创新和发展。

第一章　价值理论

价值理论是经济学的基础理论，关系到商品价格的决定因素和商品交换的基础。价值理论研究商品价值的内涵、计量、形成和交换比例等问题。由于商品经济主要是商品交换，通过价格来确定交换的比例，因此，价值理论在整个经济学理论中处于基础性地位。不论是西方经济学，还是马克思主义经济学，都是以价值理论作为起始。只有科学合理地认识商品价值的内涵和形成，才能理解商品交换的基础和比例，确定商品交换的性质和商品经济运行发展的规律。不过，马克思主义经济学与西方经济学坚持不同的价值理论，在这个问题上存在的分歧最终形成了不同理论体系，使马克思主义经济学与西方经济学在立场和观点上相互对立。改革开放以来，对于马克思主义经济学基础理论的劳动价值论进行了多次讨论，推动了劳动价值论的创新和发展。同时，在与西方经济学的效用价值论的交锋中，马克思主义经济学的价值理论也得到了新的理解，对于坚持马克思主义经济学的科学性有了新的认识。

第一节　劳动价值论是马克思主义经济学的基础理论

马克思主义经济学的理论基础是劳动价值论。劳动价值论不是马克思首创，其基本思想来源于古典政治经济学，亚当·斯密和大卫·李嘉图都曾较为充分地论述了这一思想。不过，亚当·斯密在论述中没有贯穿这一思想，他的劳动价值论思想中还有后来效用价值的一部分内容。而大卫·李嘉图则始终努力实现用劳动价值来解释商品价值的形成和交换的基础，但是，李嘉图也遇到了困难。最后，马克思完善了这一理论，并依据这一理论创立了自己的剩余价值理论。剩余价值理论的确立，一方面说明劳动价值论是科学的，可以得到运用的；另一方面也拓展了劳动价值论的适用范围。关于劳动价值论的研究和论述集中在《资本论》第一卷第一编商品与货币部分，这一部分是针对商品经济下商品价值形成和人与人交换关系的一般性论述，是价值理论研究的内容[①]，其后内容则是关于剩余价值的理论。劳动价值论是剩余价值理论的基础，但剩余价值理论并不是劳动价值论的一部分，而是研究在资本主义生产方式下劳动创造出的价值被如何分割。马克思对劳动价值论的分析和在剩余价值理论上的运用，使劳动价值论成为马克思主义经济学理论的科学基础。

一　价值理论的基础问题

劳动价值论对于马克思主义政治经济学具有重要意义，是马克思主义政治经济学的基础。因为传统马克思主义政治经济学理论是沿着这样一些概念进行逻辑展开的：商品、劳动、具体劳动、抽象劳动、使用价值、价值、交换价值、价值规律、价格、绝对剩余价值、相对剩余价值、地租、利息、生产价格、平均利润率等，这些概念和理论都是论述劳动价值论或围绕劳动价值论展开的。这样，在一般人的认识里，劳动价值论不仅揭露了资本家剥削的秘密，还是解决各种经济问题的钥匙。马克思用劳动价值论分析了商品经济的本质和资本主义社会中资本家无偿占有剩余价值对工人进行剥削的秘密，还论述了价值理论与价格理论、分配理论的关系，揭示了价值理论作为价格与分配理论的基础地位。

价值理论研究的是商品交换中决定商品交换比例的基础。商品交换肯定存在一个相互交换的数量比例。货币出现后，以货币为交换媒介，则会出现一个以货币数量表现的价格之比。商品交换的具体价格和数量比例，并不是价值理论研究的对象，价值理论要解决为什么各种不同使用价值的商品能按一定的比例交换，而且这种交换的比例相对稳定性的基础是什么？为什么对人们所必需的一些物品，如水的交换价值反而很小？商品交换中价格会经常发生波动，如果我们注意价格波动并从中寻找原因，可以发现许多因素影响商品价格，如产量增减、定价策略、消费者对商品的主观评价等，这些都是价格理论要研究和解释的问题。价格理论研究价格的形成和价格的运行，各种商品价格之间的合理性等问题，而价值理论研究

---

① 马克思在《资本论》第一卷第一版序言中已明确指出："关于价值理论和货币理论的历史的部分，现在自然完全删去了。但是前书的读者可以在本书第一章的注释中，找到有关这两种理论的历史的新材料。"《马克思恩格斯全集》第44卷，人民出版社2001年版，第7页。

的是价格的本质问题，可见价值理论与价格理论不是一个层次上的问题。价值理论是价格理论的基础，虽然商品价格有自己的运行方式，但是起决定作用的还是价值。

劳动是创造价值的唯一因素，由此剔除了价值中的非劳动因素和主观因素，为价值理论找到了坚实的基础。马克思认为，从使用价值看，商品是不同质的，因此不能比较，无法确定其相互比例，而商品本质是用于交换的劳动产品。劳动可以从抽象和具体角度来分析，由抽象角度来看，所有的劳动都是人类体力与脑力的耗费，是同质的，而具体劳动则是生产出不同产品的不同功用。因此，抽象劳动形成的商品价值就构成商品交换的基础。劳动价值论从人类交换的需要出发，指出人们商品交换的实质是劳动交换，商品价值以劳动为基础，以劳动耗费计算商品价值量。从这个角度来认识商品的价值，就可以发现商品交换者在交换中进行判断的依据，从而实现价值与使用价值、具体劳动与抽象劳动的统一。

虽然人们需求上的差异可能影响商品购买中所支付的价格决定，但价格最终是围绕着劳动所决定的价值波动的。各种成本费用虽然都是因为生产需要支出的，但不是所有的费用都与价值创造有关。[①] 如生产资料价值只是在生产中得到转移，必须将这一部分转移价值与商品价值创造加以区分，才能真正认识生产活动中具体劳动运用劳动资料（这是成本支出）形成的使用价值与抽象劳动所形成的价值，从而理解人们进行商品交换的基础。复杂商品生产中，地租、各种其他非生产性费用的存在，使商品的价格与劳动耗费所产生的价值差异是很大的。斯拉法提出以商品生产商品，是要说明商品生产不是一个封闭和单一循环，商品生产所需要的各种资源都是从市场上购买而来，有许多都是已含有利润和各种费用了，商品最后价格中的成本费用已经是各种费用的结合体，价值只能以费用为基础。这些分析都不能驳斥劳动价值论的科学性，反而说明劳动价值论存在的必要性。劳动价值论正是要说明各种非劳动因素虽然产生费用但并不创造价值，只不过由于所有权的原因而在商品价格中占有一定的份额，最终参与了价值分割。不是由于生产而产生这些费用，而是所有权存在造成这些费用。

---

① 如地租，虽然在农业生产中的地租收取的多少与土地的产出有一定关联，但地租形成是由于土地的私有制造成的。商品价格中含有支付地租的费用，并不能说明土地在商品价值形成中创造了价值，而只能说是由于所有权的原因而参与了对商品的社会价值的分割。

二 剩余价值与社会总价值量的分割

劳动价值论表明，商品价值在交换中实现，但并不在交换中产生。不管人们在交换中用什么比例来进行交换，整个社会商品的价值总量（即人们所付出的劳动总量）并不会由于交换中的价格形成条件的偶然性而出现变化。所以要确定社会财富的真实价值，只能用社会劳动的支出来衡量。在商品经济下，商品可能由于货币自身价值变化而使价格发生变化，尤其是使用纸币而出现通货膨胀，商品价格与商品实际价值会出现很大背离，对价格总量的变化存在一个评价体系，但社会总的价值量不可能由于价格作为价值货币的表现形式的变动而出现变动。技术变动可能引起不同劳动在不同部门之间的流动，但不会造成社会价值的巨大变动。“不管生产力发生了什么变化，同一劳动在同样的时间内提供的价值量总是相同的”。①

劳动价值论将价值来源一元化，指出任何非劳动因素收入都来源于劳动创造的价值，劳动是价值的唯一源泉，由此可以认清劳动因素在生产和交换中的地位和作用。资本是资本主义社会最基本的私有权表现，被认为是商品生产不可缺少的因素，甚至被作为生产要素，西方资产阶级经济学家以此解释资本收益的合理性。在资产阶级经济学家眼里，资本和土地的收益是由于其各自在生产中所发挥的作用，是各得其所。而劳动价值论从根本上说明资本收益来源于劳动，各种非劳动收入的来源都是劳动创造的价值。用于购买生产设备的资本投入会影响生产效率，这是对劳动和劳动条件的影响，影响了劳动对价值的创造，但不能由此认为资本也参与价值创造。正如自然条件影响劳动成果的数量和质量，不能由此认为自然条件在生产中创造了价值。

劳动价值论深刻揭示了价值总量在不同所有权之间的分割，以及这种分割所体现的各种不同利益主体力量对比的变化。西方主流经济学理论只能从技术层面说明社会资源的流向，对于社会财富的最终分配及其原因则根本无法揭示。他们要么从孤立的现象出发，从个体获得财富的过程来研

① 《马克思恩格斯全集》第44卷，人民出版社2001年版，第60页。白暴力对这句话作了分析：“不仅部门劳动生产率和企业劳动生产率的变化与部门单位劳动时间形成的价值量无关；而且企业劳动生产率的变化本身与企业单位劳动时间形成的价值量变化无关（与企业单位时间形成价值量变化有关的是企业劳动生产率与部门劳动生产率差额的变化）。”白暴力：《政治经济学若干重大争论问题研究》，西北大学出版社2000年版，第130页。

究分配；要么用无法验证的“公平”、“幸福”等词语来界定财富分配的合理性。而马克思用劳动价值论分析了剩余价值是如何在土地所有者、资本所有者和国家之间进行瓜分的。在资本所有者、土地所有者和国家三者之间社会权力结构没有根本变化的情况下，这三者占有剩余价值的比例也不会有太大变动，市场上以纸币表示的各种商品价格的变化虽然会使不同利益主体受益或受损，但他们之间的基本利益格局是不变的，因为三者之间的权力结构没有大的变化。

第二节　西方经济学中的效用价值论评价

古典政治经济学之所以将价值理论作为一个重点研究，正是由于商品经济日益发达，商品交换的品种和地域日益扩大，商品的使用价值与价值日益背离，要求人们对商品交换的基础或实体做出回答。从资本主义发展来看，资本主义实行的是等价交换而不是权力交换，在等价交换中的等价值是由什么决定的，这种等价交换的依据是什么，合理性是什么，也是资产阶级经济学家必须解决的问题。正因为如此，西方经济学家才把价值理论作为其研究的基础，提出了各种各样价值理论来说明等价交换的基础。[①] 古典政治经济学家如斯密等人都几乎本能地看到了劳动创造价值，人们进行商品交换基础是劳动交换。这一方面是由于古典政治经济学产生时期还是资本主义上升时期，古典政治经济学家不过是要用劳动价值论说明封建地主对劳动者剥削是不合理的，从而推动资本主义发展。当然，他们也看到在资本主义生产中资本家获利问题，如果不解决这一问题，依旧坚持劳动价值论就会对资本家的存在构成威胁，所以从斯密开始，就在劳动价值中提出了生产要素创造价值或生产费用价值论等观点。斯密在劳动价值论与生产费用价值论之间的矛盾到了李嘉图就更加明显，李嘉图因为解决不了这一矛盾而最终使自己的劳动价值论无法坚持下去，李嘉图学说最终破产了。由于作为本质的价值与作为现象的价格在结合上存在许多中间环节，因此当他们试图用劳动价值论来解释价格实际运行时，发现其中

---

① 刘伟：《经济学为什么研究价值理论——兼论马克思劳动价值论面临的历史性挑战》，《经济理论与经济管理》2003 年第 5 期。

存在很大困难，他们在对现实商品价格进行分析时不再坚持劳动价值论。在古典政治经济学后，生产费用价值论和边际效用价值论就日渐成为西方经济学的主流价值理论。

一 生产费用或成本价值论

生产费用或成本价值论是一种客观效用价值论，源于斯密，但明确提出的是萨伊。萨伊的思想与其对"效用"的定义和理解有关，他说："人们所给物品的价值，是由物品的用途而产生的……当人们承认某东西有价值时，所依据的总是它的有用性。这是千真万确的，没有用的东西，谁也不肯给予价值。现在让我们把物品满足人的需要的内在力量叫作效用。我还要接下去说，创造具有任何效用的物品，就等于创造财富。这是因为物品的效用就是物品价值的基础，而物品的价值就是财富所构成的。"① 因为他把财富即商品的使用价值作为效用，以此来确立其价值，必然就会把所有生产中的费用作为价值组成部分。不过，这时的商品效用或价值还有客观性。后来经过马尔萨斯、西尼尔、约翰·穆勒、托伦斯等人，在相当长时间是西方经济学的主要价值理论。这一理论认为价值决定于生产费用，而生产费用则是劳动、资本、土地等生产要素服务价格的总和。生产费用价值论的前提是承认生产中的各种要素都在生产中发挥作用，甚至创造了价值，因此各种生产要获取的代价或费用都构成了商品价值。

生产费用价值论的实质是承认商品生产中的各种费用都是生产必需的，包括资本费用、劳动费用和土地费用，这种价值论把资本主义的现实关系合理化，把由于资本主义市场交换关系而形成的各种费用作为商品价值的构成要素，并且作为新商品的价值，作为新的交换的基础。萨伊的三要素创造价值说，把作为物质或生产条件的要素与作为价值构成的费用等同，用物质作用来论证货币作用，是一种循环论证。生产费用不是价值创造的真正源泉，而是资本主义条件下的一种关系反映，不能真正反映商品价值的构成，虽然费用构成是资本主义生产中不可缺少的。

生产费用价值论在西方经济学发展的长期过程中被广泛接受，其原因在于较好地反映了资本主义现实中商品价格构成的基本要素，成本核算是资本主义企业经营的基本工作，成本费用是定价的基础。不过，成本费用价值论从根本上说并不是价值论，因为并不能解释商品价值的真正来源，

---

① 萨伊：《政治经济学概论》，商务印书馆1983年版，第59页。

尤其是当把资本主义生产关系剔除后，商品交换的真正基础更难以体现。

二　边际效用价值论

生产费用或成本价值论还是一种客观效用价值论，因为在萨伊等经济学家看来，价值就是效用，由于费用或成本是商品生产前即已发生的费用，不管如何生产，这一费用成本已经形成，在资本主义生产关系下也不可能被消灭，因此是一种客观存在。

但是，客观效用价值论存在两大问题：其一，无法解释利润来源。如果将通过交换获得的生产要素费用作为价值，那么资本费用已经支付，企业利润就不再是资本的价值，利润来源就无法说明。其二，生产费用或成本是支付生产条件的货币，而不是实际在生产中产生作用的物质。即便说生产要素创造价值，也不能以费用来计量价值。更何况，资本主义的分配现实说明资本在对劳动的关系中处于强势，根本不是资本创造价值，但资本却可以利用其地位将劳动创造的价值据为己有。客观效用价值论不能解决以上难题。

正是在上面的困境下，西方经济学发展了主观效用价值论。主观效用价值论关键是对效用作了主观的解释，认为效用就是商品对人的需要的满足程度。而人的需要满足程度则是一种主观性评价。基数效用和序数效用都试图为效用找到一个可以度量和比较的方法，以此说明效用不是完全的主观产物，但是效用本身就是一个主观产物，所以当边际方法没有得到使用前，主观效用价值论并不为主流经济学所接受。1871 年边际革命后，边际方法首先在效用价值分析上得到应用，用于说明同样的物品其效用随着消费数量的增多而递减。边际效用递减规律使人们不再关注每一个单位效用给人的具体满足程度，而是抽象讨论最后一单位物品给人增加的满足程度。门格尔、维塞尔、庞巴维克、杰文斯、瓦尔拉、帕累托等对边际效用价值论作了不断充实，进一步分析了商品价值取决于该商品的边际效用，即取决于消费者主观心理上所感觉到的该商品最后一个单位的效用。

当然，主观效用论和成本费用论也试图找出一个稳定的价格基础，这是它们之所以被称为价值理论的原因，但它们并没有分析这个基础是如何产生和由什么决定的，它们的价值理论停留在价格波动的现象分析上，实际上只是一种价格理论。这两种价值论反映了商品交换中的部分实际，当我们研究价格波动趋势时不能不考虑这些因素，所以这两种理论是有其存在价值的。马歇尔综合了生产费用论和边际效用论创立了均衡价格论，即用边际效用论来解释需求，用生产费用论来解释供给，供给与需求达到均衡状态时则决定价格，也就是供求相等时出售商品的价格，即均衡价格。不过，均衡价格理论也没有对决定价格基础的价值作更深入研究，不会发现商品交换背后更为本质地反映人与人之间的经济利益关系，也不可能对经济现象作本质把握。

只有在马克思那里，才真正解决了价值理论作为抽象本质意义上对商品交换基础的说明。马克思正是通过对抽象劳动与具体劳动、价值与使用价值的区分来论证价值是由抽象劳动创造的，商品物与物交换的背后是人与人劳动的交换，体现了商品经济条件下人与人的关系。

第三节　传统劳动价值论基础上发展的各种价值理论评述

劳动价值论是马克思主义政治经济学的理论基础，但人们对劳动价值论内涵的理解却存在许多分歧。长期以来，大部分人对劳动价值论的认识主要依据《资本论》的研究思路，即商品价值的实体、价格由价值决定的价值规律、资本主义生产矛盾、剩余价值、地租、利息、平均利润率、生产价格等都属于劳动价值论范畴，而且认为劳动价值论是可以对商品经济社会，尤其是资本主义社会的各种经济现象既可以做定性分析又可以做定量分析的一个完整理论体系和科学工具。事实上，将劳动价值论作为分析经济现象的唯一工具，是存在许多难点的。这些难点主要集中在以下几个方面：非生产性领域如服务业等的劳动创不创造价值，如果创造，在商品的价值量中如何体现？科学技术是第一生产力，科技活动在整个价值创造中发挥什么作用，是通过什么途径发挥的，又是如何实现其价值的？影响具体生产活动的各种因素与价值创造之间有没有对应的关系？价格由价值决定，但价格长期背离价值，这种背离在剔除供求影响后是不是都可以用劳动价值来计算和衡量？等量资本取得等量收益，而劳动量随着资本在技术上的投资扩大而减少，这种与价值规律发生矛盾的方面如何解释？学术界针对这些问题作了许多讨论。

一　扩大生产性劳动的范畴

在当代社会，劳动价值论在对价值量进行计量时面临的一大困境就是第三产业在整个社会的产值中占有越来越大的比重。在经济发达国家，第三产业比重占比在 60%—70%。如果第三产业在整个社会财富生产中不能增加社会价值量，那么这些国家的经济又是如何发展的？制造业在整个社会产值中的比重不断下降，如果还要坚持只有制造业中的劳动是生产性劳动，劳动价值论所揭示的劳动创造价值就更难以运用于当今经济的计量和分析。因此，扩大生产性劳动的范畴，使生产性劳动不再局限于制造业生产劳动，而是把更为广泛的劳动都作为生产性劳动，都创造价值，从而使价值量的衡量与社会财富的增长相适应，这是当前学者在发展劳动价值论的一个主要途径。

卫兴华认为，"对马克思的劳动与劳动价值理论可以而且也应当拓宽。马克思的生产劳动理论包括创造价值的和不创造价值的，都限于物质生产范围。随着生产力的发展和社会经济的推进，物质生产劳动在社会总劳动中的比重日趋减少，商业服务行业的劳动和脑力劳动所占比重在不断增加，物质生产劳动可以降到 30% 或者更少。难以论断：只有占比重 30% 或者更少的劳动才是生产劳动，绝大部分的劳动是非生产劳动"。① 当然，卫兴华并不认为所有的第三产业都创造价值，而是认为只有发生在商品价值关系的第三产业才创造价值，而如公务员、国防等这样的社会服务业就不能说也创造价值。

程恩富等提出了"新的活劳动价值一元论"，他认为，"应该把创造价值的劳动拓展到精神生产领域。无论是在物质生产领域还是在精神生产领域，只要是创造了社会物质财富和精神财富的劳动都应该纳入创造价值的范畴"。②

萧灼基认为，马克思在论述劳动价值论时把第三产业的许多劳动都排除在生产劳动之外。但现今社会，情况已发生很大变化。第三产业的劳动，在发达国家占 70%，第三产业对 GDP 的贡献率大大提高。只有扩大生产劳动范围，把第三产业的劳动当作创造价值的劳动，才能调动从事第三产业劳动者的积极性，才有利于第三产业的发展。③

---

① 卫兴华：《劳动价值论讨论中的一些观点质疑》，《当代财经》2002 年第 12 期。

② 程恩富、顾钰民：《新的活劳动价值一元论——劳动价值理论的当代拓展》，《当代经济研究》2001 年第 11 期。

③ 萧灼基：《推进理论创新指导经济实践——谈谈"关于深化对劳动和劳动价值理论的认识"》，《当代经济研究》2001 年第 5 期。

邹东涛认为，“要在劳动本体论和价值创造一元论基础上拓展劳动的外延，确立社会的总体工人创造社会总体价值的理论。为此，就要重新界定生产性劳动的含义，扩展生产性劳动的范围：凡是能为社会提供物质产品的劳动，凡是能为社会提供精神、文化、服务产品的劳动，凡是能为社会生产利润和财富的劳动，凡是国家统计 GDP 所涉及部门的劳动，包括进入 GDP 统计系列的第三产业的劳动，都是生产性劳动，凡是生产性劳动都能创造价值”。①

将服务业和精神文化产业、科学技术研究劳动等纳入生产性劳动范畴，可以解释这些劳动形式创造价值和获取收入的合理性。但这种发展劳动价值论的思路没有从根本上解决商品价值计量、价值与价格、创造价值的劳动与其他生产条件在收益分割上的关系等问题，而人们对劳动价值论感到困惑的正是这类问题。创造价值的劳动范围的扩大并不能解决上述问题是由于劳动价值论作为一种价值理论有其自身的适用范围，对于不属于适用范围内的问题，不可能用劳动价值论解决。我们长期忽视劳动价值论的适用范围问题，把劳动价值论解释所有商品价值现象，必然会出现困难。

二　非劳动要素创造价值

钱伯海较早提出了非劳动要素创造价值的观点，他认为，并不是只有活劳动创造价值，在价值生产中，物化劳动也同样会创造价值。物化劳动体现的是过去的劳动通过科学与技术物化在生产资料，尤其是生产设备和技术之中，不能把物化劳动等同于资本。② 因此，他认为，“绝对剩余价值来自于活劳动，而超额剩余价值和相对剩余价值则主要来自物化劳动的贡献”。③ 而物化劳动之所以能够做到这一点，是由于物化劳动是科学技术的凝结，因此要发挥科学技术是第一生产力的巨大功能和作用。当然，钱伯海也承认，归根结底还是社会活劳动创造价值。

谷书堂认为，不仅要承认第三产业的劳动也创造价值，还要承认企业管理者在创造价值上的贡献比工人要大得多，而且科技劳动也不是如传统理解的一样只是提高劳动生产率而不会增加价值量，而是在整个社会生产

---

① 邹东涛：《劳动价值论：把创新写在自己的旗帜上》，《经济评论》2003 年第 4 期。

② 钱伯海、王莉霞：《否定物化劳动创造价值就等于否定马克思的劳动价值论》，《经济评论》1999 年第 2 期。

③ 钱伯海：《企业物化劳动创造价值如何创和创在哪里——对宋则行教授有关质疑的回复》，《当代经济研究》1997 年第 5 期。

中不仅创造价值，还会使价值创造十倍百倍地增加。[①] 这样，谷书堂不仅把科学技术作为一种抽象的生产知识，而是作为一种劳动载体，一种生产要素，作为可以创造价值的一种因素。

李定中认为，科技不是在所有情况下都能创造价值，而是有条件的。即只有当新技术在设备中使商品的个别价值小于社会价值时，此时设备就不仅转移价值，而且还创造价值，为企业带来了效益。他还认为，这与钱伯海的物化劳动创造价值不完全相同，因为钱说没有条件，而自己强调是在一定条件下才创造价值。“这与其说与劳动价值论相矛盾，不如说正是劳动价值论题中应有之义”。[②]

对于以上观点，冯文光认为，虽然价值的决定因素很多，包括固定资本也在某种程度上影响和决定价值的形成，但是“只有劳动创造价值，生产过程的其他因素不能创造价值”。[③] 杨继瑞提出，不能简单地判断知识技术是不是能够创造价值，“在知识经济初见端倪的生产过程中，大量内化在活劳动中的知识技术，以活劳动的抽象支出形式，不仅能够创造价值，而且能比过去创造更多的价值；大量内化在生产资料中的知识技术不能创造价值，只能在有效转移价值的过程中吸收活劳动所创造的新价值，激发并扩张、放大活劳动创造价值的效能”。[④] 他的观点还是认为科学技术如果以生产设备等物质生产资料为载体，就不可能创造价值，而如果以劳动者为载体，则可以创造价值。吴朝震则认为，生产与流通是统一的，价值创造与价值实现也是统一的，因此不能单纯地认为只有劳动创造价值，而应该是联合劳动创造价值，“活劳动和物化劳动自然有机结合才能创造和实现使用价值和价值”。[⑤] 程恩富认为，离开活劳动的科学技术本身无法创造价值。这是因为：（1）科学技术的运用使人类的劳动不断地起着自乘的作用；（2）说科学技术本身不创造价值，并不等于否认科学技术对价值创造的重要作用；（3）除活劳动外，其他生产要素无论其存在的形式如何，不管它是以物质形态存在，还是以知识形态存在，作为这

① 谷书堂：《从产品分配谈到劳动价值论》，《南开经济研究》2001 年第 5 期。

② 李定中：《关于先进技术创造价值的问题——兼与钱伯海同志商榷》，《经济学家》1994 年第 5 期。

③ 冯文光：《马克思的价值决定理论及其现实意义》，《马克思主义与现实》1997 年第 1 期。

④ 杨继瑞：《论知识技术在价值形成过程中的功能》，《经济学动态》2001 年第 7 期。

⑤ 吴朝震：《简析联合劳动价值论》，《南方经济》2001 年第 2 期。

一要素的本身是不创造价值的，它们只是转移自身的价值，不能成为创造新价值的源泉。①

这些研究之所以集中在科学技术因素是否创造价值这一问题上，是因为西方经济学正是用资本即生产设备这一科学技术载体来说明资本也参与价值创造。仅仅承认科技劳动者参与价值创造还不够，因为企业更多的并不直接使用自己研发的技术而是用社会技术的载体即生产设备，如何理解科学技术在生产设备中的作用始终是劳动价值论要解决的一个关键问题。

第四节　价值与价格、价值创造与分配之间的矛盾

不管是扩大生产性劳动范畴，还是对科技价值再认识，都还不能解决劳动价值论在经济现象中的矛盾，其根本原因在于，传统把价值规律、资本主义生产矛盾、剩余价值、地租、利息、平均利润率、生产价格等都归属于劳动价值论，其实把劳动价值论的内涵大大扩大了，把劳动价值论看作是一个涵盖一切的经济理论和社会矛盾分析工具。劳动价值论存在的问题既有其自身的问题，也有些是价值理论本身的共同问题，不能把不属于价值理论的价格理论和分配理论都要求价值理论来完全解释。

一　价值与价格之间的矛盾

价值理论所要研究的只是商品交换中决定商品交换比例的基础。白暴力认为，价值与价格理论是不同层次问题，但他说价格运行、价格的直接基础、价格的最终基础和商品价格与交换所反映的生产关系都是价格分析与研究的内容，这实际上还是混淆了价值与价格理论在研究对象上的不同。② 价格受价值决定，价格的最终基础、商品价格与交换所反映的生产关系是价值理论研究的内容，而价格运行与价格的直接基础可以从价值理论中得到一定的解释，但并不能用价值理论完全来解释价格运行的规律。马克思在研究价值理论时是由表及里的，但是他在论述价值理论时却是由

① 程恩富、顾钰民：《新的活劳动价值一元论——劳动价值理论的当代拓展》，《当代经济研究》2001 年第 11 期。

② 参见白暴力《政治经济学若干重大争论问题研究》，西北大学出版社 2000 年版。

本质谈起，他虽没有完成六卷本的《资本论》，但是已经把价值理论从抽象上论述了其逻辑上的完整性。

对劳动价值论争论较多的问题是用劳动价值论无法解释商品价值与商品实际价格之间存在的差异。商品价格以商品价值量为基础，这样才能实现交换中的等价。但价格与价值的背离不是暂时现象，而是普遍现象，其原因在于：一方面，商品价格以货币单位来计量，商品价值量用生产该商品的社会必要劳动时间计量，这是两个不同的计量单位，不能进行直接换算。价格体系与价值体系处于两个不同层次，在总量上可以相互对应，但在具体商品计价上却无法相互对应验证。① 另一方面，商品价格形成有着更为复杂的因素。不仅存在定价上的主观因素，还存在许多非劳动因素费用，如广告销售费用，各种政府收费和税收。这些费用为什么会进入商品价格并为社会交换所接受呢？这是因为，社会劳动作为一个整体，不仅包括直接的物质生产劳动，即一线工人的劳动，还包括企业中各种为生产服务的劳动和社会上为企业生产提供直接和间接的各种服务，如政府管理和社会安全保护。这些劳动提供的服务价值有些可以计入成本，有些不能体现出来。

既然这些劳动是社会所需要的，社会要消费社会创造的所有商品和服务，商品和服务的价值应体现为所有劳动者与所有商品和服务量之间的比值。商品价格与商品的直接劳动耗费差距很大，这是由于所有劳动都是社会劳动，所有商品都是社会商品的体现。

此外，在商品交换中等价交换的基础是劳动耗费相等，但判断商品生产中的劳动耗费十分困难。对劳动耗费价值评价与社会习惯有关，也与劳动历史变动有关。在商品生产以体力劳动为主、商品品种较少的情况下，对一个商品的劳动耗费可以直观感觉到。一旦社会分工复杂，生产工具在生产中对产量影响很大，复杂劳动与简单劳动的具体劳动形式在生产中发

---

① 陆长平认为，斯拉法模型也对那种简单的劳动价值理论给予了致命的“终结性”的结论：一种商品的“价格”绝对不可能简单地与生产该种商品所耗费的直接和间接“劳动”完全一致，除非在一种非常特殊的情况下即资本的分配变量利润率为零数（$r=0$）时才会成立。因此，必须从总量角度来把握“社会总劳动”与“社会总纯产品”的一致性。所以，马克思的“转型问题”是不可避免的。从单个商品而言，不能简单地得出生产它所消费的劳动等于它的价格。因为相对价格受到分配关系的影响。为发展马克思主义经济学，必须摒弃过于简单的劳动价值理论。参见陆长平《收入分配与相对价格模型——兼论斯拉法资本理论的成功与局限》，《经济评论》2003 年第 2 期。

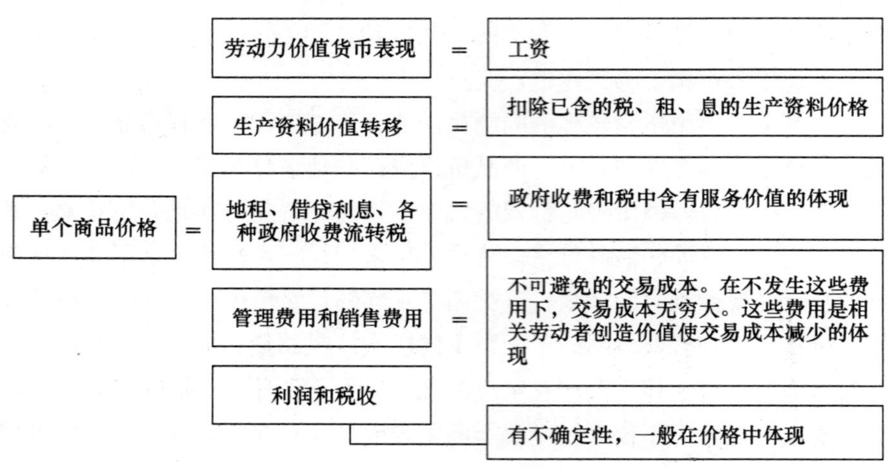

图 1－1 商品价格构成

挥作用不相同，人们将无法对商品生产中的劳动耗费进行比较和估计。承认劳动所创造的价值是交换的基础，不等于对各种具体劳动所创造的价值量有长期一致的统一认识。商品交换比例实际上是以不可计算的劳动耗费作为基础的，这个交换比例只能在不断地反复交换中通过试错方式逐步形成。资本主义商品生产中无法进行以劳动耗费为基础的商品价值量计算，因为许多非劳动因素费用已在生产活动开始前发生，并必须含在商品价格中。社会主义计划体制下产品生产也无法以劳动耗费进行产品价值计算和定价，因为计划体制下不能对各种具体劳动形式在价值创造量上进行科学评价。如在中国的实践中管理、科学技术研究的劳动耗费价值被长期低估，工农“剪刀差”的存在等。

二 价值创造与价值分配的矛盾

与价值理论有密切关系的理论还有价值分配理论。价值形成并通过交换实现存在一个分割问题。价值分配与价值创造有一定联系：一方面，价值分配的量只能在价值创造的总量范围内；另一方面，价值分配必须体现对参与价值创造的所有主体进行补偿。价值本质上反映了人与人的关系，商品价值是人的劳动创造的，也是基于人的需求而形成的。价值创造不是一个个体孤立的活动，而是需要各种生产条件并且还体现了人们在劳动过程中结成的相互关系（劳动分工、合作、管理等），因此，价值不可能只归于劳动者。当然，参与价值创造不等于创造价值，更何况价值分配是一个社会参与的复杂过程，整个社会所有客观上为劳动过程提供条件的主体都会要求参与价值分配。此外，社会的权力、道德等因素也会使一部分参与价值创造过程的人来参与价值分配。价值理论解决了价值的源泉和创造的形成过程，而分配理论则要说明价值的最终流向和原因。没有价值创造，没有对价值创造主体参与价值分配权力的尊重，就无价值可分配。但研究价值创造的价值理论并不能解释价值分配的社会复杂过程中存在的各种现象和问题。价值理论解决的是价值创造问题，分配理论解决的是价值分配问题（见图1－2）。

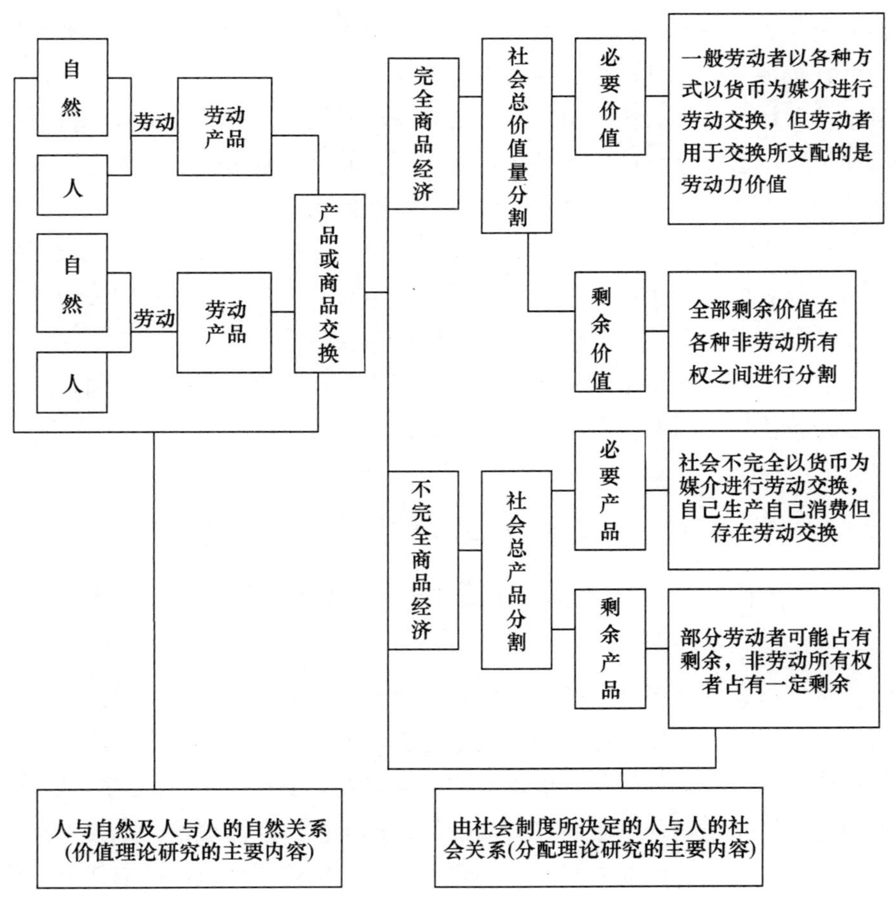

图1－2　价值理论与分配理论的研究对象区别

马克思在论证资本占有剩余价值时，列举了许多事例来说明资本收益完全来源于对工人的剥削，资本收益完全来源于剥削。但他在《资本论》第三卷中又通过对平均利润的分析说明，不仅借贷资本、商业资本，甚至生产资本的收益都与企业工人创造的价值没有直接关系。工人和所有劳动者为社会创造价值，而资本家和地主则瓜分剩余价值，是整个资产阶级对整个无产阶级的剥削。扩大对创造价值的劳动范围认识可以更有力地证明，单个企业的资本利润不是完全来源于这个企业的直接劳动工人。从绝对剩余价值生产可以看出资本家对工人的直接剥削，但相对剩余价值生产是整个资本家阶级对无产阶级的剥削。企业效益好坏与工人有关，但不可能完全相关，而是市场、技术、管理等多种因素的综合。商品生产劳动是一种社会劳动，劳动的社会性不仅体现在劳动成果为社会需要提供上，而且个体劳动是在社会劳动整体中进行。只从个别企业劳动耗费来分析商品价值量，就会发现商品实际销售价格中所含的价值量与生产过程中直接劳动耗费有很大差异。个别企业的资本收益不仅受企业劳动者的影响，而且受生产条件、管理和市场的影响。在同一个行业中，有的企业工人较多且努力工作，而这个企业却可能要倒闭，资本收益很少或亏损；而另一些企业职工可能不多，工作强度相同却可能有高收益的现象。

总之，不能将价格理论和价值分配理论混合于价值理论，因而，不能用属于价值理论的劳动价值论去解释价格的形成与价值的分配。

第五节　从哲学与经济学的不同层次来理解劳动价值论意义

近年来，关于劳动价值论的研究主要集中在从经济学角度研究劳动价值论的科学性，以便为社会分配理论提供依据。在研究过程中，坚持劳动价值论的往往也感到劳动价值论在实际经济生活具体运用上还存在困难；而反对劳动价值论的则干脆将劳动价值论归于古典经济理论，认为古典经济理论已经过时，因此主张直接用西方经济学的效用价值论来取代劳动价值论。劳动价值论在当代的意义不仅要从经济学的角度来分析，而且要从哲学角度来认识，因为经济学中最根本的理论问题还需要从哲学角度来探讨。从经济学角度来分析劳动价值论，也不能只停留在试图用劳动价值论来解释一切社会经济现象和问题，而是要看到劳动价值论作为一种价值理论的适用范围，或者说是看到劳动价值论的局限性。探讨其局限性和适用范围不是否认劳动价值论的科学性，而是给劳动价值论以适当的定位。而从哲学角度探讨劳动价值论的意义，就是要分析劳动价值论在哲学上如何探讨人与自然、人与社会之间的关系，探讨经济生活本质。我们需要从经济学与哲学的不同角度来重新认识劳动价值论的意义。

一　经济学角度下劳动价值论意义的新认识

劳动价值论作为一种经过科学抽象而形成的价值理论，必然存在不能完全解释具体经济现象的问题，但是这不是劳动价值论的错误，而是价值理论研究范围所决定的。价值理论就是要透过变动的价格现象找到商品交换的稳定基础，对交换基础的分析是一种理论分析，不可能与实际生活中的价格形成一一对应。西方资产阶级经济学家也提出了一些价值理论，如生产费用价值论和边际效用价值论等，这些理论表面上看起来比劳动价值论能更好地解释经济现象，但这些理论并不是真正意义上的价值理论，而是价格理论。

劳动价值论有其局限性，即适用范围，但是有局限性不等于没有科学性，正确认识其局限性正是认识其科学性所在。劳动价值论虽然不能直接解释价格波动等具体问题，但构建了一个科学的价值理论体系。劳动价值论确立了商品交换的内涵。古典政治经济学家如斯密、李嘉图等人都几乎本能地看到了劳动创造价值，商品交换实质是劳动交换。但是由于他们对价值的内涵并不明确，价值作为本质与价格作为现象在结合上又存在许多中间环节，因此当他们试图用劳动价值论来解释实际生活中的价格运行时，发现其中存在很大困难，他们也就无法彻底坚持劳动价值论了。只有到了马克思，才真正解决了价值理论作为科学抽象意义上对商品交换本质的说明。马克思分析了劳动二重性，通过抽象劳动与具体劳动、价值与使用价值的区分论证了价值是由抽象劳动形成的，商品物与物交换的背后是人与人之间的劳动交换，揭示了商品经济条件下人与人的关系。劳动价值论因为是对人类社会包括资本主义社会在内的所有经济现象的科学抽象与概括，科学地揭示了人类社会交换的本质和人类社会生产活动中各种关系。

现在国内外不少研究者把劳动价值论归于古典政治经济学范畴，认为劳动价值论已经过时，当代经济学已经不再讨论这些问题了。那么，是劳动价值论过时了，还是价值理论本身过时了？在当代西方主流经济学中确实很少讨论古典政治经济学的许多论题，尤其是经济背后的政治或社会内涵。而价值理论正是要透过经济中各种价格波动现象来揭示价格制定的依据，是想透过经济活动来发现社会的本质。没有了价值理论，当代西方主流经济学又是建立在什么基础之上的？实际上，从西方经济学实现边际革命后，经济学就再也不愿意探究经济现象背后的社会因素，而只是从事现象研究，而这种只注重经济现象的研究正是当代西方主流经济学缺乏科学基础而不断受到批判的主要方面。

劳动价值论揭示的价值规律是商品价格波动的规律，因此要真正揭示商品价格制定的依据，没有劳动价值论是不行的。现代市场经济已经使商品价格的制定远远背离了商品的价值，这是货币，尤其是纸币标价的影响，也有社会投机和各种市场促销等的影响。虽然不能用劳动价值论直接来进行商品定价，但劳动价值论所揭示的价值规律依旧可以为认识市场商品价格的变化提供依据。

现代西方经济学将分配领域的理论研究称为福利经济学，福利经济学的研究也主要使用边际方法。这种福利经济学试图在财富具体分配上寻找解决社会分配问题的办法，仿佛分配问题只是一个单纯的经济或技术问题。但是分配问题的绝不是一个技术问题，而是一个社会制度问题。劳动价值理论证明了劳动是价值的唯一源泉，非劳动的各种生产条件参与价值创造但并不创造价值，劳动价值论为分配理论找到了价值创造的源泉和社会实行按劳动分配的理论依据。劳动价值论不仅为劳动者成为社会财富分配的主要力量找到了依据，而且实际上也为各种非劳动生产要素参与分配找到了依据。各种生产条件的提供者提供的生产条件虽然不创造价值，但如果生产活动是在一个私有产权的社会中进行，这些生产条件提供者必然根据其所有权要求参与分配，甚至成为分配的主导。分配问题不是一个技术问题，而是一个权力制度安排问题，是各种利益主体对价值的分配过程，社会可以运用自身的权力来实现真正意义上的社会分配。这也为社会全面解决分配问题找到了真正的出路。

二 哲学角度下劳动价值论意义的探讨

（一）劳动的人类类本质与人的实践的融合

长期以来，马克思主义哲学与马克思主义经济学研究存在一定脱节。马克思主义哲学使用“实践”这一概念来作为马克思主义哲学与其他思想之间的根本区别；而马克思主义经济学领域，则围绕“劳动”这一概念进行经济分析。“实践”与“劳动”两个概念之间的关系是理解马克思主义哲学与经济学关系的桥梁。劳动作为人类类本质，既是马克思在《1844年哲学经济学手稿》中的早期思想，也是他的一贯思想。只不过他早期对劳动的理解主要从人与自然关系的角度来认识，而后来则将劳动放到了具体的历史条件下进行。“劳动这个例子令人信服地表明，哪怕是最抽象的范畴，虽然正是由于它们的抽象而适用于一切时代，但是就这个抽象的规定性本身来说，同样是历史条件的产物，而且只有对于这些条件并在这些条件之内才具有充分的适用性”。①这时的“劳动”既有“社会的个人”在现实社会生活层面所表达出丰富的人与自然、人与人关系的内涵，又从根本上体现个人全面发展的自由自觉的活动的内涵。马克思的唯物史观从生产力角度进一步论述了劳动在人类社会发展中的作用。生产力是人认识自然与改造自然的能力，最直接的体现是人的劳动能力。劳动过程就是一个实践过程，是一个认识世界又改造世界的过程。从这个角度，可以发现劳动作为人类类本质的意义。马克思进一步用人民群众是历史创造者的观点说明社会物质和精神财富都是由人民群众创造的，这种历史观反映了马克思对人类作为群体存在的根本条件的论证：只有劳动者通过劳动生产出物质与精神产品，人类才赖以存在和发展。人类不是一个单纯由自然提供生存条件的群体，人只有通过劳动来实现自身的延续和发展，人类社会必须将劳动作为社会最基本的价值依据来遵从。在《资本论》研究中马克思对劳动概念的使用进行了严格的限制，即所谓的生产性劳动，因此马克思对非生产性的劳动如商业服务性行业的劳动是否创造价值都进行了否定，马克思这样做的目的是为了论证具体商品生产过程中劳动与资本的关系，而在实际的商品经济交换过程中，不仅是生产过程的劳动创造的价值得到了社会的承认，而且与商品活动有关的各种劳动的价值都得到了承认。现在所谓服务性行业劳动是否创造价值，科技创新性活动劳动价值的大小，活劳动与死劳动谁创造价值，这些问题实际上都还是在马克思对于劳动限制性理解上来理解的。马克思是为了论证劳动创造价值的角度的需要来限制了劳动的理解，实际上马克思对于劳动价值，或劳动创造价值的理解要广泛得多。如果将劳动作为人类类本质来理解，劳动在人类生

① 《马克思恩格斯选集》第2卷，人民出版社2012年版，第705页。

活中的价值就不是单纯的经济或货币度量下的商品能够概括的。广泛意义上的劳动概念，也就是实践概念。马克思强调："社会生活在本质上是实践的。"在对人类社会历史发展和人的存在意义上马克思用实践这一观点来说明。马克思用"实践"改造了"劳动"并把哲学意义上以及经济学意义上的劳动内涵包括在实践概念。人类社会生活中的一切交往形式、一切社会关系都应该在实践中得到理解。在最一般人的生存意义上马克思使用实践这一概念，但一旦进入实际经济生活，马克思又用劳动这一概念而取代了实践这一概念。因为实践活动不仅包含着人的需要和价值实现过程，而且手段与目的的统一。而劳动则可以更清楚地表述在经济活动过程中人改造自然进行产品生产以及在社会中实现产品交换的活动行为，相对于实践而言更为具体，更好把握。但劳动不过是实践的具体化，而实践不过是广泛意义上的劳动表现。不管是现实利益上的需要满足还是审美意义上的规范活动，对于人来说，都是人存在而要实现的人与外界对象关系的解决。劳动价值论从经济生活的具体领域证明了劳动创造价值的过程，说明了商品生产的劳动决定性作用，也就说明只有人才是经济活动的主体，人的劳动才能创造真正属于人的价值。因此，不管社会财富的主要占有者如何为自己财富手段的合理性获得编造多少理由，商品价值完全是由人的劳动创造出来的。商品为人类所需要，是人类劳动的产物，因此，所有的劳动者都有权利参与价值的分配。在人类社会历史上，剥削者既有过将劳动者不作为人看待的时期，以此说明劳动者没有分配权利；又有用权力等级制度来说明劳动者只配享有很少财富的分配权；今天，剥削者们想通过经济现象来说明资本占有剩余的自然性。总之，剥削者千方百计地想证明其收入的合理性，试图剥夺劳动者分配权利。劳动价值论正是从商品生产过程中劳动创造价值这一角度证明了劳动的意义和价值，为劳动者分配权利的获得作了科学的论证。

（二）一切活动的出发点是人而不是自然或物

资本主义社会是商品经济社会，商品生产、交换是资本主义社会最一般、最普遍现象。不仅是一般的工人或劳动者，就连资本家本身也身不由己地处在社会经济的巨大推动力下，资本主义仿佛更加的自然化。这正是资产阶级经济学家们一再强调的。他们认为，资本主义制度是人类社会自然演进的产物，是最合乎自然规律的。因此，在这一个自然的社会中，资本家获利也是自然的。不是资本家想不想获利，或者是想获得多少利，而是资本主义经济制度必然要资本家获利，而且要追逐高利润。如果资本主义真是一个自然产物，资本家获利又是必然的，那么，资本主义制度就是最好的社会制度。它如果改变也只是在这种自然状态下慢慢演变，劳动者永远只能在资本家的压迫之下。马克思不仅在哲学上论证了实践对于人的本质意义，而且在具体经济生活中抓住了资本主义社会最一般的商品现象，从商品价值创造的角度，证明了商品价值创造的唯一源泉是劳动，指出了人类商品交换的物物形式背后的实质是人与人之间劳动交换。由于生产资料私人占有制的存在使人与人在生产、交换、分配、消费中存在不同的地位，从而揭示了资本主义生产关系实质。越是离人的生活最近的地方，越容易被看作是自然决定的，越是人的活动的产物，越容易看作是非人力所能为。因此，对于人类最基本的经济生活，只有劳动价值论才能真正揭示这种活动的实质，不过是人的活动、人的劳动活动的一个具体领域。商品拜物教或货币拜物教背后都是要神秘化商品生产过程，从而为资本获利寻找一种神秘的力量。而劳动价值论击破了这种神化，指出了一切经济活动不过是人的活动体现，商品价值复杂变化背后不过是人的劳动的体现。从而使我们对人类社会的本质有了深刻的认识，可能透过各种现象发现人类社会生活的实质。

（三）从结构中把握社会关系的本质

劳动价值论不是马克思首创，但马克思将其完善，并与历史唯物主义思想相融合。劳动价值论从经济学角度对历史唯物主义思想作了具体阐述，对劳动在人类商品生产和交换中的基础性地位作了科学论证。我们只有把劳动价值论与历史唯物主义结合起来，才能深入地认识劳动价值论的意义和作用，认识其科学性。劳动价值论揭示了资本收益来源于劳动，不过，不能完全将这种收益看作是自己企业职工独立创造的。虽然不能用商品价值量减去工人工资和生产资料耗费就可以得出资本收益，但是正是这样的现象说明在资本主义制度下资本家与工人阶级的利益对立是阶级性的，而不是个体性的，从而揭示了资本主义基本矛盾具体表现就是阶级矛盾。

这都说明，如果只从经济学角度研究和完善劳动价值论，希望只通过这一种理论来解释所有的资本主义和社会主义经济问题，劳动价值论只会陷入更大的困难中去，马克思主义政治经济学的发展也非常困难。但如果将劳动价值论作为历史唯物主义的具体化，从人类历史发展的角度来认识劳动价值论的意义，劳动价值论的真正作用才能得到发挥。劳动价值论正是要从整体上来分析资本主义社会制度的特点和发展规律，揭示人类社会经济生活的实质，只有这样才能为新的社会制度的建立和真正的人与人的关系提供基础。同时，历史唯物主义如果没有劳动价值论作为具体的理论体现，历史唯物主义在解释现代复杂的经济生活时就显得过于抽象，也难以为人们所接受。

第二章　资本理论

资本问题是马克思主义经济学对资本主义社会批判的核心，是马克思主义经济学与西方经济学的“分水岭”。马克思的《资本论》揭示了资本主义社会中资本地位和作用，指出了资本的发展变化规律及对社会的支配地位。但是，西方经济学却将资本只看作是生产要素的一个方面，而且从技术角度认为资本虽然作用很大，但并不是处于绝对的支配地位。马克思主义与西方经济学在资本概念、资本计量、作用与收益等方面都存在分歧，而且这种分歧随着西方经济学在西方的主流地位日益形成而成为如何坚持马克思主义经济学的关键问题。同时，长期以来，马克思主义者对资本持否定态度，不断希望在社会主义阶段消除资本和资本的影响。但是，改革开放后，我国的私营经济和外资经济不断发展，资本在社会的作用和影响越来越大。如何认识社会主义条件下的资本性质，发挥资本作用，是马克思主义经济学在当代中国的重大课题。必须对马克思资本批判理论进行转换，进一步认识资本在社会主义发展的特定历史阶段中的作用，创新和发展马克思主义经济学理论，推进中国特色社会主义建设。

第一节　资本概念理解的分歧

资本主义生产与以往相比的最大特点，就在于它在生产过程中需要大量生产资料，资本主义生产不仅制造消费品，还为生产制造大量生产资料，实行最广泛的迂回生产。资本主义生产方式中最典型的工业化大生产的发展要求人们对工业生产中资本的地位和最终收益做出解释。经济学家对工业生产资本作了深入的研究，但由于工业生产的特殊性，使人们对资本概念产生不同的认识。工业生产的投入形式多样，包括劳动、生产资料和资金等投入，各种投入的自身属性不同，但生产投入是一个整体。从更具体的分析可以看出，各种生产资料的物质属性使其在生产中发挥的作用不同，但却是以一个整体在整个产品生产中发挥作用。这样，各种投入的不同功用与单一整体的生产产品之间不存在一一对应关系，人们对各种投入在生产中的作用也就产生了不同的认识。从古典政治经济学开始，人们就试图找出各种投入在生产中所发挥的作用及与价值分配之间的关系，形成了在资本概念及其收益问题认识上的不同派别。这些派别基本都是对生产资本的性质、内涵、作用和收益等所作的研究，侧重点都是资本主义工业化大生产中资本因素的分析。本书根据他们对资本范围、作用、形式、实质等认识上的分歧对其作了划分，这种划分没有直接使用这些学者整个理论体系所属的派别，如"古典"、"新古典"、"奥地利学派"等，而是主要针对他们在资本概念理解上的不同作了划分。这里的划分与一般公认的经济学派别划分不完全对应，但由于在资本概念理解上属不同派别的人也可能在整体理论上属于一个学派①，因此有些问题的论述也直接采用一般公认的派别划分。图 2－1 是各派别对资本概念理解角度不同的简单图解。

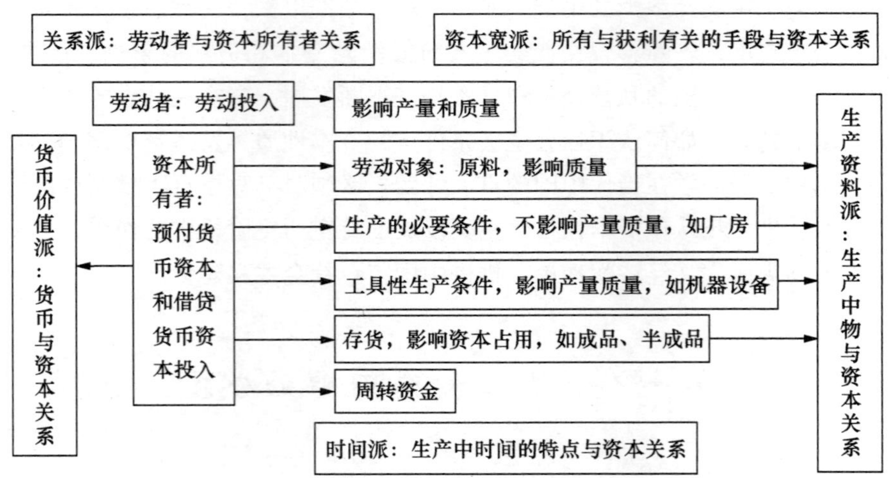

图 2－1 不同流派对资本概念的解释

一 货币价值派

货币价值派主要思想是从货币在生产过程中所起作用角度来认识资

① 如资本派和生产资料派在现代经济学中都属于新古典学派，虽然对资本范围理解有所不同，但对资本特性和获利依据的解释是相同的。

本。他们认为，资本总是首先表现为货币，虽然资本在生产中可能以物的形态出现，但各种具体的物最终都可以用货币来表示为一定的价值。生产活动总是以货币形式的预付资本开始，最终也要回到货币资本，而且借贷资本作为一种主要的资本形式也是以货币形式存在。即 G－W－G′。

当然货币价值派并不是把金、银等金属货币直接作为资本，而是注意到货币具有的商品交换媒介和价值符号功能，货币具有一般等价物和通过货币获取资源来组织生产的作用。在抽去货币和投入物的实物性之后，一些学者将生产中的预付投入物抽象为价值预付，货币或价值预付就是资本投入。由于工业生产的迂回性，要想使生产持续进行，必须有相应的能保证生产进行的价值预付，而资本对生产的控制权正是由这种预付的必要性和不可完全替代性决定的。

一些学者从资本提供预付而表现的货币价值特性说明资本概念内涵。杜尔哥认为，“无论是谁，只要他每年能从他的土地收入，或从他的劳动或辛劳所挣得的工资，收到一些多于他必须花费的价值，他就可以把这笔多余的价值作为一种储蓄而积累起来；这种积累起来的价值就是所谓的资本……至于这一价值的总数，或这一笔资本，是由一堆金属所构成，或是由其他物品所构成，都完全无关紧要；因为货币代表每一种价值，正如每一种价值代表货币一样”。[①] 杜尔哥把实物、货币与资本等同，把资本的存在形式……货币作为资本，认为预付是一切经济活动所必需，生产周转不停，人们的生产需要货币这种资本。

萨伊认为，资本一方面指机器设备等工具、原料、劳动者在生产中完成生产任务所必要的生活用品和其他生活资料，如建筑物等，另一方面则指“用于促进产品交换的货币”。[②] 他认为，资本不仅仅是货币，还以实物的形式存在，但“资本不在于这种或那种货物或物质，而在于价值”。[③]“用在生产事业的资本，总不过是一种预付款的性质，用以支付各种生产性服务的酬劳”。[④] 麦克劳德将资本定义为“储存着的劳力”，有时更抽象地将资本定义为“购买的能力”或“流通的能力”“它无论在哪一方面都

① 杜尔哥：《关于财富的形成和分配的考察》，商务印书馆 1961 年版，第 51—52 页。

② 萨伊：《政治经济学概论》，商务印书馆 1963 年版，第 70 页。

③ 同上书，第 111 页。

④ 同上书，第 113 页。

不代表商品，只代表它的所有人所有的、购买他所需要的东西的能力”。[①] 库纳斯特则说得更为明白，他说，资本具有非物质的性质，根本不包括任何物质的东西，而只是指它们的价值。“资本是物质财货所具有的生产能力的价值。……或是生产性的物质价值的集合体”。[②] 这里他意图将资本从具体物质中抽象出来，一方面使资本脱离实际具体的物，另一方面又想找到一个能更全面说明资本这个现象的概念。

货币价值派并没有一种明确系统的理论体系，但货币价值派在资本概念上的这种理解却有相当影响。人们一般的思想观念中会经常将货币与资本等同：一个人、一个组织拥有许多货币资金，往往被称为有多少资本，货币金融市场被称为资本市场等。中国现在在吸引外资的同时，还有大量资金转移到国外，但这种资金外流也被一些人称为资本外逃。其实这种资金外逃与外商在中国的资本投资是不同的，因为外商资金进入中国后要进入生产领域，是与外商投资企业的产品、市场、管理、技术等相联系的，而货币只能是潜在的资本。

二　生产资料派

古典政治经济学中的一些人，西方经济学流派中的新古典和新古典综合中的主要人物都从这个方面来理解资本。资本生产资料派首先是将生产资料或其中的部分作为资本，由此将资本作为生产中不可缺少的要素，认为这种要素是和劳动、自然资源同样发挥作用的生产必要条件。他们不愿意只将生产投入的预付货币看作资本，因为一旦将货币作为资本，实际上是承认货币也具有生产力。而常识和经济理论都说明货币不具有生产力。他们要想证明资本具有生产力，是生产中不可缺少的恒久存在的要素，这只能从生产活动过程中的具体物的方面来寻找资本的存在。他们发现在生产中除了劳动会影响生产的质和量之外，生产资料中包括土地、原材料和生产工具都对生产的产量与质量产生影响，最终影响收益。由此根据投入、收益的变动关系来论证生产资料是生产力的组成部分，将生产资料作为资本，从而证明资本也具有生产力，资本收益是由于生产资料在生产中所发挥的作用和贡献而获得的。但是将生产资料这些具体的物作为资本，又面临着这些物过于具体化，无法区分谁的作用和功能更重要以及物只是

---

① 麦克劳德：《政治理论学原理》，转引自庞巴维克《资本实证论》，商务印书馆 1991 年版，第 69 页。

② 同上书，第 70 页。

物不能作为资本收益承担者的问题，于是又要将具体的生产资料进行抽象。为此，生产资料派发明了一个新名词：资本品，专指具体的生产资料。当他们需要说明资本的生产力功能时，就用资本品在生产中的作用来证明；当他们要为资本获得收益论证时，就用抽象的资本来说明，没有抽象的资本概念就难以对作为整体发挥作用的具体资本品进行整体概括。从投入上说，没有抽象的而实际上是货币资本的投入就没有资本品的集中和生产的进行。因此，资本生产资料派就在资本和资本品两个概念中转圈，由此来论证资本生产力和资本收益的合理性。

古典经济学家认为，资本增值的物质基础不在流通领域，而在生产领域，由此第一次提出了“生产资本”的概念。既然是生产资本就不能是货币，而是在生产中发挥作用的物。斯密因此把资本定义为用于生产以取得收入的“预储资财”[①]，亦即用于生产并取得利润的生产资料，将资本与生产中的生产资料联系起来，使资本具有生产力的内涵。而李嘉图却不满足于当时的机器设备，一下子把资本的历史足迹上溯至原始社会猎人的制造物上，他认为：“没有某种物器，就不能捕猎海狸和野鹿，所以这些野物的价值不仅要由捕猎所需的时间和劳动决定，而且也要由制造那些协助猎人去进行捕猎工作的资本物（武器）所需的时间决定。”[②] 这说明李嘉图试图将资本一般化，将生产活动的各种形式、各种条件都用于他所处时代的现实生产关系来理解，因此他将最原始的人类所使用的工具也定义为资本，从而将政治经济学的研究对象扩大为人类最一般的劳动活动。李嘉图的观点成为开创资本生产资料派和资本生产要素理论的先河。

在资本生产资料派中，既有将生产中所需要的一切物质资料都作为资本的，也有将生产出来的用于生产的物质资料作为资本的，更有的只将生产工具作为资本，关键是看每个研究者关注的侧重点。早期的一些研究者直接将生产工具作为资本，如克兰瓦赫特把生产材料和生产工具区分开来，而且只将后者看作资本，其理由是，在生产中积极地供我们使用并协助我们的只有工具，而生产材料则纯粹是被动的。生产工具是生产资料中直接体现生产力的标志性物品，是直接影响生产的主要方面，所以只将生产工具作为资本是可以理解的。但经济学家发现，资本家预付的货币资本

① 亚当·斯密：《国富论》，商务印书馆1972年版，第254页。

② 李嘉图：《政治经济学及赋税原理》，商务印书馆1983年版，第17—18页。

不仅用于购买工具，还包括其他生产资料。对于资本家来说，用于生产工具上的支付和用于其他生产资料上的支付都是一样的，所以不能只将生产工具作为资本，而是要将所有的生产资料作为资本。早期的经济学家还试图区分自然资源的生产力与人已生产出的生产资料的生产力之间的不同，将二者作为两种不同的生产要素，一个是土地，一个是资本。但是，后来的经济学家都明白，实际的生产过程只有两种要素，一个是劳动，一个是资本，土地也是预付资本所购买来的生产条件，在生产中要形成对抗的只有资本家和劳动者。所以，他们也逐渐地将土地与其他的生产资料合并在一个统一的资本概念下，将生产中的物作为一个方面，作为资本，将劳动作为另一个方面，这是资本生产资料派的主要特征。

作为边际效用学派的代表人物，也是美国学派创始人——克拉克的观点具有代表性，他认为，任何社会都有两个永久性生产力，即劳动和资本，二者共同创造财富并共同参与财富的分配。二者收入形式为：劳动是工资，资本是利息。“社会上的任何资本自然都具有创造财富的内在力量”。[①] 显然，克拉克这种关于各收入份额起源的观点与早期生产三要素论在根本上是一致的，不同之处只在于将自然资源也作为资本品。克拉克要想从生产力角度来论证资本收益的合理性，他所指的资本就既不能是具体的物，也不能是货币。他认为资本概念具有两层含义：其一是抽象、一般的资本，或叫“纯资本”。抽象的纯资本，是用来表达资本家投入的整体性，它内在于各种具体形式的生产资料之中却又超越具体形式，而在获取利息上则是“单一的实体”；其二则是具体的、实在的资本品，也就是生产资料，诸如原材料、生产工具，等等，甚至连土地及其自然资源也包括在内，而正是这些因素影响了生产的产量和质量，是生产力的具体体现。所以资本既以整体形式获利，又以具体形式发挥生产力的作用。

克拉克之所以将资本的概念进行上述区分，目的是从资本的生产性引出利息的合理性。具体生产资料在生产中发挥的作用被这里采用的抽象资本概念所利用，资本与劳动的比例不再受资本品物质形态的限制而可以自由调整，由此在劳动量不变时连续追加一单位资本所带来的产品增量就是资本边际产出，这就是资本边际生产力理论。这个理论可以用来证明资本收益与其在生产中的贡献相适应，由于各要素都根据同一个自然和公正的

---

① 克拉克：《财富的分配》，商务印书馆 1959 年版，第 101 页。

原则来参与产品分配，因而不存在资本剥削劳动问题，资本主义社会各个阶级的利益是彼此和谐一致的。

三 时间派

资本时间派以奥地利学派为主，奥地利学派注意工业生产方式的迂回性特点，即这种生产不是即时的生产消费品方式，而是要运用一些其他生产条件，经历一个时间段来实现最终产品的生产。时间派的基本待征是强调时间因素在经济分析中的重要作用，把资本与生产过程的“迂回”或在时间上的延长联系起来，将资本本质归结为生产时期，将利息归结为人们主观偏好的“时差”。

奥地利学派主要代表人物是庞巴维克。他将资本区分为两种：一是生产资本，即生产领域中的生产工具或手段等；二是获利资本，是在分配领域中的各种营利性的手段。庞巴维克研究的资本是指在生产领域中迂回生产过程中的各个阶段里出现的中间产物的集合体。资本主义生产是一种迂回生产方式，使用劳动制造某种生产工具，然后再借助于生产工具的作用生产出最终满足需要的物品。“任何迂回的方式都意味着利用比人类的手更有力或更灵巧的力量来为我们服务”。[①] 资本是迂回生产过程的结果，又是进行迂回生产过程的重要条件。资本是原始要素生产力的积蓄，虽不是独立的生产力，却作为人与自然力的凝聚与延伸发挥着重要的生产职能，使生产可以迂回，从而使效率的大大提高成为可能。从上面所述可见，资本是与生产过程的迂回或延长是相伴而生的。既然如此，也就可以用生产过程的时间长度来衡量迂回程度以及资本量大小。生产资本反映了生产的迂回特点，但资本获利与资本在生产中的存在无关。生产资本不过是生产中除了原料、土地外的生产资料的物的集合体。庞巴维克从物的角度说明，虽然这种集合体的大小影响生产效率，但与获利没有直接联系。如果将资本从物中解放出来，寻求是谁投入资本而使物集中起来进行生产，这时的资本（或货币资本）就不是生产资本而是获利资本，获利资本所有者是要获得收入，即利息。当获利资本作为获利手段贷放或投入生产时总要带回一笔利息，并且其数值还与时间有关，原因在于现在物品比同一种类和同一数量的未来物品更有价值，因而当前者与后者交换时必然要有一个时间贴水即利息，利息来源于时差。

---

① 庞巴维克：《资本实证论》，商务印书馆1991年版，第55—56页。

总之，资本在庞巴维克理论中不是实际存在的物，因为他指的是生产中间的集合体，因此他在用这个概念时就不是从具体的物或生产资料角度来说。庞巴维克在生产资本中用生产的迂回性、生产的周期性等时间特性的方面来说明资本的存在和价值，主要集中在生产的时间特性上，是从时间所具有的客观性、生产的技术性角度来说明资本特性的，没有涉及这种时间性与获利的关系。但转入获利资本与利息的关系时，则将利息解释为主观心理上的等待和人们对这种时差的补偿要求。这时，他说的时间又是一个主观上的感受，利息应该存在于这种感觉之中。这是基于资本主义的利息现实来说利息的存在，是循环论证，没有指出利息的真正来源和资本主义生产关系的现实决定了利息的存在。庞巴维克没有解决作为整体抽象集合体的资本与生产中具体的物到底是什么关系，作为他的后继者——新奥地利学派要想继承和发展他的思想就必须在这个问题上做出说明。

新奥地利学派代表人物希克斯坚持了庞巴维克对生产资本的理解，但他用“资本品”一词来指构成生产过程各个阶段的中间物品，而且认为生产的迂回过程才使资本品有存在意义。他反对那种强调不同物质在生产过程中不同作用的方法，认为对资本只能采取抽象的整合方法来看待，也就是将生产从时间上视为从投入到产出的流动过程，生产过程的时间长度可以表现出技术的资本密集度，投入的时间结构可以用投入系数矩阵来表示。这样，在不涉及具体物质技术关系的情况下可以用类似“黑箱”的方法来考察资本的生产过程。

希克斯的这一做法，实际上反映了西方主流经济学在研究资本问题上的一个基本方法。一方面不能脱离生产过程来谈论资本，不能脱离物来谈资本，否则资本的生产力和资本收益就无从证明；另一方面又不能只从物的角度来谈资本，必须要将资本抽象化，因为资本对于投入者来说从来都是一个整体的概念，资本收益也是从整体上来说的。要想抽象资本，只能将生产过程做成一个“黑箱”，将资本从物中抽象出来作为一个要素与劳动等要素混合到一起。这种抽象既可以从时间角度进行，也可以从量的角度进行。从时间角度就产生了时间派，从量、价值量、总量出发则是新古典学派的主要做法。这两种方法实际上都是将资本从物上抽象出来，其实质是一致的，最终也会走到一起。如威克赛尔，他承继了庞巴维克对资本的基本理解，即资本的基本作用在于使生产时期的开始与终结之间的时间间隔成为可能，亦即使从事耗费时间的生产成为可能。资本越多，生产时期可以延长，使通过原始要素土地和劳动而获得的产品越多。但他突破了庞巴维克只将土地与劳动看作生产要素的观点，而是接受了流行的生产要素的三分法。不过，他将资本视为派生的生产要素，即资本是“被生产的生产手段”，在构成上应包括生产的一切辅助手段，诸如房屋建筑、工具设备、原材料以及维持劳动者的生活资料等。资本是已经积累起来的土地和劳动的凝结，利息则是积累起来的土地和劳动的生产力与原始的土地和劳动的生产力之间的差额。他对资本的这种理解为在生产时期分析中引进资本生产力论提供了前提。威克赛尔可以说是奥地利学派学习借鉴新古典学派的典型，他将资本看作与劳动、土地并列的生产要素，同时将资本又扩展到生产资本和获利资本的总和，与新古典在资本概念理解上已没有根本不同，只不过他还是侧重于生产过程中的时间因素对资本量的影响。

四 资本宽派

资本宽派的典型观点是将一切可以获利的手段都称作资本，虽然有些研究者将部分手段排除在外，但其基本含意是凡可以获利的手段都可以称为资本。古典政治经济学创始人亚当·斯密，曾经把存货分为两个部分：一为用于个人直接消费，他认为这部分不产生任何收入；另一部分是可以给所有者带来收入的，称为资本。对于资本，他又将其分为两部分：一部分是并不直接用于生产，只单纯用于出借而获得利息的，称为私人资本；另一部分是用于生产的财富，往往表现为生产手段的集合，称为国家资本。斯密认为，对于整个社会来说，私人资本不会增加社会财富，单纯的货币并不创造价值，而只有用于生产的国家资本才会使社会富裕。但他在实际使用“资本”这个概念时并没有明确区分私人资本和国家资本，而是笼统地把资本看作是与劳动相对应的可以辅助劳动的各个方面。于是，包括物质形态存在的机器、建筑物、土地、成品、半成品、原料等用于生产的国家资本和出借、投资用的预付资金、流动资金等私人资本又混在一起。他不仅将物与货币都作为资本，而且认为人的能力与知识也是人的资本，将可以获利的手段都称作资本，开了资本宽派的先河。

资本宽派的另一代表人物是新古典学派的创始人马歇尔，他综合了以往经济学家的许多观点。他认为，“一个人的资本是他的财富中用于获得货币形态的收入的那一部分”。这不仅把李嘉图的资本含义包含其中，而且还包括其他一切与获得收入有关的东西，也就是“那些属于他的权利和由此获得的收入以及在近代金融市场的复杂形态下可有的对资本的一切支配权”。[①] 资本包括为营业目的或获利所持有的一切东西，它的职能就在于获取一种纯收入——利息。

马歇尔的观点确实综合了各家的观点，既从资本所有者角度讲了资本获利的必然性，又从使用者的角度讲了资本生产力的表现，最后用利息串起整个资本的供求，将资本作为一种在生产中与物、人不加区别的资源和要素，成为新古典乃至西方经济学在资本问题上的经典表述。从此，资本就不仅仅用来解释生产中的问题，更多用来解释利润的分配问题。

费希尔作为新古典的代表人物之一，对资本概念作了不同的理解。他将资本与收入作了区分，资本指的是存在于某一时期中的财富的存量，而收入则指的是存在于某一个时期中的财富的服务的流量。从物质形态上看，资本是收入的源，收入是资本的流，即后者来源于前者；从价值形态上看，当服务流量转化为价值后，服务或收入的价值又转化为资本的价值。就价值意义而言，资本不过是其未来收入的资本化。任何财富或资产的价值都不是得自于过去，而是唯一地依赖于未来，即依赖于预期的未来收入。而将未来收入与资本联系起来的桥梁或纽带则是利率。利率的基本职能就在于通过贴现计算将未来收入折现为资本。费希尔对资本概念的理解确有独特之处，他将资本进一步抽象化，与利率、时间作了新的挂钩。这反映新古典学派在吸收时间派的研究而产生新的发展。费希尔认为，只有物质资本才具有生产力，是从资本的未来收入中推导出资本的价值。资本成了财富的存量，时点上的存在。但是，如果不能在未来带来收入，这种财富便没有资本价值。这种财富要为未来收入提供基础和服务，是资本生产力的另一种更抽象的表述。另一方面，只要有收入，则可以按贴现方法来计算资本量，即将收入资本化。所以不管是物，还是别的，只要能带来收入都可以称为资本，因此，他在资本范围界定上是一个宽派，一切获利手段，包括货币、物质资料、工人生活品的预支都被作为资本。实际上，一些没有被他提到的可用于获利的各种手段，如现代所说的知识、社会关系、人力等都可以用他的资本概念来理解，因为这些因素一旦可以带来收入，就可以计算其资本价值，这就为后来资本概念的泛化提供了理论基础。费希尔虽然认为只有物质资本才具有生产力，但从其对资本与收入

① 马歇尔：《经济学原理》，商务印书馆 1983 年版，第 91 页。

的定义可以看到资本并不只是物，这正是我们将其归入资本宽派的原因。而这种认为用未来收入贴现计算现时资本价值的观点，也是新古典的一个基本观点。

五　马克思主义经济学对资本概念的科学理解

马克思认为，资本不是具体的物，生产活动中虽然表现为人与自然的关系，但在一定生产关系下，生产活动更多体现人与人的关系。在有资本参与的生产活动中，资本是资本家手中的一种获利手段，资本与劳动的关系更多地表现为资本家与劳动者的关系。资本与劳动不是生产中平等的生产要素，不是商品之间的关系，而是反映人与人之间的权力关系。

因此，资本虽也以物的形式存在，不断交替地成为商品和货币，相继采取货币资本、生产资本和商品资本形态，并进行不断循环，但资本更多的是一种价值，是能在流通中保存自己并使自己增殖的交换价值或货币。资本的形态会发生变化，但资本的本质没有变化，资本在运动中保存自己并实现了自己的目的，资本本质是带来剩余价值的价值，“一定的价值额，只有在它产生剩余价值，从而增殖价值时，才变为资本”。[①] 由此可见，马克思揭示出资本概念中最本质的内容即资本体现了人与人关系，资本是一种社会生产关系，“资本不是物，而是一定的、社会的、属于一定历史社会形态的生产关系”。[②] 可见，马克思始终强调资本是生产关系，脱离了一定的关系，资本就不成其为资本。这个一定的关系，就是资本家利用其所掌握的生产资料来支配劳动进行生产的关系，是资本家与劳动者的关系，它是在特定的历史条件下产生的，是生产资料所有者与劳动力所有者之间交换关系的总和。

马克思还从社会经济权力结构的角度对资本概念作了进一步深入的研究。马克思说，“资本是资产阶级社会的支配一切的经济权力”。[③] 资本“按其本质来说，它是对无酬劳动的支配权”。[④] 马克思对资本概念的这种理解，从阶级对立、统治与被统治、控制与被控制的高度揭示了资本关系的性质，完全超越了庸俗资产阶级经济学家对资本概念的理解。资本表面看来是一种财产所有权的象征，但这种所有权并不只是财产上的占有，而

---

① 《马克思恩格斯选集》第 3 卷，人民出版社 2012 年版，第 587 页。

② 《马克思恩格斯选集》第 2 卷，人民出版社 2012 年版，第 644 页。

③ 同上书，第 707 页。

④ 《马克思恩格斯文集》第 5 卷，人民出版社 2009 年版，第 611 页。

是对劳动的占有，对社会整体的控制。既然资本体现的是一种生产关系，它要按照自己的内在规律为自己开辟道路，具有支配一切的经济权力，以资本为中心形成它的生产结构和经济权力结构。

不仅马克思主义从关系和权力结构来认识资本概念，西方经济学中的新剑桥学派由于受古典经济学和马克思主义政治经济学的影响，他们的一些观点也与此相近。新剑桥学派是现代西方经济学中的一个流派，该派既继承了古典经济学对资本的一些认识，也受到马克思主义的影响，同时又是凯恩斯主义的继承者。新剑桥学派对资本的理解有两个方面，即作为生产手段的资本与作为财产支配权的资本是有区别的。前者具有生产职能，后者则与分配及利息或利润相关联，因此利息或利润与所谓资本的生产性毫无关系。从生产方面看，他们接受西方主流经济学的观点，认为资本指的是具有显著技术特性的生产资料。但是，他们认为，作为生产过程的一种投入，资本是实在的硬件，而不是奶油。他们批判新古典学派抽象掉资本品的具体技术特性和物质形态，使资本成为一种丧失其物质实体的均质可塑的东西。新剑桥学派认为资本总是体现在各种类型的机器设备之中，而机器设备与劳动者的数量关系是受现时的生产技术水平与工艺特性所制约的，不能随意地改变。在生产领域以外它指的是对于金融或财产的支配权。罗宾逊指出，从分配理论角度看，资本不能被视为同劳动一样的生产要素，把资本与劳动并列起来等同看待会在经济理论上产生极大混乱。实际上利息或利润不过是劳动创造的产品扣除工资后的一种剩余。而资本家之所以能占有这部分产品，主要是由于他们的资本所有权。琼·罗宾逊认为，在资本主义经济中，作为特定社会集团的资本家占有生产资料，他们当中每一个人都企图靠这种占有赚取利润。从这个角度看，虽然新剑桥学派与马克思主义之间有着本质的区别，对生产领域的资本也是从生产资料角度来认识的，但对生产之外的资本则承认是一种支配权，而且他们认为资本获利不是由于资本的生产性，而是由于资本的所有权，这种认识使他们具有资本关系派的部分特征。但新剑桥学派从根本上说还只是一个西方经济学的派别，不可能完全接受马克思主义对资本本质的认识，所以新剑桥学派可以对新古典学派提出批评，却无法提出可以取代新古典学派的科学的资本概念。

第二节　资本计量上的争议

对资本概念理解不同，经济学家在资本计量问题上也争论不休。资本计量问题涉及两个方面：一是微观意义上的企业资本计量问题，一是宏观意义或抽象意义上的总量资本计量问题。这两个方面，既有联系也有区别。从联系上看，微观企业的资本计量是宏观总量资本计量的依据和基础，脱离微观企业的资本计量来研究总量资本的计量，总量资本的计量只具有一定的理论意义，可能出现与现实的巨大差异，对现实经济研究并不具有指导意义。从区别上看，资本的企业计量与社会总量计量的目标不同。对企业来说，资本计量从来没有真正成为问题，资本是投资者投入企业用于获利的一种手段，总是首先表现为货币形式的预付资本，投资者关心的是最终用货币表示的收益是否大于投入的货币，资本反映的是投资者的责任和权利。而总量资本计量是为了研究整个社会生产过程中各种要素的配置和经济增长的动力等问题，这些问题不是单个企业关心的问题。如果资本计量问题不能解决，就难以量化计算资本的总量及其收益，也就无法揭示资本在生产中的作用和资源配置原则，基于资本理论而形成的生产与分配理论就成为一种理论上的"假说"。因此，资本计量问题在资本理论中具有重要意义。西方主流经济学——新古典学派在微观经济的生产函数理论中使用抽象意义上的资本概念来研究资本与劳动的替代关系，在宏观经济领域使用总量资本来探讨国民经济运行中社会总量资本的形成和作用，在发展经济学领域研究发展中国家总量资本的缺乏和资本引进的意义。西方经济学其他学派还从时间、货币价值和收入等角度定义和使用了资本概念并探讨了资本计量方法问题，这些西方经济学的资本概念理解和计量方法存在着逻辑与现实矛盾。马克思主义经济学对资本概念作了不同的理解，这种理解既抓住了资本的本质，揭示了一般意义上的资本内涵，可以用于研究资本在社会生产中的作用；又符合微观企业领域对资本概念的理解和计量要求，在会计学应用中能够得到体现。从而克服了资本计量的理论与现实脱离问题，是真正科学的对资本概念的理解和计量方法。

一 实物单位计量的困境

新古典学派理解的资本就是生产资料，是生产出来用于生产的物。① 他们将土地和原料之外的生产资料直接称为资本，而且对资本与资本品两个概念也没有严格区分，相对于劳动而言时用"资本"，相对于具体生产资料时用"资本品"。新古典学派将资本看作是物主要出于两个目的：一是通过资本物的特性说明资本在生产中的作用资本本身就具有的，而不是由社会决定的。二是用资本物的数量变化引起的产品收益变化来计算资本的价格——利息率。新古典学派的厂商理论用生产函数揭示劳动与资本两种生产要素的技术替代关系，将资本与劳动作为地位相当的生产投入品，资本（也就是资本品）是与劳动并列的一种实物。因而，投入与产出都用物理量进行度量，资本计量单位只能是实物单位，而不是货币单位。用实物单位对资本进行计量，在资本同质的情况下，通过资本品的数量增减与最终产品数量增减的关系是可以研究资本边际生产力的。这时资本与劳动的计量都是实物单位。但是，生产函数又通过要素的相对价格来计算要素的替代。按新古典理论，劳动的价格是工资率，而资本的价格是利息率或利润率。在完全竞争市场中，对于生产要素，厂商的最大利润的一阶条件或均衡的一阶条件是：生产要素的边际产品值等于生产要素价格，即生产要素的价格等于其边际生产力。也就是说，要素价格是由体现其边际生产力的边际产品值决定的。② 这里就存在用实物单位来对资本进行计量与用边际产品值来决定要素价格的矛盾，这一矛盾还表现为：一是实物资本对产品生产包括最终收益影响原因何在？如果将这种影响归结为是由于资本物的属性而产生的，实际上是资本（或资本品）中所具有的技术含量对生产与收益产生影响。二是不同资本品加总问题。同质的资本品可以用

① 新古典综合派代表萨缪尔森在《经济学》一书中对资本概念作了这样的定义，"资本或资本品包括那些生产出来的耐用品，它们在进一步的生产中被作为生产性投入。——资本品有三类：建筑（像工厂和住宅）、设备（耐用消费品，如汽车；耐用生产设备，如机器工具及计算机）以及投入和产出的存货（如经销商推销过程中的汽车）"。（萨缪尔森等：《经济学》第十四版，首都经济贸易大学出版社 1996 年版，第 204 页。）

② 柳欣对资本计量和资本边际生产力进行了分析认为，新古典的资本价格等于利息率的理论中的利息率并不是由资本边际生产力（技术）决定的，而是由社会因素即资本权力决定的。（柳欣：《资本理论争论：给定的技术，还是技术变动》，《经济学动态》1996 年第 12 期、1997 年第 1 期。）白暴力分析了新古典生产函数公式存在的问题，尤其对资本计量作了分析。［白暴力：《"三要素创造价值说"现代形式的理论缺陷》，《北京师范大学学报》（社会科学版）2002 年第 4 期。］

实物单位进行加总，不同质的资本品就无法用实物单位进行加总，而且在计算边际生产力时也无法对资本品无限分割。三是如果用货币进行计量，不同资本品虽然可以用均质的货币表示，但货币与资本品的作用并不对应，不能说货币价格高的资本品的作用一定大。不同质的资本品的技术含量不同，本身的技术含量与其自身的货币表示的价值量没有直接的对应关系。以琼·罗宾逊为代表的新剑桥学派就对新古典学派将生产资料作为资本概念进行了批判，他们认为新古典学派一方面从资本物质形态与技术特性角度来研究资本的边际生产力，另一方面又抽象掉资本品的具体技术特性和物质形态，使资本成为一种丧失其物质实体的均质可塑的东西。新剑桥学派认为如果将各种类型的机器设备看作是资本，则机器设备与劳动者的数量关系是受现时的生产技术水平与工艺特性所制约的，不能随意地改变。琼·罗宾逊称计量经济学家混淆了两种资本的含义：（1）资本作为机器的原料；（2）资本作为生产函数中的一种价值。她认为，"两个概念都和实际的统计学解释没有关系"。[①] 琼·罗宾逊指出，把各种异质的资本品作为生产函数的一个总体量存在的问题，不可能从物质形式上找到一个统一的尺度来测量资本数量。[②] 新古典学派想从物的角度来说明资本作用，以此证明利息率是由资本的边际生产力决定的。在新古典理论中，通过利息率（利润率）表示资本（实物资本或资本品）的边际生产率，认为要素投入的标准是边际收益等于要素价格，也就是资本品投入的标准是资本的边际生产力等于资本价格，资本价格就是利息率。这里存在的问题是：为什么资本价格不是资本实际价值而是利息率？这时的利息率由资本边际生产力决定还是由外在社会决定？[③] 既用物来表示资本作用，又将这种作用与外在的利息率挂钩，不再对实际资本的价值量进行计量，这些都说明新古典学派将资本只看作是生产资料来对资本进行计量和研究资本作用是无法进行的。由于在实践中根本不可能用实物单位对资本进行加总，也就无法确定资本的边际收益。因而，利息率不是由资本边际生产力所决

① 特纳：《琼·罗宾逊与两个剑桥之争》，江西人民出版社 1991 年版，第 168—169 页。

② 琼·罗宾逊：《经济学论文集》，商务印书馆 1988 年版，第 86 页。

③ 琼·罗宾逊也指出了这里存在的矛盾："当我们知道了某一资本品结合在一起的产量的未来预期率以及未来预期价格成本时，如果有了一个已知的利率，就可以对资本品，以将来源源不绝地赚得的利润为根据，来估计其价值，但是要这样做，在开始时就得把利息率作为已知的，而生产函数的主要的目的却在于表明，技术状态和生产要素比率是怎样决定工资与利率（把后者看作资本的工资）的。"（琼·罗宾逊：《经济学论文集》，商务印书馆 1988 年版，第 86 页。）

定的，而是由资本的社会权力决定的。不仅在生产领域无法运用新古典学派的资本概念和资本计量方法，而且在国民经济统计中更无法用货币方式将异质的资本品与消费品进行 GDP 总量加总，这是新古典宏观经济学创造的“神话”而已。①

二　货币单位计量的困境

对生产活动中所有资本投入都以货币计量。这种计量方法基于这样的考虑：资本收益最终总是以货币形式出现，而资本投入如果以货币作为价值计量形式，则可以计算二者之间的比值，从而确定资本收益率问题。用货币单位对资本进行计量优点是明显的，货币是均质的且可以进行理论上的无限分割。但是，直接用货币单位来计量资本对于西方经济学来说存在困境。因为，资本边际生产力变成了货币的边际生产力。用货币单位计量资本，货币资本与实物资本就无法区分，对经济活动中的所有资本投入都要用货币单位进行计量，必将会出现资本与资金等同的现象。资本收益被认为直接来自于货币的时间价值，不同时间存在的等量货币其价值不同。不管是生产资本还是借贷资本，或是一般的货币，如果在未来的时间里没有收益就等于贬值，收益成了货币的内在要求。如果将资本等同于资金或货币，就会出现货币可以生货币的思想，仿佛货币本身就可以自我增殖。应该说，货币本身在生产中的作用是有限的，它只是起到用于获得生产资料等生产条件的商品交易媒介的作用。实际生产中的生产能力和获利能力绝不是货币可以表达的。货币投资量相同的一个商品交易场所和一个有高技术的企业实际上是完全不同的企业。正如美国一架波音飞机与中国大量的纺织品在货币量上是相等的，但却是两种在数量上有着巨大差异的产品。

三　时间单位计量的困境

西方经济学中的奥地利学派代表人物庞巴维克、新奥地利学派代表人物希克斯等注意到资本在现代工业生产中的迂回性特点，对于迂回性生产而言，时间在生产中的作用，或说时间对资本量的影响十分重要。由于生

① 靳卫萍、柳欣讨论了关于异质品模型中的加总问题，并认为“把异质的资本品和消费品加总为一系列总量是新古典经济学家创造的神话，即所有国民收入核算体系的总量指标都可以表示为实物的加总而与名义变量的价格水平区分开来，比如实际 GDP 和名义 GDP 的划分。之所以称为神话，是因为这种根本不存在的总量经过新古典经济学家的课堂训练已经为所有的人所认可和在实际经济中应用。”（靳卫萍、柳欣：《新古典生产函数的质疑与货币量值的生产函数》，《当代经济科学》2005 年第 4 期）

产的迂回性特点，需要不断地向生产进行投入，主要是劳动、生产条件的投入，不同时期的投入对生产的影响是不一样的。当作为获利手段贷放或投入到生产的资本总要带回一笔利息，其数值与时间有关，原因在于现在物品比同一种类和同一数量的未来物品更有价值，因而当前者与后者交换时必然要有一个时间贴水即利息，利息来源于时差，利息被理解为主观心理上的等待和人们对这种时差的补偿要求。但是，新古典学派的奈特批评了时间派的观点，强调资本可以通过连续地维持保养或重置，将会与劳动、土地一样可以生产出一个永久的产出流。因此，在进行正常维持的前提下，资本可以被视为与劳动、土地一样的永久性生产要素。他之所以强调资本的永久性是想说明：既然资本一经投入便永久存在，那么也就不存在具有确定长度的生产过程，实际上的生产时期或者是零，或者为无限大。即使撇开这点不说，在各种投资相互交错（即各种资本品被用于生产其他资本品）的条件下，由于无法将某一日期的投入与其产出联系起来，因而要确定某一单位投资与其产出品之间的时间间隔即所谓投资期也是困难的。① 因此，仅用时间不能概括资本的全部特性，如果用资金时间价值来计量资本价值和资本占用等问题，实际又回到了货币资本的观点上了。

四　收入贴现计量的困境

西方主流经济学对资本具有典型意义的理解将一切可以被用来获利的手段、财富和未来可以带来收入的对象都作为资本看待。任何财富或资产的价值都不是来自于过去，而是唯一地依赖于未来，即依赖于预期的未来收入。而将未来收入与资本联系起来的桥梁或纽带则是利率。利率的基本职能就在于通过贴现计算将未来收入折现为资本。只要有收入，则可以按贴现的方法来计算资本量，即将收入资本化。所以不管是物，还是别的什么，只要能带来收入都可以称为资本。将资本抽象化可以带来一定收入的对象的经济学家，必然放弃对资本实际价值量计量，而是用资本的收益量的贴现计量资本的价值量。不管是实物化的资本，还是人力资本，或是货币资本、虚拟资本等形式，这些资本最终都表现为一定的收入流。从这个现象出发，从可以稳定地获得收益的角度，资本的实际价值就不再重要，

① 奈特的有关论述这里参考了张凤林《西方资本理论研究》，辽宁大学出版社 1995 年版，第 100—102 页。

而是根据它的获利能力来衡量，用直接能够获得的收益作为资本价值的代表。收入流就成为利息或租金，资本所有者关心的不是资本的实际价值，而是关心资本能够带来的收益。只要有一定的收益，不管资本是什么或是多少价值，资本的意义已经完全体现在收益上。用这个方法确实避免了对资本实际价值量的度量，也可以把资本形态上的差异不作区分，资本获得了真正意义上的统一。而且以收入来定义资本也仿佛抓住了资本的本质。这种对资本概念的理解和计量方法首先泛化了资本概念，任何可以形成收入的对象都是资本形态，这样资本与其他生产要素之间的差异消失了，人力（或劳动）、知识或社会关系等都成了资本，也就无法对资本进行区分和计量。其次，这种方法是用结果来定义来源，有收入虽然可以假定存在资本，但对资本的实际价值用贴现方法进行计量并不能为人们所接受。人们在资本投资时对未来收益只能是估计，但人们要通过现时的投入来明确未来的收益分享和风险共担问题，没有对实际投入的资本价值量计量，就无法明确投入时的权力和责任。而且用收入贴现法只能得到一个计算上的资本值，这种方法无法与投入产出法进行转换，也就不能用于计算资本收益率。当需要比较资本收益率的大小从而决定资本投入的价值时，用收入贴现法进行资本价值计量就存在问题。

总之，由于西方经济学对资本概念理解不科学，所以这些从某一侧面对资本计量方法只能从一个方面揭示了资本价值量的特点，并没有真正揭示资本计量问题的实质。这些方法既存在理论上的矛盾，在实践中也从来没有得到真正的应用，只不过是一种思维的虚构模型。

五 马克思资本概念对资本计量的意义

马克思认为，资本是能够带来剩余价值的价值。“一定的价值额，只有在它产生剩余价值，从而增殖价值时，才变为资本”。[①] 马克思对资本概念的这一理解具有重要科学价值：第一，从价值实体角度指出了资本与非资本的区别。在资本主义社会中可以产生一定收入的对象非常多，这些收入来源有的自身没有价值，有的获得收入的来源并不是依靠自身价值，因此并不全是资本。第二，这一理解指出了资本收益是剩余价值的转化，资本只有在生产过程中通过雇佣劳动才能形成和占有剩余价值，并不是所有收入都可以称为资本的收益。第三，资本是价值实体，但并不固定在一

① 《马克思恩格斯选集》第3卷，人民出版社2012年版，第587页。

种形态上，由于货币作为价值尺度，因此可以作为资本价值的计量单位的。由于在资本存在的市场环境下，任何生产和交易活动或者说是获利活动都是通过货币来做计量单位的，脱离货币来谈资本是不可能的，所以资本计量必然要用货币来体现价值，只有货币体现出的价值才能为社会所接受。“在 G—W—G 流通中，商品和货币这二者仅仅是价值本身的不同存在方式：货币是它的一般存在方式，商品是它的特殊的也可以说只是化了装的存在方式。价值不断地从一种形式转化为另一种形式，在这个运动中永不消失，这样就转化为一个自动的主体”。[①] 资本投入者最基本投入是货币资本，因为只有货币资本具有广泛的购买性，可以用其进行各种生产条件的购买。而最终的收益也要体现于货币，资本投入者关心的不是实物财富，而是货币财富，只有货币才能真正地实现资本家对社会财富占有的欲望。第四，资本在这里不是单纯的物，而是反映资本与劳动之间的雇佣与被雇佣的关系。由此可见，马克思揭示出资本概念中最本质的内容即资本体现了人与人的关系，资本是一种社会生产关系，“资本不是物，而是一定的、社会的、属于一定历史社会形态的生产关系”。[②] 资本真正的意义在于控制，在于资本是资本家获利的手段和工具，是资本家人格的体现。因此，资本价值又不能完全用货币来表现，因为资本在生产中的作用并不是用货币可以概括的。

（一）马克思对资本概念的科学理解可以为资本计量提供科学依据

（1）从资本主义企业角度看，资本价值量就是资本家所有投入价值的货币形式。这些又可以分为两部分，一部分是资本家自有资本，一部分是借贷资本。自有资本是明确资本家对企业责任和收益权利的依据，可以进行利润率的计算。借贷资本参与生产，可以获得某种相对固定的利息收入。这样的资本概念既方便资本价值计量，又可以方便地进行资本权力与责任的明确，更可以进行最终收益率的计算。

（2）从社会总量资本计量角度，通过对企业资本家自有资本、借贷资本和商业资本的货币价值量的总和，可以分析资本对社会财富增加值的占有程度，计算社会的剩余价值率或利润率。

（3）资本的有机构成可以反映社会生产的技术内容，可以用于经济

---

① 《马克思恩格斯文集》第 5 卷，人民出版社 2009 年版，第 180 页。

② 《马克思恩格斯选集》第 2 卷，人民出版社 2012 年版，第 644 页。

增长的研究。资本量的大小既反映资本可以支配的劳动数量，也可以反映资本控制的生产资料。这时的资本不再是直接的物，而是体现对劳动的支配。作为预付的资本，在生产中并不创造价值，也不是生产要素，而是提供了一种生产条件，通过雇佣劳动来实现商品中的价值，最终占有剩余价值（剩余劳动）。单个资本的资本有机构成反映了资本与劳动的技术关系，而社会总量资本的有机构成也就可以反映社会生产中资本与劳动的技术关系。西方经济学从货币角度谈论的资本，往往忽视了资本组织和控制生产的特点，也忽视了资本的技术内涵。从生产资料角度谈论的资本既无法计量，又没有反映资本全部的内容，也没有反映资本对劳动和生产的支配和控制。

（二）马克思的资本定义和资本计量在会计实践中的应用

任何一种资本概念的理解和资本计量方法都不能脱离现实经济活动。只有现实经济活动才是对理论最好的解释和检验。没有现实经济的应用，理论架构下的资本计量就没有实际意义，也不可能是科学的。马克思主义经济学对资本概念的科学理解及资本计量的科学性在会计实践中得到了最为直接的体现。

企业理论的核心是所有权理论，因为所有权涉及企业的控制权和收益权。企业所有权在企业中是以资本所有权体现的。社会之所以肯定资本所有者对企业的所有权，首先是对私有产权的肯定。不管是单个企业还是企业集团，企业生产经营和管理活动，包括会计活动都是为了保证资本的保值与增值，是围绕资本的存续与获利展开的。企业契约理论认为企业是利益相关者多方契约的组合，是所有者、借贷者、消费者等各方面契约的产物。这个理论是想说明，现代企业已经淡化了资本所有者对企业独立控制的结构，而是多方利益的共同体。这种观点实际上模糊了企业的私有性质，把企业看作是没有主体的各方结合体。资本家以资本形式进行投资，投资者之间、投资者和其他利益相关者之间，如借贷者、消费者、原料供应商、劳动者之间确实存在着契约，不过这些契约都是在承认各自私有产权基础上的契约。在分析企业实际经营活动时可以看到，企业并没有成为利益共同体共同控制的组织，而依旧是资本所有者控制的组织。在现代企业制度下，所有权与经营权虽然分离了，出资者和经营管理者是一种委托—代理关系，不过，委托—代理的标的从形式上看是企业，实质上是资本。资本保值增值是资本所有者的利益体现，也是经营管理者的责任所在。

企业资本会计就是通过对企业资本的计量确立投资者的责任和权力。企业资本有三个层次的理解：①（1）是资本狭义的理解，也就是企业所有者的投入资本。这种资本在西方财务会计中称为“股本”，我国的《企业会计准则》称为“实收资本”，《企业财务通则》使用的是“资本金”的提法。“实收资本”或“资本金”在会计记账中都采用历史成本和名义货币计价。会计账目中的“实收资本”或“资本金”账目的重要性在于，这是企业投资者对企业权利的象征。一方面，只有得到企业的控制权和最终收益索取权才会有资本投资；另一方面，在私有产权社会中，法律也会保证资本投资者的权利。许多国家在企业登记时都实行资本法定，在《公司法》中规定了公司必须具备的最低资本数额，同时要求公司在注册成立时将公司资本加以登记公示，日后如有变动，必须及时变更注册。法律上的“注册资本”概念在企业会计上就体现在“资本金”或“实收资本”账户上。公司资本是公司法人所有权的客体，实质来源于股东（或投资者）的出资。虽然股东投资一旦形成为公司资本就与股东的财产发生了分离，但是它始终体现了股东对公司的所有权，股东可以通过“用手投票”或“用脚投票”的方式对公司进行控制。这种狭义资本最直接体现了马克思主义经济学对资本本质的理解，但是并没有完全反映出企业的实际资本量和总资本量。（2）较广义的理解。较广义的理解认为企业资本是指企业所有者（股东）权益，即不仅包括资本金（实收资本），而且还包括资本公积、盈余公积和未分配利润等。企业资本会计为了对企业投资者实际资本量进行准确反映，因此在“资本金”或“实收资本”账户外，又增加了资本公积、盈余公积和未分配利润等账户，这些账户与“实收资本”账户合在一起可以全面反映企业所有者的权益。这些账户反映了企业所有者权益在生产经营过程中可能发生的变化，这些变化会带来所有者权益与企业所有者原始投入量不完全对应，但这些账户都是从属于“实收资本”，是企业投资者所有权的体现。（3）更广义的理解。对资本

---

① 近些年来，由于资本概念泛化而引入了许多新的资本概念和形式，如人力资本、社会资本、知识资本等。虽然许多人也在试图从资本收益角度探讨这些资本的价值计量及如何在企业会计实践中加以反映，但是这些资本形式由于自身价值无法进行计量，并且存在与传统资本概念的逻辑矛盾，因此在企业会计实践中至今没有纳入日常会计活动，这些资本概念是否科学也不断受到质疑。具体可以参见贾后明的论述。参见贾后明《论人力资本学说的逻辑与现实困境》，《企业经济》2006 年第 2 期和《对知识资本理论的几点质疑》，《财会月刊》（会计版）2006 年第 11 期。

更广义的理解认为它不仅包括企业所有者权益，而且还包括借入资本。企业通过借款所获得的货币与企业资本金形成时所获得的货币虽然来源有别，但在企业生产经营中发挥的作用是相同的，都用于购买材料设备，支付工资费用。劳动者利用生产资料进行劳动，生产出产品，销售后收回货币，形成利润，实现增值。企业所有者权益是企业的自有资本，而企业借入的用于生产经营的货币，则是企业的借入资本。这种广义的资本概念与马克思主义经济学对企业总资本量的认识是一致的，企业总资本并不完全来源于企业所有者，但企业总资本可以更全面地反映资本与劳动关系，也可以用于计算利润率或剩余价值率。

（三）会计学中的“注册资本”、“资本金”、“所有者权益”等概念都存在一定局限性

注册资本制度只约束了公司的股本或实收资本，并不涉及其他的所有者权益项目，而所有者权益会随着企业经营情况不断地变动。同时，资本的实物形态——资产的现实价值与会计账户中所有者权益的货币价值也会发生不对应。资本金和所有者权益的概念也没有全面反映企业资本的总量。从资本本质意义上看，资本的天性和本质是在运动中增值。企业中的资本来源不同，还会以不同的形式存在，在生产经营过程中也会发生量的变化，这些虽然给资本会计带来一定的困难，但企业会计通过不同的账户对这种情况进行了反映，会计账户可以分析出不同来源的资本量。对于企业所有者即资本家来说，资本量在生产经营中的变化并不会影响资本控制力，“实收资本”等会计账户就是要反映这种所有权。因此，国际通行的会计原则仍然是以历史成本和名义币值作为资本计量的依据，并以此为基础编制财务报表，这种普遍采用历史成本和名义币值对资本进行计量的深层次原因，正是由于企业的私有产权制度和社会对资本概念的一般理解。在现代企业制度下，出资者与经营管理者是一种委托—代理关系，对于企业所有者来说，重要的不仅是资本在运营过程中得到账面币值的保全，而且更要体现在资本增殖过程的控制。这种控制通过恰当的手段明确经营管理者的受托责任，客观地反映了受托责任的履行过程。历史成本和名义货币计价是实现资本控制的最有效手段，因为历史成本反映了企业所有者的投入和对企业的所有权。同时，名义货币计价既是一种历史记录，又可以以此比较前后期企业经营活动的收益大小，企业所有者可以进行资本收益率的计算，从而分析投资决策的成效，因此企业所有者也广泛接受这种资

本计量方法和会计反映方式。一些脱离历史成本和名义币值的资本计量方法，尤其是脱离资本的实际价值而且资本收益率甚至是预期收益率来评估资本价值的方法虽然在资本市场得到使用，但20世纪与21世纪交接之际的美国资本市场会计危机，如美国安然公司的会计造假和安达信公司的审计失职事件绝不是少数公司的个别行为，而是反映了脱离历史成本和名义币值的资本计量方法带来的危害。[①]

当然，如果要从社会角度统计社会总量资本，就不仅仅要关注注册资本总额和所有者权益总额。注册资本总额可以反映投资者自有资本的投入量，在统计上有一定意义，但并不能反映社会总资本的情况。企业所有者投入的自有资本即“实收资本”账户如果与借贷资本的“长期负债”等账户金额相加就可以反映企业的总投资额，即企业的总资本量。一定时期的投资总额，可以反映一定时期从事生产经营活动的资本增加量，这些经营活动与经济增长有着密切关系，在一定程度上可以反映经济发展的快慢。投资额的增长对经济发展速度的反映要比GDP统计数据体现的经济增长速度要更加深入。

第三节　资本作用与收益的认识分歧

在揭示资本本质的同时，还需要从历史的角度认识资本在人类社会历史发展中的作用。马克思主义经济学虽然指出了资本的历史性，但是资本既然存在就有它的现实合理性、必然性和必要性。历史唯物主义为我们透过经济现象发现事物本质提供了方法，但是，了解资本本质不等于就可以否认资本在资本主义确立和发展中的作用，也不能否认资本在商品经济中对生产力发展的推动作用。这里需要讨论的倒是资本的作用到底是什么以及如何在社会发展中发展作用的。不管是西方经济学的学者，还是马克思

① 潘晓江对这个问题进行了深入分析，并引用了曾经参与国际会计准则基金会组建、临近退休的美国德勤国际会计公司首席执行官詹姆斯·F. 库珀兰德（James E. Copeland - Jr.）在回顾自己36年的职业生涯、会计环境和会计职业受损等情况时说的一段话：“有效市场假说的观念，即认为历史财务报表没有意义的观念。似乎占据了优势，有很大的牵引力。人们基本上认为审计好像没有用处，经过审计的历史财务报表好像也没有用处这是严重的错误。我们为此付出了代价。”（潘晓江：《关于簿记、资本、会计的历史考察：资本会计论（续五）——再谈国际金融框架与国际会计准则》，《中国第三产业》2004年第1期。）

主义经济学家都有人用资本是生产要素来说明资本的作用，但这一说法的科学性值得怀疑，因此有必要在研究资本作用时对此做深入探讨，并对资本的生产性和作用的历史性进行分析。

资本生产性是指资本在生产中的作用。在资本主义生产方式建立以前，商业资本和借贷资本是两种主要的资本形式，这两种资本形式都是在生产领域之外获利的，因此它们的获利方式受到了人们的谴责。人们认为，它们不劳而获，借贷资本仅仅依靠所有权而获利，商业资本靠的是投机和诈骗。

资本主义生产方式的确立使生产资本成为资本主要形式，借贷资本和商业资本则成为生产资本的延伸而用于为生产资本服务。生产资本通过生产活动获利，使资本获利的手段和途径复杂化。生产过程不仅有各种生产资料的参与，还有自然和劳动者的参与，生产出新产品，创造出新价值，最终经过流通过程实现获利的目标。在产品的生产经营的整个过程中，交换、生产、流通等各环节都可能影响生产收益。生产活动不仅存在自然属性，即各种生产要素的物理属性在产品形成中也发挥了各自的作用；而且各种所有权者在生产中也形成了人与人之间的关系，表现为生产的社会属性。地主、劳动者、资本家所获得的收益不仅是由于他们在生产中的地位不同而获得不同的收益，而且他们提供了生产要素，这些生产要素在新价值的创造中发挥了作用，成为商品价值的组成部分。因此，这些生产要素提供者也可以根据他们提供的生产要素在生产中的贡献来参与分配。生产活动的多因素参与为各种所有者参与分配找到了依据，生产的特性决定了分配的特性。劳动是生产活动的核心，是产品价值的创造者，劳动参与分配或获得主要收益是合理的；而土地等自然资源提供了生产原料和生产的部分条件，这些因素影响产品的质量和产量，因此土地等所有者凭借对自然资源的占有而获利；生产资本为生产活动提供了生产资料等生产条件，生产资料中的生产工具等因素也直接影响生产的产量和质量，最终影响生产收益，资本的收益合理性也就体现在生产中所发挥的作用。各种要素在生产中的作用决定了其收益的合理性和收益量，对于资本也是一样，只有生产性才能为资本收益的合理性找到依据。资本收益合理性问题也是围绕如何认识资本在生产中的作用来展开的。

资本生产性问题上主要存在三种观点：第一种观点认为，资本作为生产要素，在商品生产中具有不可替代的作用，参与了价值创造，资本的收益与其在生产中的创造价值或提供的服务的价值是相合的、是合理的。西方主流经济学主要用资本边际生产力论来论证资本收益与其在生产中的贡献相对应，不存在剥削问题。第二种观点认为，资本在生产中发挥作用，是生产力的一个方面，但资本不创造价值，其价值只会转移到新产品中去，新产品所获得的超过产品生产耗费的收益来源于工人创造的剩余价值，而资本利用它在生产中的地位无偿地占有了这部分剩余价值，资本收益是对劳动的剥削，是不合理的。马克思主义经济学持有这种观点。第三种观点认为，资本在生产中没有作用，否定资本的生产性，也否定资本的收益合理性。一些宗教派别和空想社会主义者持有这种观点。由于第三种观点与现实存在较大差别，本书主要分析前两种观点，对第三种观点不作分析。

一　生产要素概念及西方经济学对其作用的认识

什么是生产要素？威廉·配第最早提出了土地是财富之母、劳动是财富之父的观点。根据西尼尔的解释，自然力和人力资源这些“原始”的生产要素，再包括耐用品和原料，共称为生产要素。可见，生产要素只包括劳动者和生产资料（劳动对象与劳动资料），是形成劳动产品的物质内容所不可缺少的要素。

把资本与劳动和生产资料这类生产要素混在一起，是在资本主义生产关系产生过程中出现的。在前资本主义时期，已有“以本求利”的事实，由此出现了资本概念。“资本”（capital）一词最初是用来表示贷款的本金，是与利息相对应的概念，资本与生息货币（金额）同义。

随着商品经济的发展，人们认识到，货币只提供交换形式，产生利息的真正本钱并不是货币，而是可用它换得的具体产品。杜尔哥是把资本作为生产要素的创始人，他把资本看作是货币资本，认为预付是一切经济活动所必需，生产是连续进行的，人们生产需要货币资本。资本就成为生产要素，且具有生产效益。萨伊则直接把资本与土地、劳动并列起来，称为生产三要素，由此形成了三要素价值论，认为资本也创造价值。

所以得出资本这一生产要素创造价值的结论，主要是由于他们把用于购买生产资料的资本与生产资料本身等同；把劳动者劳动过程中运用生产资料生产出来的商品的使用价值与用于购买生产资料的资本价值要转移为商品的价值混同。实际上并不是所有生产要素都创造价值，作为生产要素的生产资料创造的是商品的使用价值；而所谓劳动创造价值，也只是指撇开了具体形式的抽象劳动才创造价值，具体劳动则不含有任何价值因素。

二　马克思对生产要素的认识

马克思对三要素创造价值的理论曾做过深入的分析、批判，明确指出，只有劳动，而且只有抽象劳动才是价值的源泉。

（一）生产要素只包括劳动力和生产资料

马克思在谈到运输业这种生产活动时说："这种效用的交换价值，和任何其他商品的交换价值一样，都是由其中消耗的生产要素（劳动力和生产资料）的价值加上运输工人的剩余劳动所创造的剩余价值决定的。"① 生产资料又包括劳动对象和劳动资料。劳动对象是指自然提供的没有经过人加工的，或经过人加工的（原料）可以制成产品的物质实体，劳动资料则是有助于这种生产进行的各种条件和环境。生产要素是指也只能指生产劳动过程中不可或缺的生产力因素，这是任何时代的生产中都存在的。尽管劳动区分为具体劳动和抽象劳动是商品生产出现以后的事情，但并不能说作为劳动的耗费……体力和脑力的付出也是商品生产出现以后才有的。这进一步说明，生产要素只能是生产过程中的人力、物力，它不包含任何社会生产关系的因素。

（二）资本不是具体、实在的生产要素，而是抽象的历史与社会范畴的生产关系

虽然奴隶社会和封建社会也有以高利贷资本和商人资本出现的货币资本，但它们是依附于奴隶制和封建生产关系的。现在所说的资本是资本主义社会占统治地位的一种生产关系。马克思明确指出："资本只是在商品生产和贸易已经达到一定的发展阶段才出现。"② 资本这一历史范畴的内涵在于，只是在社会发展到资本主义阶段，才会有以资本来组织生产的社会关系。资本反映了以获取剩余价值为目的的资本家，用货币购买劳动力和生产资料，并支配劳动者在生产中创造出包含剩余价值的商品，再销售商品，最终实现价值，获得剩余价值的一种社会关系。它只有在机器化大生产条件下才真正实现了对生产的控制和组织，成为资本主义社会的基本特征。那种把原始人手中使用石块、木棍都当成资本的非历史的观点是根本站不住脚的。对此，马克思曾举过一个很生动的例子，他谈到一位英国

---

① 《马克思恩格斯选集》第 2 卷，人民出版社 2012 年版，第 314 页。

② 马克思：《资本论》第一卷（法文版），中国社会科学出版社 1983 年版，第 129 页。

资本家带着生产资料、工人到澳大利亚去，但工人一到那里就离开了老板。马克思说："不幸的皮尔先生，他什么都预见到了，就是忘了把英国的生产关系输出到斯旺河去！"① 由此可见，我们可以看到认为资本属于生产力范畴，是生产要素的观点就更不能成立了。

（三）资本形态的变化并不改变资本作为生产关系的性质

资本的形态变化表现在许多方面：一是根据资本在不同社会生产环节，可区分为生产领域的产业资本，流通领域的商业资本和借贷资本；二是根据产业资本在生产领域中不同阶段的作用，可分为货币资本、生产资本、商品资本；三是生产资本中根据资本在形成价值中的不同作用又分为不变资本、可变资本、固定资本、流动资本。资本形态千变万化，但资本始终作为生产关系而存在，对生产进行控制的性质并没有变化。产业资本及作为其具体表现的生产资本，与生产资本所购买的生产资料和劳动力这些生产要素是不同的，生产资本并不创造价值，创造价值的是劳动力在劳动过程中花费的抽象劳动；能够带来剩余价值的可变资本本身也不创造价值，创造价值的仍然是抽象劳动。资本始终作为资本主义生产的组织者、控制者而存在。

（四）生产要素中劳动力与生产资料比例的变化所引起的剩余价值量的变化并不能说明生产资料创造价值

生产资料包括机器、设备上的投资，与在劳动力上投资的比例，表面上看来有替代的一面，即在生产资料上投资越多，用的机器设备越先进，则可以减少劳动力的雇佣，但替代并不是真正实现由物来取代劳动，由物来创造价值，而是整个社会生产领域所创造价值的重新分配。资本、技术密集所带来的竞争力提高，会带来超额剩余价值、相对剩余价值和产品差异而产生的垄断利润。但这并不能说明生产资料本身创造了价值。

总之，马克思认为，资本是反映人与人之间社会关系的生产关系，它虽然也有生产资本、商品资本等具体的表现形式，但它并不是具体生产过程中作为生产要素的劳动者和生产资料。也不是创造价值的抽象劳动。

三　西方经济学资本边际生产力理论的分析

资本边际生产力论者主要观点是：资本是一种生产要素，是事先生产出来用于进一步生产的各种物质的集合体，是生产商品使用价值和价值不

① 《马克思恩格斯文集》第5卷，人民出版社2009年版，第878页。

可分割的一部分。西方经济学一般假设在其他生产要素不变的情况下，通过增加或减少资本的投入来分析资本投入对产出和收益的影响，由此衡量资本的作用，计算资本的边际生产力。即设资本为 K，劳动量为 L，生产函数是 $Q=f(K,\ L)$。假设劳动量不变，用$\overline{L}$表示，生产函数可以表示为 $Q=f(K,\ \overline{L})$，资本的边际产量为：$MP_K=\frac{\Delta TP_K(\overline{L},\ K)}{\Delta K}$。由资本的边际产量可以计算资本的边际收益。一般生产应该在资本边际投入与边际收益相等时实现成本最小下的产量最大化。西方经济学正是通过资本在生产中的贡献与资本收益相对应的理论来论证资本收益的合理性，认为资本收益是其在生产中所作贡献的合理报酬。

西方经济学的主流——新古典学派中许多人坚持边际生产力分配论，虽然他们认为资本边际生产力论在短期的大多数情况下不大适用，至少是有局限性，因为在短期生产中资本的变化不能实现对生产的调整。但是他们仍然坚持这一理论在长期中的有效性，因为长期下可以实现这一调整，从而体现资本的价值。但是，边际生产力论的问题首先表现在资本概念理解上的混乱。一方面，他们从物质角度理解资本，认为生产资料就是资本，将资本品与资本混淆。因为以货币形式存在的资本本身不具有生产力因素的作用，所以，西方经济学在提到资本生产力作用时的资本不是指货币资本而是指生产资料这样的实物，只有这样的实物才会在生产中发挥作用，体现生产力的水平。同时，生产资料中也只有体现技术变化的生产工具才会直接标志着生产力发展水平，而且许多生产资料只具有辅助功能，如土地，对农业生产产出有一定的影响，但在工业生产中土地只提供场所，并不具有直接的生产力内容。生产资料在生产中的作用的变化，实际上是一种技术变化的体现。所以，西方经济学中所谓的资本生产性不过是生产资料或技术的生产性。资本边际生产力论者假设用货币资本购买的生产资料的技术含量是平滑的，可以进行任意选择。实际上，技术不可能平滑，资本家在短期内技术选择上的可能性并不多。西方的一些学者也对边际生产力论进行了批判，如新剑桥学派。他们认为，如果资本指的是具有显著技术特性的生产资料，作为生产过程的一种投入，资本就是实在的硬件，而不是奶油。他们批判新古典学派抽象掉资本品的具体技术特性和物质形态，使资本成为一种丧失其物质实体的均质可塑的东西。新剑桥学派认为资本总是体现在各种类型的机器设备之中，而机器设备与劳动者的数量关系是受现时的生产技术水平与工艺特性所制约的，不能随意地改变。这反映了边际生产力论在短期应用中所具有的局限。新古典综合派的索洛终于发现了这样一个基本事实：从长远角度看，不是资本的投入（积累）和劳动力的增加，而是技术进步，才是经济增长最根本的因素。基于这种认识，他把经济增长中的劳动、资本数量的增加和技术变化加以区分，创立了一个能确定不同因素对经济增长的作用的理论模型，并被广泛应用。后来，索洛又借用扩展费希尔等的早期收益率理论，采用非总量方法来论证其资本思想，提出了投资收益率理论。这种理论在很大程度上为新古典综合资本理论所面临的挑战作辩护。索洛的这个新理论旨在通过对当前储蓄的增量与未来消费增量之间关系的纯技术分析，为边际生产力论提供新的论证。若设 h 为现期消费减少（或储蓄增加）量，k 为下期收入增加量，那么，$(k-h)/h$ 便是投资收益率。按照索洛的思路，这样定义的投资收益率在量上恒等于资本边际产品（通过求偏导数得到），而在均衡条件下，利息率又等于投资收益率，故通过投资收益率概念，利息率决定于资本边际生产力这一正统命题便不应再受到怀疑。以后，面对罗宾逊、帕西内蒂等的质疑，索洛又对其理论做进一步解释，指出，投资收益率理论的真谛并非要论证利率决定资本边际生产力，只是表明当经济处于稳定均衡运行时两者有一种等量关系，承认这种关系并不意味着利率唯一地由物质技术条件所决定。

另一方面，为了摆脱生产资料物理特性差异性而引起的资本作用分散化，从而从整体上把握资本，新古典学派又从价值角度理解资本，将资本抽象为一个价值总量。在长期生产函数中假设资本与劳动都可以变动，可以相互替代，利息率代表资本价格，工资率代表劳动价格，资本与劳动能够相对于工资和利率的变化而发生连续地替代，但利率变化对于资本计量所造成的麻烦即著名的资本计量的难题便会自然地暴露出来，从而产生了资本量是否具有意义的问题。新剑桥学派尤其是斯拉法通过资本计量上的矛盾来说明资本边际生产力理论的错误。新古典理论中存在一个严重的逻辑错误——循环论证的逻辑“悖论”。如果从价值（价格）总量考察资本量（K）时，资本量实际与利润率（r）、工资率（w）以及资本加总时的相对价格（p）密切相关：$K=g(w,\ r,\ p)$，资本量的计量离不开利润率、工资率以及相对价格。显然利润率、工资率的边际决定与资本量（K）的衡量离不开利润率、工资率以及相对价格这一点是相互矛盾的，这种矛盾就是“资本计量悖论”。资本计量悖论并不是说资本本身不可以计量，而是要说明新古典经济学利用生产函数求导，即要素的边际生产率来说明资本利息的原理与资本计量本身离不开分配这一点存在着互相矛盾的循环论证。[①] 面对这个两难问题，西方主流经济学采取了更为模糊的资本计量概念，以维持边际生产力论的长期有效性，在他们的理论中资本成了一种生产投入的抽象概念，可以根据需要恢复具体物的一面或整体抽象的一面。

另外，新古典一般均衡理论是一种静态理论，只考虑单一产品或单一企业在某个时间点进行生产时各种生产要素变化引起的收益变化。这种静态理论面临的问题是，技术变化可以在各个生产者中传递，因此因技术变化而获得的收益是暂时的，产品价格会出现下滑。如果考虑技术变化的传递和竞争的存在，这种资本收益的边际计算将是不可能的。这里应把因资本扩大而引起的生产效益的提高归于规模效益，而规模效益又是人们分工合作和社会化大生产在生产管理上的可以节约成本来实现的，并不是生产资料作为物而带来的。

应该说，西方主流经济学注意到资本量的变化对生产活动和生产收益的影响，注意到生产中资本所发挥的作用，但他们将生产过程“暗箱化”，只从投入与产出角度分析资本投入与收益的关系，只注意到生产活动的自然方面，实际上是将生产中不是资本物的作用也归为资本物的作用，比如将管理、技术和创新等生产活动都作为资本收益的依据，没有找到资本在生产中真正发挥作用的内容，其对资本收益的计量也是不科学的。从西方经济学的分析来看，资本发挥最大作用的时候是资本边际收益与边际投入相等，似乎这样可以证明资本收益是与其贡献相等的，这种做法实际上没有看到资本与劳动力之间存在的不平等关系，没有看到资本实际不是单纯的物，而是代表一定社会关系。

四 马克思主义经济学对资本生产性与收益合理性的理解

马克思承认资本的生产性，认为资本在生产中是有作用的，促进了生产力发展，资本代表生产力的一个方面。“资本是生产的，也就是说，是发展社会生产力的重要的关系。只有当资本本身成了这种生产力本身发展的限制时，资本才不再是这样的关系”。[②] “资本把财富本身的生产，从而

① 此处论述参考陆长平《新古典经济学的“悖论”及其反思》，《南开经济研究》2002 年第 2 期。

② 《马克思恩格斯全集》第 30 卷，人民出版社 1995 年版，第 286 页。

也把生产力的全面发展，把自己的现有前提的不断变革，设定为自己再生产的前提”。[①] 具体体现在以下几个方面。

（一）资本使资本主义条件下的生产活动得以开展，资本使生产资料与劳动者以资本主义生产方式结合起来组织资本生产

“不论生产的社会的形式如何，劳动者和生产资料始终是生产的因素。但是，二者在彼此分离的情况下只在可能性上是生产因素。凡要进行生产，它们就必须结合起来。实行这种结合的特殊方式和方法，使社会结构区分为各个不同的经济时期”。[②] “劳动生产力是由多种情况决定的，其中包括工人的平均熟练程度，科学的发展水平和它在工艺上应用的程度，生产过程的社会结合，生产资料的规模和效能，以及自然条件”。[③] 在资本主义制度下，正是资本提供了这些生产条件并组织生产活动的开展。“随着许多雇佣工人的协作，资本的指挥发展成为劳动过程本身的进行所必要的条件，成为实际的生产条件。现在，在生产场所不能缺少资本家的命令，就像在战场上不能缺少将军的命令一样”。[④]

（二）对生产费用的节约

资本为了追求更多利润，不仅节约可变资本的耗费，而且节约不变资本的耗费。“资本主义生产方式一方面促进社会劳动生产力的发展，另一方面也促进不变资本使用上的节约”。[⑤] “资本的一种趋势就是：力图用尽可能少的花费——节约人力和费用——来生产一定的产品。也就是说，这是资本的节约趋势，这种趋势教会人类节约地花费自己的力量，用最少的资料来达到生产的目的”。[⑥] 资本具有无限致富的欲望，实现这种欲望的唯一条件就是不断驱使劳动生产率向前发展，使“整个社会只需用较少的劳动时间就能占有并保持普遍财富”。[⑦] 它总是力求缩短必要劳动时间和商品流通时间，“资本唤起科学和自然界的一切力量，同样也唤起社会结合和社会交往的一切力量，以便使财富的创造不取决于（相对地）耗

---

① 《马克思恩格斯全集》第 30 卷，人民出版社 1995 年版，第 540 页。
② 《马克思恩格斯选集》第 2 卷，人民出版社 2012 年版，第 309 页。
③ 同上书，第 100 页。
④ 《马克思恩格斯文集》第 5 卷，人民出版社 2009 年版，第 384 页。
⑤ 《马克思恩格斯选集》第 2 卷，人民出版社 2012 年版，第 454 页。
⑥ 《马克思恩格斯全集》第 34 卷，人民出版社 2008 年版，第 619 页。
⑦ 《马克思恩格斯全集》第 30 卷，人民出版社 1995 年版，第 286 页。

费在这种创造上的劳动时间”。[①]“尽管按照资本的本性来说，它本身是狭隘的，但它力求全面地发展生产力”[②]，尽可能使生产力能够自由的、毫无阻碍的、不断进步的和全面的发展，这是资本的内在冲动和经常趋势。可见，马克思在这里强调了资本的内在生产力功能。

（三）资本使劳动进行组合，使劳动生产力直接成为社会生产力

“因为活劳动——由于资本与工人之间的交换——被并入资本，从劳动过程一开始就表现为属于资本的活动，所以社会劳动的一切生产力都表现为资本的生产力”。[③] 资本把许多分散的劳动集中起来，将简单的小生产转变为社会化大生产。资本规模越大，在组织社会化生产方面的能力也就越大。通过资本的作用保持着劳动得以进行的外部条件和内部合理的比例关系，“造成了社会生产过程的质的划分和量的比例，从而创立了社会劳动的一定组织，这样就同时发展了新的、社会的劳动生产力”。[④] 同时，由于实行社会化生产，与社会化生产一起产生的经济管理活动也就应运而生，马克思指出：“一旦从属于资本的劳动成为协作劳动，这种管理、监督和调节的职能就成为资本的职能。”[⑤] 管理伴随着资本职能的发挥而产生，管理又依赖于资本的威力而发挥作用。在存在资本且资本附有财产所有内涵的条件下，管理的属性显然从属于资本的属性。资本与管理就其自然属性的区别来看，资本侧重于生产条件即资产的重组，以此扩大生产规模，实行集约化生产并产生出一种新的生产力；而管理侧重于保证生产过程的有序、节奏、比例与高效，使新生产力的能量得到充分的发挥，显然后者从属于前者。资本与管理的自然属性体现了它们在不同社会制度下的共识。资本与管理就其社会属性的区别来看，资本吸收劳动创造的价值并从中产生价值剩余，由此反映出资本所有者与劳动者的相互关系；而管理则通过具体的操作方式使价值剩余在两者之间按一定的方式去进行分配以进一步落实这种关系。显然，管理的社会属性也从属于资本的社会属性。

（四）资本促进科学的发现和技术的运用

在资本主义生产方式下，“资本主义生产的发展势必引起科学和劳动

---

① 《马克思恩格斯选集》第 2 卷，人民出版社 2012 年版，第 784 页。
② 《马克思恩格斯文集》第 8 卷，人民出版社 2009 年版，第 169 页。
③ 《马克思恩格斯选集》第 2 卷，人民出版社 2012 年版，第 848 页。
④ 《马克思恩格斯文集》第 5 卷，人民出版社 2009 年版，第 421—422 页。
⑤ 《马克思恩格斯选集》第 2 卷，人民出版社 2012 年版，第 208 页。

的分离，同时使科学本身被应用到物质生产上去”。[①] 也就是说，在资本主义生产方式下，科学、技术是从属于资本的，“资本不创造科学，但是它为了生产过程的需要，利用科学、占有科学。这样一来，科学作为应用于生产的科学同时就和直接劳动相分离”。[②] 大工业“把科学作为一种独立的生产能力与劳动分离出来，并迫使科学为资本服务”。[③]“并且正是科学的这种分离和独立（最初只是对资本有利），同时成为发展科学和知识的潜力的条件”。[④] 在马克思看来，生产是科学、技术的应用场所，科学和技术的力量只有在生产中才能表现出来，表现为劳动生产力，因为他还进一步阐明“在固定资本中，劳动的社会生产力表现为资本固有的属性；它既包括科学的力量，又包括生产过程中社会力量的结合，最后还包括从直接劳动转移到机器即死的生产力上的技巧”。[⑤] 在这里，不仅科学和技术的力量体现在生产中，通过协作产生的力量也体现在生产中，马克思把这两种力量称为“不费资本分文的生产力”。事实上，马克思指出了提高劳动生产力的两个重要途径：一是科学技术的途径；二是劳动协作的途径。以机器为基础的大工业生产与科学、技术的发展是互动的，尽管在资本主义生产方式下，“科学通过机器的构造驱使那些没有生命的机器肢体有目的地作为自动机来运转，这种科学并不存在于工人的意识中，而是作为异己的力量，作为机器本身的力量，通过机器对工人发生作用”。[⑥] 但科学技术还是渗透到生产当中。科学被资本用作致富的手段，也成为研究和发展科学的人的致富的手段，科学发明和技术创新专门化和职业化。尽管科学被资本所利用，但我们也应当承认，“资本主义生产第一次在相当大的程度上为自然科学创造了进行研究、观察、实验的物质手段”。并且“随着资本主义生产的扩展，科学因素第一次被有意识地和广泛地加以发展、应用并体现在生活中，其规模是以往的时代根本想象不到的”。[⑦]

对于资本在生产中的作用，我们过去没有重视，或是只从生产力角度认为资本有促进生产力的一面，没有从经济发展规律上认识资本存在的必

① 《马克思恩格斯全集》第26卷，人民出版社1974年版，第489页。
② 《马克思恩格斯文集》第8卷，人民出版社2009年版，第357页。
③ 《马克思恩格斯文集》第5卷，人民出版社2009年版，第418页。
④ 《马克思恩格斯文集》第8卷，人民出版社2009年版，第366页。
⑤ 《马克思恩格斯选集》第2卷，人民出版社2012年版，第792页。
⑥ 同上书，第774页。
⑦ 《马克思恩格斯文集》第8卷，人民出版社2009年版，第359页。

然性和合理性。基于对马克思关于资本生产性的有关论述的重新学习，在肯定资本作用前提下，可以进一步分析资本在市场经济中的积极作用。

首先，在市场经济条件下，可以在资本的组织下将劳动者与其他生产要素结合起来进行生产，这种方式适应了现代工业化大生产的需要。在资本主义生产资料私有制条件下，资本主义生产当然只能由掌握生产资料的资本来组织，但也反映由资本组织生产的模式适应了工业化大生产的需要。而在不是资本主义制度的社会里，由于实行市场经济，将各种生产要素结合起来进行生产也完全可以由资本来承担，资本运动性的特点使资本能够发挥这个作用。资本不以某个特定的对象作为自己的附着物，资本虽然免不了会物化为一个对象而实现资本的目的，但可以以一种灵活的形式从一种附着物转化到另一种附着物。资本的运动性保证了资本可以在各种生产活动中自由组合各种生产要素，可以根据自己的要求寻找新的附着物。虽然人们在现实中总是力图为资本定义一个承担者，如实际的投入物或货币，以便把资本为生产活动提供的实在贡献体现出来。但资本不受这些外化对象的约束，而是作为社会资源的一种控制力的体现。资本的这个特点保证了资本无孔不入，既控制着现实的经济活动又不受现实经济的约束，不断地创造更有利可图的机会，从而推动社会生产力的发展。同时，这种超越一般具体物质形态的特点使资本可以更加开放，不同的资本之间可以为同一目的而相互联合，不存在由于具体形态不同而使各自无法度量的困难。这保证了资本有无限联合的可能性，这种无限联合的可能性可以办成想办的事，实现社会化大生产的需要，突破单个资本数量上的局限。通过对资本这个特性的认识可以看到，资本在资本主义制度下能够通过联合实现单个资本无法实现的目标，这虽然没有从根本上克服资本的私人性带来的狭隘性，但也可以在相当程度满足社会化大生产对社会资源集中发展的需要。在实行市场经济的各种社会里，社会生产资源都是充分商品化和货币化的，为了实行工业化大生产下，必须有大量的货币用于购买原料、生产设备、修建厂房、支付工人工资，而资本以货币的形式，可以与这些资源的拥有者进行交换，将各种生产要素结合到一起进行生产。

其次，资本为了获利，不仅将各种资源组织到企业中，还会对生产中各个过程进行控制，促进各种资源的充分合理使用，根据生产和市场的需要进行新的组合。资本主要通过管理的手段和方式，实现对各种要素的控制和利用。资本使管理成为生产中最重要的要素，管理的动力来源于资本，是在资本获利目标下采取各种手段和措施来加以管理，这些就是管理的社会属性。管理使生产效率大幅提高，直接为资本获利提供了实现的途径。

除了管理外，资本生产性还体现在技术的运用和对技术创新的支持。资本获利的需要使技术研究有了目标，研究成果有了应用，推动了整个社会科学技术的发展。

因此，资本在生产中的作用不能从资本存在形式即具体的物上找原因，而要从资本对生产活动的组织、管理和创新上去理解。

资本获得利润，可以用所有权决定分配权来加以解释，说明资本收益中存在由资本与劳动的不对等关系而造成的资本对剩余劳动的无偿占有和剥削，尤其在当今社会中劳动者依旧十分贫困的条件下，劳动者与资本之间关于劳动力商品的交换不可能是平等的。但仅仅从对生产资料的占有上来说明是不够的，如果仅从占有上解释，拥有资本的人（借贷资本）获得利息是和土地所有者获得地租是同样凭借所有权而获得的收益，但实际上资本（生产资本）的收益（利润）大都高于利息。资本所获得的收益确实是劳动创造价值的一部分，但资本在生产中所发挥的作用又不是孤立的个人去从事生产、流通全过程所能够实现的。

资本之所以在生产中会有高于利息的收益，并不来源于其在生产中可以创造价值，或是其所购的生产资料可以代替人的劳动而产生价值，或是资本为生产提供了服务而获得的报酬。资本收益中的部分来源于对成本的节约。这种成本节约包括两种方式：一是对交易成本的节约。资本通过市场来购买各种生产要素，避免各种生产要素所有者之间的讨价还价，节约了分散的各个利益主体的交易费用。二是对生产成本的节约。资本在企业生产经营内部通过管理进行有计划的生产，充分利用各种生产要素，从而生产出非企业化下无法生产或生产费用过高的产品，减少了各种浪费，发挥了合理的规模效益。企业利润中的一部分正是企业节约成本的合理报酬，这正如对原料的节约可以降低成本提高利润一样，因这种节约而获得报酬是合理的，可以为社会所接受。

除了对成本的节约外，资本还是一种经济资源。资本具有与各种所有权相交换，从而集聚生产要素，组织生产的作用，资本可以给其所有者带来丰厚的利润，这使它成为一种重要的经济资源。人们的各种需求日益增加，社会生产就会不断扩大，组织生产所需的资本资源就会处于相对稀缺的状态，这种稀缺资源需求者之间的竞争，必然使其流向可以给其所有者提供更高报酬的需求者。资本的稀缺性和获利性使其自身也具有了价格，这就是利息。利息的产生是对这种稀缺性的一种制度安排，利息率部分反映了资本的稀缺度。利息并不是资本创造出来的，但资本不可能为组织高效的生产提供免费的服务，而是一种稀缺的需有偿使用的经济资源。实际上它是从其获得的利润（生产活动过程中由劳动创造剩余价值）中分割出一部分，以利息的形式付给了提供货币资本的人。市场经济条件下的资本运行机制，充分利用了各种资源，我们必须承认并利用资本的这个特性，促进生产和整个社会的发展。为此，应对投资者有适当激励，让资本所有者获得体现资本稀缺性的报酬。

当然，企业利润并不应由资本完全占有，而要由国家通过征收企业所得税形式来参与分配。国家征税所得，是要向为生产提供服务而不能通过市场得到收益的其他社会劳动支付报酬，如教育、社会公共产品、社会管理等活动。只有这样，才能保证各种社会劳动都能得到补偿，实现整个社会的稳定和繁荣。

五　资本的历史性

虽然马克思认为资本在一定的历史阶段具有积极意义，其收益在一定时期有合理性，但马克思也指出，资本生产力并不是资本自身带来的，而是劳动生产力的另一种体现。“在大规模的生产中，由于劳动的分工和结合，由于一定费用的节约即劳动过程的条件的节约……生产力自然会提高，这种提高不费资本分文；资本无偿地获得这种提高了的劳动生产力”。[①] 资本靠对劳动的雇佣来推动生产力的发展，并占有生产力提高带来的收益，资本的收益来源于对劳动创造的剩余价值的无偿占有，是不合理的。

因此，必须认识到任何一个历史对象的作用都是辩证的。资本主观是通过生产活动来实现资本家追求获利的目标，资本任何推动生产力发展的方面都可以发现资本家对利益的追逐；但是也可以看到，正是在这一主观过程中客观上又起到了对生产力和整个社会的推动作用。资本生产性又是客观存在的。在人类发展的特定历史阶段，资本是一种有效的社会生产的组织方式。只有从这种角度出发，我们才能真正坚持历史唯物主义的世

① 《马克思恩格斯全集》第 31 卷，人民出版社 1998 年版，第 173—174 页。

界观。

肯定资本在人类社会发展中发挥了积极的作用，也必须认识到资本作用具有历史性，也就是随着生产力的发展，资本发挥积极作用的基础发生了变化，资本包括资本所存在的商品经济形式的矛盾日益积累，使资本存在的合理性不断减少，资本的消极作用占据主流，资本最终要走向消亡。因此资本所发挥的积极作用不是永远存在的，而是在一定历史阶段起了作用。

首先，在资本占主导地位的市场经济形态下，人的发展还处于“以物的依赖性为基础的人的独立性”阶段。在使用大机器生产的工业社会和社会化的商品经济形态中（无论是资本主义商品经济还是社会主义商品经济），人的发展状态一定处于“物的依赖关系”。所谓物的依赖关系，是指在商品经济形态中，人与人之间的关系扬弃了直接性，而必须通过物——商品为中介来间接体现，个人对社会劳动的依赖表现为人们对一般等价物——货币的依赖，从而必然产生商品拜物教和货币拜物教。马克思指出“劳动产品一旦作为商品来生产，就带上拜物教性质，因此拜物教是同商品生产分不开的”[①]，“一旦我们逃到其他的生产形式中去，商品世界的全部神秘性，在商品生产的基础上笼罩着劳动产品的一切魔法妖术就立刻消失了”。[②] 可见，马克思认为，商品拜物教和货币拜物教是商品经济的必然产物，在资本主义制度下更加剧和恶化了货币拜物教。由此可见，人的发展具有片面性。一个民族的生产力发展水平，最明显的表现在该民族分工的发展程度上，商品经济的发展巨大地促进了劳动分工和社会分工的发展，从而促进了生产力的发展。但是，劳动的社会分工越是发达，社会需要的系统变得越是多方面，个别人的生产就变得越是片面。人们虽然摆脱了自然经济条件下对直接共同体的依附关系，获得了形式上的独立性，但又陷入了新的局限性。马克思指出：在商品经济形态，“个人还处于创造自己的社会生活条件的过程中，而不是从这种条件出发去开始他们的社会生活。这是个人在一定的狭隘的生产关系内的自发的联系”。[③] 人们屈从于自发的分工，生命活动的大部分时间甚至终身从事某一种固定的劳动，劳动成为一种谋生手段，成为获取一般等价物——货币的手段。

① 《马克思恩格斯选集》第2卷，人民出版社1995年版，第139页。

② 同上书，第141页。

③ 《马克思恩格斯文集》第8卷，人民出版社2009年版，第56页。

同时，在大工业生产中，人体由支配生产工具的地位下降承受生产工具支配的地位，成为机器附属物，使“这些工人本身只表现为机器的有自我意识的器官（而不是机器表现为工人的器官）”。[①] 因而人的劳动是很辛苦的，人的发展丧失了自立性，人并没有获得真正的解放。

同时，资本主义私有制决定了劳动的异化性质，造成了贫富两极分化。商品经济的资本主义形态是以生产资料私有制为基本特征的，生产的目的是榨取剩余价值，一切生产都成为剩余价值的生产。在这里“这一切发展都是对立地进行的，生产力，一般财富，等等，知识等的创造，表现为从事劳动的个人本身的外化；他不是把他自己创造出来的东西当作他自己的财富的条件，而是当作他人财富和自身贫穷的条件”。[②] 生产力的发展，“都不会使工人致富，而只会使资本致富；也就是只会使支配劳动的权力更加增大”；[③] 资本主义的剥削本质造成了物的增值和人的贬值。资本主义生产体系本身是注意人的，但它把人贬低为一种创造财富的“力量”。它注意人，无非是为了从“人”身上榨取更多财富。资本主义制度决定了它对人的价值的否定，它根本不可能把巨大的物质生产力和精神生产力自觉地用于人的个性发展，它使物的世界的增值同人的世界的贬值成正比；它以“人的钱袋”作为衡量人的价值的标准，把商品经济本身不可避免的货币拜物教推向极致发展，掀起拜金主义狂潮。资本家为了追求货币，不择手段，巧取豪夺，导演了一幕幕不人道和反人道的丑剧。资本主义社会“一方面产生了以往人类历史上任何一个时代都不能想象的工业和科学的力量；而另一方面却显露出衰颓的征兆……我们的一切发明和进步，似乎结果是使物质力量成为有智慧的生命，而人的生命则化为愚钝的物质力量”。[④] 这是商品经济的资本主义形态的痼疾。

因此，资本作用不是无限的，不是永远存在的。“资本既不是生产力发展的绝对形式，也不是与生产力发展绝对一致的财富形式”。[⑤]“资本所打碎的界限，就是对资本运动、发展和实现的限制。在这里，资本绝不是

① 《马克思恩格斯全集》第 47 卷，人民出版社 1979 年版，第 536 页。
② 《马克思恩格斯文集》第 8 卷，人民出版社 2009 年版，第 171 页。
③ 《马克思恩格斯全集》第 30 卷，人民出版社 1995 年版，第 267 页。
④ 《马克思恩格斯选集》第 1 卷，人民出版社 2012 年版，第 775—776 页。
⑤ 《马克思恩格斯选集》第 2 卷，人民出版社 2012 年版，第 721 页。

摧毁一切界限和一切限制”。[①] 生产力越是自由的、毫无阻碍的、不断进步和全面的发展，就越要超越资本这个出发点，把资本推向解体。“资本不过是一个过渡点”，[②] 即为由以人的依赖性为基础的社会向以建立在个人全面发展和自由个性基础上的社会转变的过渡形式。资本的局限性来源于资本的本性。因为“从资本的本性中产生出来的资本的各种生产条件是互相矛盾的”。[③] 资本力求最大限度地否定必要劳动，但它又必须“把必要劳动时间作为它的再生产和价值增值的必要条件”。[④] 资本的生产要求消灭流通时间，因为流通时间表现为生产时间的扣除，但“资本的本性要求资本通过流通的不同阶段”。[⑤] 资本力求最大限度地创造财富，但真正的财富源泉是劳动者的积极性和创造性。资本的发展始终处于矛盾中，它在推动生产力发展的同时，由于其内在矛盾的不可克服性，必然成为生产力进一步发展的障碍。资本关系终将打破，这是历史发展的必然趋势。

西方经济学的资本概念是对资本物化，试图剥离资本所附着的生产关系。坚持马克思主义的立场和观点，就不能把资本单纯地看作是物，而是人与人的关系，在历史环境和社会背景下认识资本性质和作用。

第四节　公有资本与股份制公有性

资本在不同社会制度和不同出资人情况下其性质是否改变，这一问题的解决要从历史唯物主义角度加以认识。

厉以宁在《经济学动态》2004 年第 1 期上发表的《论新公有制企业》一文中提出，不仅国有投资控股的股份制企业是公有制企业，而且没有国家投资的公众持股企业，包括通过公共投资基金或社会保障基金间接持股的公众股份制或所有制企业也是一种“新公有制”，由此在国内掀起了对股份制公有性讨论的新热潮。这次讨论主要集中在什么是公有制，

---

① 《马克思恩格斯全集》第 31 卷，人民出版社 1998 年版，第 41 页。

② 《马克思恩格斯全集》第 46 卷下册，人民出版社 1980 年版，第 36 页。

③ 同上书，第 43 页。

④ 《马克思恩格斯全集》第 30 卷，人民出版社 1995 年版，第 38 页。

⑤ 同上书，第 548 页。

公有制有哪些形式，以及股份制等社会公众投资的各种企业是不是公有制企业等问题。[①] 这些问题的讨论反映了在经济理论研究中马克思主义与非马克思主义的各种思想斗争的复杂性和尖锐性，是影响当前社会思潮变化的一个重要领域。因此，研究这次讨论的意义与性质对于坚持马克思主义经济学的科学观点、立场和方法具有重要意义。同时，股份制是否具有公有性的问题涉及社会主义理论的许多重大认识：如果一般的股份制企业具有公有性，当前国有企业的股份制改革和各种股份制企业发展就不会影响社会主义制度性质；如果股份制企业，不管是社会公众投资的股份制企业还是国有资本入股的企业的公有性值得怀疑，则影响对当前股份制改革性质的判定。应该说，对这一问题的讨论还存在许多误区，许多讨论没有深入探讨社会主义基本理论，没有从马克思主义经济学的基本观点、立场和方法出发去研究如何对待和认识这一问题，而是局限于从股份制投资多元化和社会化角度来讨论公有性，这是不可能真正解决这一问题的。同时，这种非此即彼的判断也将复杂问题简单化，将股份制与公有制，又通过公有制与社会主义性质简单地挂钩，这种做法既不利于坚持社会主义道路，也不利于股份制发展。

股份制是资本的一种组织形式，判断股份制性质的依据是资本的性质。因此必须首先分析资本有无“公有”、“私有”之分，社会主义的资本与资本主义的资本有无本质差别。而研究资本的性质必然涉及对公有制的认识，要研究公有制的特点和存在条件，由此确定由社会资本投资形成的股份制企业是否具有公有制性质。

一 马克思对资本性质的界定

马克思对资本的定义和性质认定不同于西方资产阶级经济学家。他认为，资本可以表现为物或货币，但物或货币本身并不是资本，只有这些物或货币被用于获得剩余价值时才成为资本，因此资本的内涵能够带来剩余价值的价值。马克思在资本中看到的不是生产中自然或技术的一般因素，而是人与人的关系。资本所体现的人与人的关系不是与人类生产活动同存亡的，而是历史的产物。资本一方面表现为一种价值，可以物化为一定的物质资料或某种财富，是一种可以和其他商品进行交换的价值，这是资本存在形式多样化的特点。而资本的根本性质是一个具有所有权的价值，而

---

① 厉以宁：《论新公有制企业》，《经济学动态》2004 年第 1 期。

且这种价值存在的根本目的是追逐剩余价值。只要是可以获取剩余价值的地方，都可以发现资本，资本在生产中的作用就不再只是表现为生产资料的提供和占有，而是为了实现对剩余价值的占有而采取各种形式的载体，是具有人格化的财富形式。因此，资本性质不是由其自然属性即资本的物化形式决定的，而是由其社会属性决定，即体现在是由生产关系中的人与人的地位和作用来决定的。从追逐剩余价值的角度和剩余价值只能是由劳动者创造而被资本家无偿占有的性质看，资本没有公有与私有、姓社姓资之分，资本就是资本，其本质是私有的，在任何时候与地方都是一致的。马克思在《资本论》中始终以如此统一的理解来使用资本概念。当前理论界有一种观点认为，股份制是公有制的一种实现形式，股份制企业中的国有资本是“公有资本”，通过国有股份控制社会私人股份，国有企业依旧可以保持公有制性质。论证股份制具有公有性的逻辑是：根据资本来源可以把资本分为个人资本、社会资本和国家资本，而社会资本和国家资本是“公有资本”。将资本分为个人资本、社会资本和国有资本并没有逻辑问题，但从社会资本和国有资本过渡到“公有资本”就存在偷换概念之嫌，社会所有或国家所有是否等同于公有以及“公有资本”这一概念是否科学还需要进一步论证。

不能因为有的来自国家或法人，就说这些资本丧失了资本特性，更何况国有、多人持有并不直接等同于“公有”。不同所有者的资本通过股份制形式进行联合是为了克服单个资本量的局限性，是为了更好地控制生产和追逐利润。资本通过股份化进行联合，这是适应社会化大生产需要的一种资本组织形式。共同基金、保险和养老金等社会法人资本以及国家资本都可以通过股份制与个人资本进行联合，这些资本也都成为一种社会资本。马克思在《资本论》中使用了“社会资本”这一概念，“社会资本 = 单个资本（包括股份资本；如果政府在采矿业、铁路等上面使用生产的雇佣劳动，起到产业资本家的作用，那也包括国家资本）之和”。[①] 马克思这里所指的社会资本，强调的是资本来源的社会广泛性，并没有否认这些资本的私人占有性和追逐利润的本质。从形式上看，股份资本来源广泛，单个资本所有者在资本运营中失去了独立控制权，这种形式确实克服了资本的某些私人属性，但没有因此改变资本本质，追逐利润和资本私有

① 《马克思恩格斯全集》第 45 卷，人民出版社 2003 年版，第 113 页。

属性的性质没有变。股东在投资中追求的是资本的保值增值，只要能保证相应收益，股东并不谋求所有的控制权和剩余索取权。股东为了激励员工和经营人员，可以部分让渡实际经营权和剩余分配权，但一旦涉及资本安全和收益稳定，则会以各种方式表达对资本的最终所有权，如抛售股票（用脚投票）或撤换经理（用手投票）等。

二　股份制是资本的一种组织形式

在资本主义制度下，私有制直接表现为资本私人占有制，虽然资本在具体经济组织形式中实现形式不同，但本质是一致的。以西方公司制为例，有个人独资的无限责任公司，有二人合伙的两合公司，也有三人以上的有限责任，即股份制。不管股份来源分散与否，股份制企业都是按投资比重分成相应比例或份额来体现股份占有，任何一股的地位相同，其目标也相同，最终可以获得同等收益。股份制企业存在的实质是资本的联合，是资本想通过股份来扩大对社会资源的控制，获得更多的收益。没有对股份收益的追求就没有股份制存在的必要。股份制企业的股份即使主要是国家的，或是几个国有投资主体投资的，其性质也是以股份资本大小来决定收益权和对企业的控制权。这种企业与劳动者的关系与其他私有个人投资企业是一样的，是雇佣与被雇佣的关系。资本本身不分投资者的数量多少和投资者的性质，都是以获利为目标。

马克思所说的股份制是资本主义社会向未来社会的一种过渡形式，是对资本主义私人资本的一种“扬弃”。“这是资本主义生产方式在资本主义生产方式本身范围内的扬弃，因而是一个自行扬弃的矛盾，这个矛盾明显地表现为通向一种新的生产形式的单纯过渡点”。[①] 这只是指股份制集中了大量社会生产资源，克服了私人资本量上的局限性，未来社会可以通过对股份制的剥夺来方便地实行公有制，但并不是说股份制的形式在未来社会可以直接使用或股份制就是公有制的一种形式，也没有说公有制可以以股份制的形式出现。股份制强调了投资主体的多元化、社会化，实际上是在承认投资主体对股份资本“私人”占有的基础上的，是对私人所有权的一种认同，不过这种占有形式不同于单纯的私人占有，而是“一种没有私有财产控制的私人生产”。[②] 只要股份制企业中有私人资本参与，

① 《马克思恩格斯选集》第2卷，人民出版社2012年版，第569页。

② 同上书，第569页。

公有或国家资本也只能与私有资本相同性质、相同目标，否则不符合股份制的根本精神，也不利于私有资本利益的保护。

同时，从股份制企业内在结构和运行机制来看，不管股份来源如何分散，股份制企业都是将所有资本分成相应比例或份额来体现股份占有的，这些股份同股同权。股份制企业存在的实质是资本联合，是资本通过股份参与来扩大对社会资源的控制，以求获得更多收益。没有对股份收益的追求就没有股份制存在的必要。股份制企业的股份即使主要来自国家，或几个不同的国有投资主体，其性质也是以股份多少来决定收益权和对企业的控制权。股份制企业与劳动者之间的关系与其他个人投资的企业是一样的，是雇佣与被雇佣的关系。资本本身不分投资者的数量多少和投资者的性质，都是以获利为目标。

此外，从公有制企业转化为股份制企业的实践来看，实行市场经济之后，传统公有制企业如全民企业或集体企业基本都转化为国有企业、股份制企业或直接卖给私人。这些企业进入市场后，都成为市场主体，有的直接以盈利为目的，有的则成为国家价格管制和成本约束下追求利益最大化的公用企业。这些企业的投资不管全部来自国家或部分来自国家，都与传统的公有制企业不再一样。国家与这些企业的关系是资本所有者与企业法人的经济关系，而不再是传统的行政上下级关系。来自社会或国家的资本也许在收益的最终使用上并不是用于个人消费，而是增加国家或社会财富，或是用于社会保障投入和社会公益项目，但在资本投入、周转运行、利益追求等方面与其他资本并无二致。资本是否体现公有性，不仅要看其来源以及收益公司使用，还要看其实际是不是以追逐利润为目标。从这一角度看，追逐利润、通过所有权来占有剩余价值都体现了资本本质。资本就是资本，没有公有私有之分。

三　公有资本与公有制

市场经济中可以存在国有资本或社会资本投资形成的各种股份制企业，这些股份制企业只能说明资本来源和收益归属的社会化，而不能说这种企业就是公有制企业。而马克思经典理论中的社会主义公有制不仅指生产资料归社会所有，而且生产目的不是获利，而是为了满足社会需要。传统公有制企业与劳动者不是雇佣关系，而是劳动者实现自身价值与社会价值的劳动场所。公有制企业按社会需要进行有计划、按比例生产，其承担的社会责任也不是单纯的经济责任，而是广泛的社会责任；公有制企业是实现社会主义目标的主要手段，需要特定的运行环境如计划体制和产品经济等，是不能用市场中的所谓“公有资本”投资的企业来替代的。

把股份制看作是一种“新型公有制”，是“唯公有制”情结的一种表现，仿佛将某种企业形式说成是公有制就一定是好的，实际上忽视了公有制存在的条件和环境约束。

从公有制历史进程中可以清晰地发现，一个社会中的某种生产资料所有权制度不是人为设计出来的，而是条件约束和环境限制下的一种适应性的制度安排。在人类社会长期发展中，实行财产公有的社会制度是人类社会追求的目标之一，但这种追求在长期历史中没有真正实现是有深刻原因的。

在传统社会主义理论教育中，原始社会也称为原始共产主义社会，一般认为这样的社会里人们共同劳动，共同分享劳动果实，没有私有财产，社会成员基本平等。这种“美化”原始社会的描述使许多人相信人类曾经经历过一个全面公有的社会，私有制的产生是对公有制的异化和否定。按照辩证否定观，人类社会最终要经历否定之否定，要在更高层次实现公有制。这种观点既无法全面揭示不同民族原始社会的生产复杂性，也不能对认识社会主义公有制提供实质帮助。应该说，原始社会生产力极其低下，没有剩余产品，也就没有财产公有还是私有问题。原始社会不是人类最美好的社会，不能称为原始共产主义。这种社会的生产方式带有原始本能性，是原始社会特定条件和环境下的产物。原始社会的公有制并不是真正意义上的公有制，而是在生产力极其低下的条件下人类带有本能性的一种生存方式。

在私有制社会，人们经常用公有制作为对私有制批判的武器，这是因为私有制将人类社会分化为不同的阶级，人由原始社会平等的人转化为由财富决定的不同价值和命运的人。私有制社会既与人类早期的原始社会不同，也不合于人类社会最终的目标。所以，从私有制诞生以来，人们就对其进行批判，提出用公有制取代私有制。思想家们提出了各种公有制社会设想，从柏拉图的理想国，到空想社会主义者所提的社会模式，这些设想基本以私有制为对立面，即私有制有的，公有制就不能有。他们既不能真正从人类社会历史的发展规律出发，又不能摆脱私有制影响，因此，提出的财产公有的社会制度设想不可能实现。同时，私有制产生和发展在相应的历史阶段适应了生产力发展需要，私有制自身也在不断调整和变化，公有制始终没有成为一种可以为社会接受的制度，对私有制的批判主要存在于人们的思维领域。在私有制为主导的社会里，实行全面公有的社会制度只能作为一种道德与思想上对私有社会的批判，财产私有的社会制度使某些带有公有性的社会组织形式也建立在私有基础上。这些社会中所进行过的公有制试验没有生产力基础，又不能解决人的思想观念中的私有意识和社会对私有财产承认和保护的制度环境，因此都归于失败。在这样社会中，公有制最终只能在思想领域保持它的影响力，而在现实社会中却没有成功的事例。

马克思从唯物史观的生产力发展角度提出了实行社会主义公有制的必然性，公有制取代资本主义私有制不是人为过程，而是生产力发展到一定程度的必然要求。当然，马克思也提出了当生产力没有发展到一定程度时，社会主义公有制战胜资本主义私有制还十分困难；同时，马克思还提出了公有制运行机制，也就是在计划体制和产品经济条件下才能实行。计划体制解决了主体之间为了利益而出现的过度竞争和社会生产浪费，产品经济则使人的劳动产品不需经过市场交换而直接社会化；马克思还限定了公有制的外部条件，指出只有在绝大多数发达国家都实行公有制并相互联合时才能消除国家之间的外部竞争和各种差异，使公有制的优越性得到充分体现。社会主义国家在建国后基本上都按马克思设想的公有制模式进行了实践，这些实践使马克思设想的公有制度受到了现实考验，也暴露出一些问题。一些社会主义国家为了适应现实生产力发展的要求，对马克思的设想进行了改革。

公有制历史发展进程启示人们，虽然可以在思想上对社会财产制度进行设计，但是这种制度要在社会中实行必须考虑条件约束和环境限制。如果脱离了现实存在的条件和所需的环境，精神领域所设想的模式只能在现实中遭受失败。一种制度（尤其是所有权制度或产权制度）的演变不会一蹴而就，也不是可以人为设计出来的。制度本身是各种前提和条件下的产物，思维领域的设想往往忽略了许多隐含的条件和前提，一种社会制度从出现到成为社会主导的制度是一个长期复杂的演进过程。人们在制度设计时可能关注了一些目标，但是现实社会生活的复杂程度远远超过预先设想。马克思在设想社会主义公有制时认识到了社会基本制度的长期演变规律，在资本主义制度内看到了社会主义公有制产生的条件和因素，指出了实行全面公有制的必然性，但他同时也对公有制实现的条件和环境作了严格的界定。社会主义国家在公有制实践过程中，为了实现政治目标，让公有制这样一种所有权的经济制度承载了过多政治任务，因此在实践中出现许多困境。人类社会全面实现公有制还会出现许多变化和挑战，需要认真分析社会主义国家实际存在的条件和环境。要想实现马克思设想的公有制，只能在整个社会生产得到充分发展和社会制度的不断演进中努力实现。

总之，把某种生产资料所有形式说成是公有制并不代表这种所有制形式就是好的，一定历史阶段和社会环境下的公有制并不都是先进的生产组织方式，也可能不过是特定条件下的产物。

马克思提出在未来社会实行公有制，目的是为了解决资本主义私有制与社会化大生产之间的基本矛盾。在资本主义社会中，资本都是以获利为目标的，这必然造成生产的盲目性，最终对社会资源形成消费和生产的破坏，不利于社会生产力的发展。公有制是一种与私有制有着本质区别的一种社会所有制，这种所有制不是少数人的资本或生产资料的联合，不是以获利为目标，而是为了解决生产资料与劳动者直接结合的问题，使劳动者不再需要通过异己的外在力量来进行生产劳动，整个社会的生产是为了满足人们的需要，从而减少生产的盲目性。马克思所说的公有制是指社会占有形式的公有制，没有明确讲公有制就是国有制。但是公有制在实践中主要以国有和集体的形式存在，还有一些社会主义国家存在过工人自治或合作制等形式。现在一些人对国家（或称全民）和集体所有的公有制表示怀疑，认为这两种所有制形式不是马克思所讲的生产资料为社会占有的公有制形式，但我们可以设想，存不存在一种不同于我们所知的在实践中存在过的社会占有的所有制？

在实践中生产资料必须有一定的代表，即要有一定的所有者作为生产资料代表来运用和组织生产。社会必须有一个具体承担者来代表财富，而不可能是一种观念上的社会存在，因为财富要进行分配，生产要进行组织，生产资料与劳动者的直接结合是公有制的表现和存在价值，但这种结合不是自发的，而是需要通过一定组织形式使二者能够结合，并且使劳动收益真正为全体劳动者分享。现实生活中只有国家所有制形式最接近于社会占有制，国家可以从全社会角度代表社会劳动者，可以组织生产，生产收益归全体劳动者共享。只有国家才能全面考虑全体人民的利益，任何个人和个人的联合体都不可能实现这一目标。不过，国有制也不是社会所有制的本质形式，只是在国家存在的前提下，只能由国家来代表全民行使生产资料社会占有的职能。当人类社会生产力高度发达，真正可以摆脱物质束缚时，国家也将消亡，生产资料才真正成为全民所有、社会所有，才真正实现了公有制。国家所有制都存在这样的问题，集体所有、合作制和其他形式的联合形式更是公有制的过渡形式，不是真正意义上的公有制。

因此，公有制不是一个单纯的社会财富和生产条件公有的问题，还存在运行问题。要保证公有制实现其不同于私有制的目标，就要有相应体制来保证公有制的运行和其目标的实现。马克思揭示了公有制的运行机制，即公有制必须在计划体制和产品经济条件下实行。在公有制基础上的计划经济消除了不同利益主体的存在和不同利益主体为了利益而出现的过度竞争和浪费。如果将公有制企业与私有制企业放在一个竞争的环境内，公有制企业必然失去其原有的目标而逐步转化为与私有制企业一样的机制。这种企业也就失去公有制属性，而且与私有制企业相比还存在许多竞争不利的情况。

马克思还提出了实行公有制国家所需要的外部条件。马克思设想的实行公有制的社会主义国家是在全体或绝大多数发达国家都实行公有制条件下进行的。实行公有制国家的外部条件必须是绝大多数的发达国家都实行公有制并相互联合，只有这样才能消除外部竞争和差异，消除消费攀比，消除发展上的不平衡，使公有制的优越性得到体现。

马克思设想的公有制在现实社会主义实践中没有完全成功，其原因主要有：现实的实行社会主义制度的国家都是在生产力不发达的基础上建立的。从根本上说，不仅现实中的社会主义国家都是生产力不发达的落后国家，而且发达国家的生产力也没有发达到实行公有制的条件。国际上资本主义发达国家的存在成为社会主义国家巨大的乃至致命的压力。发达资本主义国家不仅在经济上构成巨大的竞争压力，而且在精神上和政治上都造成了重大的影响，使社会主义无法长期坚持下去。苏联解体和东欧巨变都说明传统的社会主义模式和马克思的传统公有制是无法继续的。因此，要使社会主义继续下去，只能走一条前人没有走过的、理论上需要探索的新的社会主义道路。

四　市场条件下的公有资本形式

实行市场经济体制后，在计划条件下的大多数公有制企业已逐步转化为国家资本控制的企业或社会资本控制的企业。这些企业已经逐步回归企业的本来意义，除了国家用于提供公共产品的企业不以营利为目的外，其他由国家或社会投资的企业都以营利为目的，成为资本获利的一种组织形式。提供公共产品的由国家投资的企业也不是单纯的公有制企业，而是国家调控经济的一种手段，与西方国家的提供公共产品的国家企业性质相同。对公有制，要看作是国家资本投资的产物，而不能是资本与权力的混合体。市场经济规范运行后必然是资本的市场、资本的竞争、资本的世界，任何主体在市场中都要体现资本意义上的平等，资本量有大小，资本质无差异，这才能实现整个市场的公平和秩序。传统公有制必须改革，转化为更为清晰的国家资本或社会个人资本产权，同时国家投资的企业数量也要大大减少。竞争性领域衡量胜负的标准只有一条，即在市场中被接受的程度，这是以产品和经营效益来表现的。不管是什么所有者投资的，在竞争性市场中的地位都应该是平等的。在公共产品的领域可以也应该保留一定的国家投资企业，但管理上也可以从资本运营的角度来考虑。

市场经济体制下的其他由社会资本组成的各种公众企业，包括合资企业、股份制企业、法人资本投资的企业，不管投资主体是何种性质，资本来源如何多样，其出发点都是通过投资获利，生产活动完全由这一目标决定，因此与传统公有制有着本质区别。虽然这些企业客观上为社会提供了社会需要的产品，其投入和创造的财富也是社会财富的一部分，同样为社会作了贡献，但并不能改变其资本由排他主体占有并以此获利的本质，实质上仍是资本的一种组织实现形式。现在在一定范围内实行私有制，最终是要在生产力发展到一定程度时建立社会主义制度所要求的全面公有制，不过这时的公有制的建立带有一定的自然性和必然性，正如马克思在讲到资本主义制度下工人自己的合作工厂时指出的，“这种工厂表明，在物质生产力和与之相适应的社会生产形式的一定的发展阶段上，一种新的生产方式怎样会自然而然地从一种生产方式中发展并形成起来”。①

股份制之所以可以作为实现社会主义目标的一种形式，关键在于生产力发展的现实需要，在于可以更大程度地促进民众广泛参与并实现收益共享。要想在传统的马克思理论里把股份制归为公有制，是十分困难也是没有必要的。不一定要将股份制归为公有制或是公有制实现形式才能为发展股份制找到合法性，股份制合法性在于生产力发展的需要，是适应社会主

① 《马克思恩格斯选集》第2卷，人民出版社1995年版，第520页。

义市场经济发展一种组织方式，是社会化大生产对单个主体局限性的突破。正如在确立社会主义市场经济体制这一问题上一样，不是因为市场经济是社会主义制度中应有的内涵而具有合法性，而是由于市场经济是社会经济发展的一种有效运行形式，是当前我国生产力发展必需的经济运行方式。从分配体制来看也是如此，按要素分配不是按劳分配的深化和延伸，而是市场经济决定的社会分配模式。这些都说明，在坚持社会主义理论中，必须放弃教条式理解，而是实事求是地认识经济发展的规律。在对待马克思主义态度上，不能从概念出发，而是要坚持马克思主义的基本立场和根本方法。只有这样，才能真正实现对马克思主义的坚持、创新和发展。

第三章　所有制理论

在马克思主义理论中，所有制理论具有特殊而又重要的地位。马克思指出传统社会的主要问题是私有制的问题，并且提出要彻底消灭私有制，建立一个不同于传统社会的公有制社会。同时，马克思还指出生产资料所有制在整个社会生产关系中的核心地位。生产力与生产关系形成生产方式，而生产方式是社会制度的根本体现，生产资料所有制又是社会生产、分配的决定力量。马克思提出要建立社会主义社会，社会主义的最重要特征就是公有制，社会革命的主要着力点就是实现所有制的转换。因此，所有制既是社会制度的体现，又是社会革命的主要对象，所有制理论在马克思主义理论中地位可想而知。不过，马克思主义经过近两个世纪的发展，加上社会主义国家在所有制变革和社会制度建立中积累的经验教训，所有制问题的复杂性超越了经典作家估计。中国特色社会主义实践中出现的所有制多种结构和混合所有制形式为马克思主义所有制理论提供了新的理论与实践创新。

第一节　社会主义初级阶段所有制的基本结构和相互关系

按经典作家设想，社会主义应该实行公有制。虽然马克思恩格斯没有说社会主义实行的公有制到底是何形态，社会主义会不会有私有制的形式存在，以及以何种形态存在。但是，努力使社会主义成为完全的公有制社会是社会主义革命的一个基本目标。制定这一目标的根本原因是社会主义革命就是要实现所有制的变革，由私有制转入公有制，当然，社会主义是公有制的成分越多越好。只有公有制成分越多，越能消灭私有制中的矛盾和问题。因为私有制不仅带来了利益上的差距和矛盾，而且在人的思想观念中形成了以个人利益为中心的个人主义，与社会主义强调的集体主义是有悖的。因此，所有的社会主义国家虽然在建国初期由于从过去的私有制社会转变过来还存在一定的私有制形式，如工厂股份、个人房产、土地和私人收藏等，但是，在整个社会大形势下，个人可以保留的财产只会越来越少。①

但是，即便在社会主义国家已经实现了公有制占整个社会的绝对主导地位，社会主义国家所有制问题在实践中还是出现了许多新情况，最终不得不在所有制问题上进行改革。

一　多层次生产力与多种所有制并存

由资本主义向社会主义跨越，是人类历史上的一次伟大变革，而由私有制向公有制转变，更是社会的根本性革命。这个过程必然是长期发展的过程，要经历不同的阶段，从生产力发展和社会制度变化都需要经过不断完善。社会主义的建立和发展也应该是一个过程，从低级到高级不断发展，而不可能一蹴而就。生产力发展和社会制度演进也有自身规律和变化条件，需要从实际出发。社会主义建国者往往把马克思恩格斯对社会主义的长期目标作为眼前目标，急于在国内建立典型的社会主义模式，没有充分考虑生产力和经济发展现状，力求建立单一公有制社会。

现实中的社会主义国家都是在生产力相对落后国家通过暴力革命的方式夺取政权后建立的，这就决定了现实的社会主义国家存在几个问题：

一是生产力落后。生产力落后决定了要把生产力发展作为主要任务，要制定符合生产力发展的政策而不是超越生产力发展阶段片面强调符合社会主义。

二是生产力多样化。社会主义国家不仅有现代的工业化大生产，也可能还有自然经济下小农经营、家庭手工作坊等，这就要求对应不同的生产力水平需要有不同的所有制形式，才能使所有制更加适应生产力发展的需要。不可能通过行政手段取消一种生产力形态或是建立一种可以适应所有生产力状况的所有制。

三是社会思想和观念不能适应单一公有制要求。由于社会产品缺乏，

---

①“社会主义改造”是社会主义国家建立后对私有制改造过程，一些社会主义国家采取直接剥夺的方式，而中国等则是通过赎买、合作等方式逐渐减少私有成分，但其方向是一致的，就是尽量减少私有制在社会所有制中的比重，实现社会的公有制。今天虽对此改造有不同看法，但是这一做法从思想演进的逻辑来看并没有问题。

人们还要为生存和生活改善努力，思想观念必然还停留在以个人利益获取为主要目标，如果劳动付出没有得到相应的回报，就不会愿意继续付出。由于缺乏有效的激励，必然导致生产积极性低下。

社会主义国家建国后不能面对这些问题，最终导致产品短缺，生产困难，影响整个经济发展和生活改善。虽然从意识形态来看，社会主义制度比资本主义制度先进，但是，从生产力发展速度和人民生活状况的改善来看，社会主义国家还明显落后于资本主义国家，造成人们对社会主义制度优越性的怀疑，影响社会主义国家的社会稳定。

事实证明，在生产力发展相对落后阶段实行单一公有制并不能立刻实现马克思设想的社会主义理想。社会主义实行单一公有制是马克思对未来社会的设想，认为实行公有制可以减少分配差距，减少个人利益矛盾，减少社会生产的波动和浪费。但是，单一公有制并没有解决分配差距问题，个人利益矛盾依旧存在，社会生产的波动和浪费也一样存在。

此外，单一公有制虽然可以解决底层群众之间可能出现的财富差距，但依旧容易形成新的分配差距，即由资源和权力掌握不同而产生的差距。缺乏资源和权力的人自然只能依赖国家分配，但是，掌握分配权的人却可以利用手中的权力和资源来获得收益，形成官僚阶层的权力“寻租”，最终导致官僚腐败而形成新的分配差距。

实践证明，人为的单一所有制模式不能适应社会主义国家经济发展的要求，而要进行改革只能是从分配改革最终走向所有制改革，建立起多元化的所有制结构。社会主义初级阶段理论为多种所有制共同存在提供了理论依据。社会主义初级阶段的存在就是要说明社会主义也是一个发展过程，也有一个初级到高级的不同阶段。而在初级阶段，由于生产力落后，发展不平衡，为了适应多层次生产力发展，必然要求建立不同的所有制结构。公有制、私人所有制、外资所有制、股份制等多种所有制结构的形成既有历史原因，也有生产力原因，即经济原因。形成一个相互配合的多层次所有制结构，共同构成适合相应历史阶段和生产力发展状况的所有制结构，这是社会主义初级阶段的必然要求。

社会主义初级阶段要求公有制占主体。公有制占主体虽然有社会主义国家性质的要求，也有历史原因。社会主义革命以建立公有制为目标，在革命的相当长时期形成了公有制的财富和经营主体，在改革过程中这些所有制的主体不可能一下子消失，必然在相当长时间占据主导地位。当然，在竞争性经营领域，由于竞争的开展，这些公有制企业可能会面临困难并退出市场，但在垄断领域或是得到重点扶持领域，公有制经营主体依旧具有相当的利润，因此可能被长期保留。公有制占主体既保证了社会主义国家性质，也可以由于有相当的利益而使得政府可以掌握经济并进行社会再分配。

社会主义初级阶段要大力发展私人所有制，调动个人生产积极性，容许个人可以通过自己的资源和社会资源来发家致富。从个人、家庭的消费资料的增加到财产的增加，最终形成以个人拥有的资源资本来增殖经营，由此形成私人所有制形态。私人所有制的经营主体以经营利润为目标，善于把握经营机遇，容易寻求经营机会，更充分地研究消费者心理并生产相对应的产品。因此私人所有制具有生产千差万别的消费品并提供各种创新产品，是社会创新的主体。

引进外国资本，参与国际竞争。当社会进入改革并以生产力发展为目标时，打开国外市场并吸引外国投资就成为一种必然之举。外资企业在社会主义国家所承担的角色既是一个盈利的角色，又是一个示范的角色，证明了市场化经营和科学化管理的意义。外资企业的强大竞争力给国内国有企业、私人企业都带来巨大冲击，也给政府管理带来新的课题。外资企业在社会主义国家虽然有着制度上的冲突，却能把握社会主义国家经济增长的机遇，获得自己的利益。这说明，在社会主义国家，只要容许获利，实际的消费需求和私有制的成长空间是很大的。

促进混合所有制，实行股份制、各种所有制的合作参股等。这样做的目的，既是为了资本上的联合，也可能是市场技术上的联合。混合所有制的存在说明，各种所有制都可能在一定的目标下根据自己的条件和资源进行联合。

不同所有制的存在，正说明这些所有制适应了不同时期不同状态下的生产力和发展的需要，对整个经济发展具有促进作用。不同所有制结构是生产力的产物，也是历史的产物。对待不同所有制，应该结合生产力发展的需要，结合不同所有制在经济发展中的表现，根据其自身的发展条件来加以客观对待，而不是主观地认为设定各种所有制与整个社会制度之间的关系。一个社会可以有各种所有制，其中也可能有主导的所有制，但是所有制与社会制度之间毕竟不是直接的对应关系，所有制与生产关系、生产关系与生产方式，最终与政治制度、政党关系和执政等有着复杂联系，而不是单一联系。一个社会由于生产力的多样性，当然会有不同的所有制结构。社会主义有私有制，正如资本主义有国有制一样。我们可以把社会主义的私有制说成是社会主义制度下的私有制，也可以把资本主义下的国有制说成是资本主义条件下的公有制。

有关公有制的理论研究中，许多研究者只注意从财产（或生产资料）占有形式上研究公有制与私有制的区别，认为财产为社会（国家或集体）所有就是公有制，财产为个人所有就是私有制。近些年来，一些人提出股份制也具有公有性，也是从股份制的股份由许多人提供而不是个人提供的角度得出这一结论的。这些研究存在的主要问题是忽视了社会主义国家实行公有制的真正目的。社会财产（或生产资料）以何种形式为社会占有并不是私有与公有的根本区别，判断私有与公有的关键是看这种占有是否适应社会全面发展的需要。以某种社会形式占有财产（或生产资料），这种形式实现的既可能是社会目标，也可能是个人或某些利益集团的目标，这说明具体占有（或实现）形式与公有制目标之间存在矛盾。因此，需要分析生产资料占有形式与实现目标之间的矛盾，找出二者融合与统一的模式。

二　所有制目标与实现形式

实行公有制，将生产资料掌握在劳动者手中，这是马克思主义创始人对社会主义制度的基本设想，体现了社会主义制度与资本主义制度的根本区别。公有制是社会主义制度的基本要求，是实现社会主义价值观和社会模式的主要手段。社会主义国家形成之前的公有制虽然在形式上与社会主义公有制有相似之处，但没有社会主义整体目标的追求，因此与社会主义公有制存在区别。社会主义实行公有制追求的是社会主义整体目标，财产所有可以有各种形式，但判定这些形式是否具有公有性的关键是看其是否体现了社会主义公有制目标。

社会主义国家实行公有制的目标主要有三个方面：第一，促进生产力发展。社会主义实行公有制就是为了克服资本主义生产资料私有制与社会化大生产之间的基本矛盾。公有制消除了竞争，不以获利为目标，可以实现社会生产的协调发展。第二，实行公有制可以使劳动者在生产经营活动中拥有当家做主的权利。社会主义公有制下的劳动既不同于奴隶劳动和农奴劳动，也不同于雇佣劳动，而是转变为自主联合劳动。由于联合起来的劳动者与生产资料实行直接结合，劳动者之间本质是平等互助的关系，劳动者成为社会的主人。第三，消除了剥削，实现财富真正意义上的社会公平分配。公有制的这三个目标承载着社会主义价值观的基本追求，既有经济发展的要求，又有社会进步、人的全面解放的要求；既有政治目标，也有经济目标。但从根本上看，社会主义公有制是一种更加有利于社会生产力发展的制度安排，政治目标只是经济目标的必有之义，政治目标不是首位。

马克思主义创始人虽然认为公有制与社会化大生产相适应，但对社会主义公有制的具体形式却有不尽相同的论述。既论述过社会所有制，也谈过个人所有制。马克思说过，“社会化的人，联合起来的生产者，将合理地调节他们和自然之间的物质变换，把它置于他们的共同控制之下”。① 恩格斯也提出，社会主义要实现“由社会占有全部生产资料”。② 马克思还讲过，未来社会的所有制是对资本主义私有制的否定，“这种否定不是重新建立私有制，而是在资本主义时代的成就的基础上，也就是说，在协作和对土地及靠劳动本身生产的生产资料的共同占有的基础上，重新建立个人所有制”。③ 马克思设想的公有制是生产资料社会所有制和个人劳动联合制，但是社会占有和新的个人所有制在社会实践中需要具体实现形式。马克思主义创始人比较明确表述过的社会主义公有制是国有制，因为在国家没有消亡的情况下社会主义公有制最为典型的只能是国有制，其他形式的公有制如集体所有制和合作制等只能是公有制一种不充分的实现形式。马克思、恩格斯在《共产党宣言》中就指出：“无产阶级将利用自己的政治统治，一步一步地夺取资产阶级的全部资本，把一切生产工具集中在国家即组织成为统治阶级的无产阶级手里。”④ 恩格斯还进一步将此表述为“无产阶级将取得国家政权，并且首先把生产资料变为国家财产”。⑤ 马克思主义创始人之所以坚持国有制作为公有制的主要实现形式，因为在无产阶级掌握政权后的国家，国家所有制可以较为充分地体现公有制追求的社会主义目标。

当然，社会主义国家所有制最终可以向全民所有制或真正的社会所有

---

① 《马克思恩格斯全集》第46卷，人民出版社2001年版，第928页。
② 《马克思恩格斯选集》第3卷，人民出版社1995年版，第668—669页。
③ 《马克思恩格斯选集》第2卷，人民出版社2012年版，第299—300页。
④ 《马克思恩格斯选集》第1卷，人民出版社2012年版，第421页。
⑤ 《马克思恩格斯选集》第3卷，人民出版社2012年版，第668页。

制发展，但国家所有制本身不等于全民所有制或社会所有制，而是全民所有制从产生到发展成熟过程中一个必经阶段。在实践中，虽然也采用过全民所有制的称呼，但全民所有制在历史与现实中存在过的具体形式就是国家所有制，全民所有制企业在改革开放后逐渐回归为国家所有制形式不过是一个“正名”过程。

除国家所有制之外，社会主义实践中还产生了其他公有制的实现形式，如集体所有制、合作制、工人自治、股份合作制乃至股份制。这些形式都有一个共同特点，即生产资料或社会财产不归个人所有，而是由全体或部分社会成员所掌握，因此被称为公有制。集体所有制与股份制或股份合作制是相通的，许多集体所有制企业改制后往往演化为股份制或股份合作制。合作制、工人自治或股份合作制都实现了生产资料与劳动者在本组织范围内的直接结合，工人不仅是劳动者而且还是所有者，因而这些形式在社会主义国家得到了公有制性质的认可。由国家控股或参股的股份制企业，其股本在某种程度上也是社会或国家所有，因此许多研究者也将其作为公有制对待。社会主义国家存在多样化的公有制实现形式说明，公有制各种实现形式是社会主义实践的产物，是公有产权制度演变的结果。在现实中不存在某种固定和绝对的公有制形式，也不能人为设计公有制实现形式。一些研究者按照马克思关于未来社会的社会所有和个人所有相结合的思想，人为设计了一些所谓能够体现马克思思想的公有制形式，这些形式只能存在于研究者思维中，在实践中，根本不可能长期存在。

三　所有制目标与实现形式之间的矛盾

公有制超越了私有制从个人私利出发的目标，而是以整个社会的生产发展和社会进步为目标，但追求社会主义目标的公有制与具体实现形式之间还存在一定矛盾。

首先，公有制内涵与实现形式之间的矛盾。公有制要求生产资料为社会所有，只有这样，才能使生产资料不为某个具体组织占有、控制而偏离公有制目标。但在现实社会中，社会生产活动是在一定组织中进行的，生产资料必然会由某个具体的社会组织占有与使用，公有制必须落实到某种具体的组织形式，马克思所讲的未来社会个人所有制或社会所有制在现实中必须要有一种具体的实现形式。但具体的实现形式只可能在一定程度和某一方面体现公有制内涵，不可能完全体现公有制要求。每一种具体形式都很难完全体现公有制的三个目标，这就可能出现在名称上是公有制，而实际上却是异化为非公有制。因为三个目标本身也存在矛盾性，难以在一个具体形式上同时实现三个目标。如发展生产力必然要求具体形式以经济目标为主，而劳动者成为主人则主要是一个政治目标，财富的社会分配既有政治目标也有经济目标，是由生产方式而不是简单地由所有制决定的。具体实现形式一旦出现，就可能偏离公有制根本目标和要求。以社会占有程度或公有成分最高的国家所有制为例，虽然国家可以在相当程度上代表社会，但国家所有制受到国家性质、各级政府具体目标和政治家自身目标的影响，国有制与公有制目标也不能完全融合。资本主义国家也存在国家所有制，不过，资本主义国家所有制是私有制的一种实现形式，虽然也有一定社会目标，但总体上是为资产阶级利益服务的。这说明，国有制并不是完全的公有制，国有制可以作为公有制的一种实现形式，但也只是公有制的实现形式之一，国有制本身还存在十分复杂的内容和形式之间的矛盾问题。国有制企业有的处于公共产品领域，有的处于市场竞争领域，所处的领域不同，承担的目标也不一样。在竞争领域的国有企业在经济目标之外如果过多地融入政治目标，国有企业的竞争力将被削弱，最终无法与其他形式的企业进行竞争。作为公有制实现形式的国有制存在这样的矛盾，公有化程度低的公有制的其他实现形式与公有制内涵之间的矛盾就更加突出。现在一些研究者将股份制直接说成是公有制或新型公有制，他们没有注意到股份制与公有制所追求的三个目标存在矛盾。股份制是资本的一种组织形式，在股份制企业中每份股份应该是平等的，不管这个股份是国家、集体还是个人的。股份制企业的目标应该体现所有股东的共同意志，是为了实现股份资本共同利益而存在的。股份制企业的直接目标是经济目标，要实现社会政治目标需要通过社会途径，需要环境和相应的制度保障。脱离社会主义国家制度和社会环境说股份制就是公有制，是对公有制与私有制区分的混淆。股份制可以成为公有制的一种实现形式，但股份制与公有制目标之间的矛盾不能忽视。

其次，公有制统一性与实现形式多样化的矛盾。社会主义要求所有的公有制组织只能有一个目标，都是为了实现生产力发展和人的解放。整个社会的公有制组织在实现运行必须和严格的条件和环境约束，即实行计划体制。在统一计划约束下，各种组织的目标才能融入社会目标。这就要求公有制组织只能是单一的形式，只有这样才能有效地实行计划。社会主义国家在历史上曾经追求过“一大二公”不是没有原因的，对单一公有制组织形式可以进行有效的管理。如果每种实现形式都有着自己的财产或生产资料占有形式，对财产或生产资料的使用权不同，最终收益的使用不同，这些多样化的具体形式将使社会经济生活过于复杂，社会计划无法实施，也就不可能进行全面管理。

最后，实现形式自身目标与社会目标的背离。由于每一种实现形式的具体组织都有自身目标，在容许各个组织相互竞争情况下，这种自身目标还会进一步强化，由此必然出现组织目标与公有制社会目标的背离现象。这说明，要想全面实现公有制的社会目标，应该取消公有制具体形式的自身个性和追求，但这样做在现实中又会阻碍这些组织的发展。如集体所有制，虽然从占有形式上说不归个人所有，但是，集体目标既不同于个人目标，也与社会全体成员的目标不一致。如果认可每一个公有制组织对于自身占有的生产资料有支配权和收益分享权，这些所谓的公有制组织也会演化为追求自身利益最大化的私人性质的企业，这公有与私有之间的区别也就模糊了。国家参股的股份公司也是企业法人，有自身独立的法人地位，可以对法人财产进行处置，追求的目标是整个股份资本的收益。股份制企业在市场中与其他企业相互竞争，不能用所有制归属来进行区分，这些企业的目标与社会目标也会出现背离。

四　所有制目标与实现形式的矛盾统一

从历史唯物主义角度出发，马克思并没有一味推崇公有制，而是将社会主义公有制作为生产力发展到一定阶段的产物，是实现社会主义目标的一种手段。只有在生产力达到一定程度，人类可以自己掌握自己的时候才能实行全面的公有制，实现社会主义理想和追求。公有制是实现社会主义目标的一种手段，而不是根本目的。不能唯公有制论，一说公有制就是好的，也不能说公有化程度越高就越能体现社会主义性质。不管公有制以何种形式，公有制的社会目标与实现形式之间都存在着矛盾，这是社会主义建设者无法回避的现实。

为了克服公有制目标与具体实现形式之间的矛盾，马克思提出了社会主义国家实行全面公有制所需要的条件和环境，即在生产力发达前提下实行计划体制和产品经济。计划体制就是为了解决各种实现形式主体自身目标与社会目标背离的矛盾，使各种组织不再追求自身利益而出现过度竞争和浪费。产品经济使人的劳动产品不需要经过市场交换来实现社会化，根除了组织追求自身目标的可能性，提供了产品实现社会分配的可能性，使劳动者成为社会主人，促进人的全面发展。

但是，社会主义实践既然不能全面实现生产资料社会占有，也就无法彻底实行计划体制和产品经济。社会主义国家甚至在相当长时间里需要实行市场经济。在市场经济条件下，必须对公有制实现形式进行扬弃。正如私有制在人类社会发展中不断扬弃自己的形式一样，公有制也需要在社会发展中不断扬弃自己的形式。国家所有制、集体所有制、合作制、股份合作制乃至股份制，都可以成为公有制的一种实现形式。这些形式与公有制根本目标之间既有矛盾，也有部分融合之处。为了社会主义整体目标，国家所有制是最有效的公有制实现形式。国家所有制可以充分发挥国家的社会职能，运用国家政治权力和掌握的生产资料最大限度地实现全体人民的根本利益，体现社会主义的共同目标。但并不是说国家所有制越多越好，国有制组织要围绕公有制的三大目标展开。在公共产品领域是为了发挥社会主义国家职能，在市场竞争领域以促进社会主义生产力发展为目标，可进可退。要将国有制组织纳入社会主义整体目标的要求中来，才能充分发挥国有制的公有制性质。集体所有制或合作制在一定范围内实现了集体成员对生产资料的共同占有和成果的共同分享，可以作为公有制的一种实现形式存在和发展。股份制作为资本社会化组织形式，集中了大量社会资本，有利于社会化大生产的开展，收益又按股份多少实现了社会成果的分享，使个人与社会加强了沟通与联系。虽然股份制企业的股东出发点是个人利益，但在客观上促进了社会发展，增进了个人与社会联系。虽然不能简单地说股份制就是公有制，但这种形式也可以看作是公有制在一定历史阶段的一种实现形式，国家参股的股份制企业更是国有制形式的一种扬弃。在社会主义国家政权和大量体现社会主义公有制目标的公有制企业影响下，股份制企业甚至资本家企业都可以围绕社会主义整体目标发挥作用，在更大范围可以为公有制目标的实现做出贡献。这些都说明，在坚持公有制追求的目标下，公有制的各种实现形式可以与目标实现融合与统一。

人为设定公有制的标准形式，既违背了生产力一定发展阶段对经济组织形式的客观要求，又无法真正实现公有制目标。因此，可以容许在不同时期和不同环境下有不同的公有制实现形式，容许随着客观条件变化对公有制实现形式进行扬弃。集体所有制企业可以演进为股份制，国有企业也可以进行股份制改造。只有这样，才能使公有制更好地适应社会发展的要求，真正实现公有制目标。公有制所追求的目标也是社会主义制度的目标，要实现公有制目标，必须在社会主义发展的长期历史进程和实践中渐进性地达到。传统社会主义理论希望通过建立全面彻底的公有制来直接实现社会主义目标，实践证明这种理论无法实现。正如社会主义有初级阶段一样，公有制也有一个发展过程。坚持公有制，不是单纯地坚持公有制的某种形式，不能追求“纯之又纯”的公有制，而是要坚持公有制目标。为了实现目标可以有各种公有制实现形式，这些形式都是实现目标的一种手段。在实现形式多样化的同时，只要不放弃公有制的社会主义目标，这些形式在一定程度上都可以体现公有制性质，是公有制目标与实现形式的一种统一模式。同时，我们必须认识到，实现人的全面解放、摆脱人对人的剥削和社会生产的协调发展，都不是以公有制这一种财产制度就可以单方面实现的。只有在社会生产不断发展、人的思想境界不断提高、人对自然和人自身的认识和把握更加全面的情况下，以公有制为主要手段的社会主义目标才会有最终实现的可能。

第二节　西方经济学对公有制的错误评价

西方经济学家对公有制的批判由来已久。从亚当·斯密开始研究经济学以来，他们就围绕着政府、市场和产权等问题展开。西方经济学家批判公有制主要认为：一是国家所办企业的低效率和腐败问题，与之形成鲜明对比的是私营企业的活力和竞争力。西方经济学家想在理论层面揭示私有制在效率上的优点，以此证明私有制存在的合理性，从而为其自身所在社会制度辩护，限制公权力和社会主义者提出的全面公有化要求。他们提出的公有制缺点主要有以下几个方面。

一　产权不清，无人负责

比较公有制与私有制，西方经济学家强调公有产权的产权不清，无人负责。虽然从理论上说，公有制中的企业资本并不是没有确定的产权人，其产权人可以是国家或是集体。但是，公有产权之所以在实践中又会被认为存在产权不清，就在于公有产权没有产权的细分受益人，因此缺乏受益人对产权存续和增值的关心。因此，西方经济学家，尤其是产权经济学家论证了完全的私有产权制度是唯一的最有效率的制度，其内在的逻辑是公有产权是低效率的。委托—代理理论就认为，国有企业存在多重的委托—代理关系，加上国有企业经营目标与私营企业相比的多元性和模糊性，在没有直接的监督机制和严格的内外控制机制下，国有企业的多重代理机制必然导致其经营目标与企业存在的社会目标严重偏离，使企业经营效率差。而要改变这一状况的出路只有通过私有化的方式来改善公司治理结构。产权理论则认为，公有产权使产权结构分散，并没有真正意义上清晰对应的产权所有人，同时公有产权的交易是非市场性的，而其剩余索取权也没有明确界定，而是指向社会所有人，这些公有产权的制度性安排就具有效率缺陷。只有通过私有化，使公有产权结构从不确定的持有人变为私人持有，才会达到产权交易的市场化和剩余索取权的明确归属，达到产权结构优化和效率提升。[①] 德姆塞茨在《关于产权的理论》文章中认为，判断一种产权结构是否有效率的关键是看这种产权能否提供比外部性更大的内在激励。与公有产权相比，私有产权把公有产权的外部性转化为内部的激励，从而使私有产权可以通过市场达到提高经济效率的目的。[②]

但是，西方学者对公有制效率的评价还是一种泛论公有制是否有效的观点。不管认为公有制有效率还是无效率的学者都没有区分公有制在公共领域和竞争领域的不同角色和目标。实际上，西方经济学家，尤其是产权经济学家如此分析有一个前提假设，认为只有完全的私有产权制度才是唯一的最有效率的制度，其逻辑推理必然是公有产权是低效率的，没有产权细分缺乏受益人对产权存续和增值的关心。

应该说，西方学者对产权制度的研究揭示了产权运作机制的复杂性和多样性，公有产权经营中必须考虑这些复杂情况，而不是简单地用公有制的社会目标掩盖产权运作问题。但是，西方产权理论也存在一个矛盾，就是没有认识到不同领域的公有制企业有着不同目标，因此应该有不同的评价标准。效率，尤其是经营指标，更适用于市场竞争性领域，而在公共产品和服务供给领域的公有制企业不能用经营效益指标来评价。公共领域的公有制企业不是作为政府投资获利的工具和手段，而是承担政府的部分社会职责，政府与企业的关系也就不可能只是经济关系。政府赋予公共领域

① Shleifer, Andrei, and Robert W. Vishny, *Politicians and firms*, The Quarterly Journal of Economics, 1994, 4.

② 德姆塞茨：《关于产权的理论》，转引自罗卫东主编《经济学基础文献选读》，浙江大学出版社 2007 年版，第 259—271 页。

公有制企业非经济任务，当然不能用经济效益指标衡量公共产品领域的公有制企业。

不过，当公有制企业进入市场竞争领域，企业的产权清晰界定是企业走向市场并独立承担市场主体责任所必需的。由行政管理企业走向以资本管理企业，产权明晰是企业性质界定和管理的第一步。但是，界定产权并不等于解决了公有制企业与政府的责任关系，必须从根本上明确竞争性领域中公有制企业和政府各自承担的角色和责任。

二　缺乏激励，难以持续发展

在评价公有制效率时西方学者还有另一种比较流行的观点，认为公有制企业中的管理者是官僚，其目标只是官僚职位升迁和自己经济利益，容易利用公有资源腐败，不会考虑企业的根本利益和长远发展，与企业所有者追求的公有资本保值增值和社会公共利益目标不一致。委托—代理理论认为，公有制企业存在多重委托—代理关系，在没有直接的外部监督机制和严格内控机制下，这种多重代理机制必然导致经营者偏离所有者目标，使企业经营效率低下，而要改变这一状况的唯一出路是通过私有化改善公司治理结构。西方公共选择理论进一步认为，公有制企业的经营人员与政府官员一样都是自私的，他们追求的都是在环境约束下自身利益的最大化。[①] 在企业所有者利润目标考核要求下，公有企业经营者也会追求实现利润目标，这与政府官员追求权力职位是一回事。与私人企业相比，公有制企业经营者在内部信息掌控上更自由和全面，可以利用这种权力确定利润目标完成情况并考量自己可以获得的收益。他们可以不通过提高薪金和津贴来达到自己的目标，但完全可以在工作享受、超额津贴、职务消费、人事安排、关联交易等方面腐败，而腐败必然导致公有制企业的低效率和对创新等企业长远目标的漠视。

对于中国公有制企业资产监管部门来说，长期以来混淆公有制企业所有者与经营者目标，认为只要公有制企业资产姓“公”，选任可信赖的经营者就可以实现公有资本保值增值和相关社会目标。但是，公有制企业经营者的目标与企业目标，包括所有者的目标存在差异又是现实的。反腐斗争中揭露的国有企业腐败现象并不比政府机关少，国有企业领导自定自身和企业员工薪酬水平，在各种关联交易和人事关系处理上利用掌控的公有

① 尹沿技：《西方国家国有企业私有化理论初探》，《国际观察》2004 年第 1 期。

资源腐败问题十分突出，这些问题说明委托—代理理论和公共选择理论揭示的问题在中国公有制企业中确实存在。混淆公有制企业所有者与经营者目标，不重视对企业经营者激励机制和监督机制的科学设置，最终使责权利不对应，必然导致内部腐败丛生，公有制企业的效率与私人企业相比难免处于低位。

不过，企业经营者与所有者目标不一致是企业经营中的普遍问题，只不过比私营企业对经营者的绩效考核和激励措施制定更加困难而已，但并不等于公有制企业就一定不能解决这一问题。对公有制企业经营者的激励要使经营者的行为目标趋向于所有者的目标，包括短期目标与长远目标。在竞争性领域，公有制企业短期的保值增值目标可以用利润率等指标来考核，通过制定与之相对应的薪酬与绩效奖励等激励措施可以实现这一目标。目前，社会热议国有企业管理者薪酬过高问题，这是因为，长期以来国有企业经营者的薪酬更多的是经营者用手中掌握的企业资源向监管者要来的分配权，有市场因素，更多的是权力因素。因此，薪酬绩效等激励措施不能由经营者自主决定，而应该根据企业特点和经理人市场薪酬水平来决定。国有企业经营者收入水平当然会大大超出同级别政府官员，而且也会超出本企业职工的平均收入水平，这是企业经营劳动的复杂性和贡献决定的，也是吸引优秀经营者加入公有制企业的需要。把国有企业经营者的薪酬水平降低到市场以下，当然，可以减少社会对国有企业高管高收入的不满，但是，必须对经济收入损失从政治上加以补偿，否则，国有企业高管的激励不足，必然影响国有企业高管的积极性，最终影响企业所有者的目标。不过，用官员职位升迁来激励国有企业经营者，会固化企业经营者的官僚意识，使企业经营者把经营行为更集中在完成上级政府交办的任务，从而忽视市场变化和企业内部管理。在官员职位激励下，企业经营者可能不在意自身工资收入水平，并会主动配合降薪要求。思想教育可以部分纠正企业经营者与所有者的目标差异，但是，经营者实际需求和市场经营复杂性使官员式的思想教育管理模式的效果非常有限。

三　管理机制问题

在评价公有制效率时，许多研究关注公有制的产权特点和内部治理结构问题，也对外部制度环境给予分析，认为公有制企业直接面临的社会治理制度环境使其难以实现高效率，公有制的根本问题在于管理体制和机制问题。一些西方经济学家也承认，如果对单个公有制企业进行明确有效的管理，制定充分合理的激励目标，减少企业的非市场目标，公有制企业也可以与私有制企业一样具有效率。也就是说，产权并不是绝对的问题，而只是问题的一个表现。在大型股份制企业，股东是分散的，企业的经营也是委托给专业经理人员经营，此时企业的产权结构也有公有制企业的特征。不过，股份制企业虽然产权是分散的，但是，股东对企业经营的目标是明确的，对经营者的考核是严格的，而且面对的是激烈的竞争市场，股权分散并没有影响企业的经营决策。而当公有制企业数量众多，分布在不同领域，自身情况复杂，管理机构又如何针对各个企业具体情况和面临的市场变化制定有针对性的管理措施和考核目标？管理机构不仅要负责经营者的选聘，还会对企业经营中重大问题给予指导，而这些指导和管理与管理机构的相关负责人之间没有直接的利益关系，此种管理体制就很难不出现问题了。

不能否认，改革开放后公有制企业在经济效益上普遍出现问题，不过这些问题并不完全是公有制企业自身的问题，也与管理体制有关。如在市场经营与竞争方面已经逐渐放开，民营经济和外资企业不断发展，公有制企业面临较大的市场竞争，但是，对公有制企业的管理改革却没有较大进展，企业经营投资、用工和新产品研发等方面还受制于上级管理机关，这样就很难在竞争领域与其他企业一样进行快速的决策和定位，很容易失去市场机会。而一旦失去了市场机会，再要在竞争中占据优势地位就十分困难。这些外部的制度因素使国有企业的经营出现困难，不能简单地将经营困难问题归咎于公有制企业自身。再如，公有制企业承担许多社会责任，如一些公有制企业长期以来承办了一些义务教育和职业教育，这些教育成本支出使公有制企业整体经营成本过高。在政府不愿意承担这部分社会职能的情况下，公有制企业又难以剥离这些社会职能，使公有制企业面临经营困难。这些问题说明，不能单纯地用经济指标来判定公有制企业的效率问题，而是要深入地分析公有制存在效率问题的内在原因和外部制度因素。

改革开放以来，我国对国有资产管理体制进行了多轮改革，进一步明确了产权关系和责任划分，从根本上来解决公有制企业委托—代理经营中层次过多和无人负责问题，做到职责明确，科学管理。地方公有制企业经过改革后多数脱离了国有企业的序列，成为市场独立主体，增强了经济活动。中央企业经过多次整合，大大减少了企业数量，由国资委对其进行直接管理，减少了管理幅度，提高了资本控制力，国有企业总体经营状况有了很大改善，一些国有企业规模和盈利水平达到了世界水平，跻身世界

500强之列。这些都说明，问题的根本不在于公有制企业的所有制性质，而在于是否针对公有制企业的特殊情况对其进行有效的针对性管理，而其关键是要建立科学的管理体制。如果管理机关还是用传统的行政管理手段管理公有制企业，面对数量众多、经营领域广泛、内部管理层级复杂的公有制企业，管理机关如何能了解企业面临的市场竞争信息并及时给予指导，最终这样的管理又如何能提高公有制企业的竞争力？

不过，在明确政府与公有制企业之间权责关系的同时，还要明确公有制企业自身经营管理责任。公有制企业不是一“公”就好，私有制企业也不是一“私”就好，都存在管理问题。委托—代理理论对企业多层委托管理中的信息传递和责任界定问题的揭示对公有制与私有制企业都是同样存在的，而对于公有企业更是一个必须面对的问题。如果依旧沿用传统行政管理的方法来管理公有制企业，政府作为资本人格化的出资人角色没有得到落实，从所有者到企业管理者之间的委托—代理关系就会发生扭曲，而这种扭曲会进一步导致企业内部委托—代理责任的目标错位。私有企业通过向下一级代理分解出资者的利润目标，各级代理均以利润作为考核目标，信息明确，考核清楚。相较私营企业，公有制企业委托—代理关系更加复杂，主要是委托—代理的责任与权利没有明确划分，需要通过科学的制度设计解决委托—代理中信息不对称问题。

假设公有制企业外部环境与其他企业的外部环境是一样的，竞争领域的公有制企业的市场地位与考核目标要求与其他企业一样，公有制企业能否达到与其他企业同样的竞争力呢？应该看到，在竞争性领域，尤其是门槛较低、竞争性强的领域，公有制企业普遍存在竞争力问题，这里的问题就不是简单的外部制度因素，还与公有制企业本身的经营管理文化有一定关系。如果从单纯的理论角度和信息角度看，只要公有制企业的管理机构对企业经营信息充分了解，能给予企业经营者足够激励，公有制企业也可以与大企业集团下属子公司或分公司一样正常经营甚至得到较好的发展。公有制企业存在的委托—代理问题在大企业集团中也同样存在，大企业集团也是业务广而且管理层级复杂，下属企业也是由非股东的专业经理人员在经营。但是，问题在于，大集团下属企业接受的是集团考核指标还是一般经营指标，而公有制企业长期形成的企业经营管理文化并没有把专业化经营作为一种追求。公有制企业长期在上级主管部门的约束下生存，往往形成对上负责而不是对市场负责的经营管理文化，大家关注的不是经营利润指标，而是上级主管部门的指示和要求。由于上级主管部门政出多门，目标和要求不统一，公有制企业内部就难以形成面向市场的核心竞争力，最终在竞争中失去优势。企业效率不是一个单纯纵向经营数据对比的指标，而是在竞争中市场占有优势的竞争目标。与同领域的非公企业竞争，如果在市场中不能占有优势和先机，很容易在竞争中被排挤出市场，效率高低是在与同领域的先进企业之间进行比较后才能得出的。

第三节　公有制的地位、作用与效率

关于公有制，自从社会主义国家实行公有制以来争论一直不断。一方面，西方学者不断提出公有制存在问题，认为它是不可持续的。西方经济学家还从公共品生产和产权制度等多方面研究公有制存在的问题。另一方面，社会主义实践也似乎证明了公有制企业在市场中的问题，而且社会主义国家对公有制企业进行了改革。但是，也有许多学者，尤其是马克思主义学者维护公有制，认为公有制不存在根本性问题，不管是效率、效益和社会价值方面都应该给予肯定，不能简单加以否定。

一　公有制效率不低

说公有制效率低下，一般来说，有两个方面的理由：一个就是前面受到西方经济学思想的影响而在中国主流经济学界蔓延的对公有制效率低下的认识；另一个就是从现实中某些公有制经营困难、腐败严重、最终倒闭转让的实例中得出的公有制经济效率低下的印象而对公有制企业评价低。总之，这些评价要么基于理论，要么基于感觉，缺乏实证研究和深入的分析。近些年，国内学界尤其是马克思主义经济学研究者对这一问题进行了相对深入的研究。他们认为，公有制的效率不低。

从实证上说，多位研究者从历史资料和统计资料分析认为，公有制企业在经济贡献率、投资、利润方面都不比私营企业和外资企业差。

李培林等在对1995年全国508个国有企业样本研究后发现，国有控股企业的总资产报酬率远远高于其他类型的企业，国有企业是2.05%，国有股份制企业是11.36%，集体企业是3.40%，而中外合资合作的企业是4.72%，民营企业是3.46%，其他类型的企业是5.50%。而在净利润率即资本收益率方面，国有股份制企业有着较高的收益率，达21.40%，而民营企业是10.47%，中外合资合作是3.27%。不过，由于层级较低的市县国有企业亏损问题严重，国有企业整体的利润率是-62.93%。不过，如果剔除低层级亏损国有企业，国有企业的盈利水平并不低。①

李济广认为，"根据唐有东研究，美国非金融公司20世纪70—90年代，平均利润率多数年份在5%—7%之间徘徊。而2004年我国国有企业平均净资产利润率为9.6%。据美国《幸福》杂志的材料，1997年（西方国家'经济繁荣'的一年）世界500强企业利润总额是总资产的1.32%。而2000年我国国有及国有控股工业企业利润总额是总资产的2.87%。我国重点企业2001年营业收入利润率为6%，高于世界500强平均水平3.8个百分点。（按汇率计）2002年中国500强平均资产规模是世界500强的6.46%，而利润是12.06%；人均资产是世界500强的1.57%，而人均利润是29.62%。2003年全部国有及规模以上非国有工业企业的总资产贡献率、工业成本费用利润率、全员劳动生产率分别为10.50%、6.25%、73045元，而国有及国有控股为10.09%、7.25%、87095元"。②

二　公有制的社会价值

马克思主义学者还归纳了公有制的社会价值。他们认为，不能简单用利润指标来衡量公有制企业的价值，还应该看到公有制企业在整个社会中的社会价值，主要有以下几个方面。

其一，公有制企业是中国工业化的主体。新中国成立后工业化的主体是国有企业，通过国家投资，我国建立了一个相对完整的工业生产体系。而国家投资主要是用于国有企业，再加上国家对人才、资源的统一配置，国有企业在计划经济时代表现出一种相对正常的生产与经营，并没有显现出难以经营的状况。因为当时企业的生产经营并没有严格的资金衡量和约束，只是依据国家计划来开展，因此没有也不可能显现出经营困难。因为一旦出现原料、人员或生产上的问题，只能是将这些问题反映到上级主管部门来解决，而不会出现因资金短缺等问题而停产或破产等问题。在国家集中财力从事工业化的建设中，国有企业作为载体自然是工业化的主体，承担着生产、就业、福利等各种职能，是整个政府的一个部门，不存在经

① 李培林、张翼：《国有企业社会成本分析》，社会科学文献出版社2000年版，第255—284页、第305—323页。

② 李济广：《公有制经济的高效率研究述评》，《马克思主义研究》2006年第2期。

济利益的考核与竞争。

其二，公有制企业提供了社会的主要福利。首先，公有制企业提供了比私营企业相对较高的工资和福利，如住房、教育和医疗等都由国有企业自身承担了，国有企业职工较高的收入也最终为社会提供了更高的消费。其次，公有制企业存在的一些冗员，这些人如果完全按市场用人来处理，将会进入社会而成为需要社会分担成本的群体，公有制企业为他们提供了相对稳定的工作，减少了社会成本。①

其三，公有制企业贡献了财政的主要收入，是稳定经济的重要手段。长期以来，由于国有企业占经济主体，财政收入的主要来源是国有企业。当然，随着私营经济和外资经济的增长，其在财政收入中的比重也在不断扩大。但是，国有企业，尤其是国有大型央企在整个国民经济中，尤其财政收入贡献方面依旧发挥着主导作用。而且，在经济出现波动，尤其是下滑时，通过国有企业加大基本建设投资，以此推动经济增长是国家经济宏观调控的重要手段。因此，国家企业不仅承担着自身经营的任务，还要承担一定的社会和国家责任，对社会所作的贡献就不仅仅是利润、税收、就业等一般企业所作的，还有作为国有企业所承担的部分政府职能。

三　公有制效率的再认识

结合各方的争议，对公有制效率必须历史、全面、辩证地加以认识。

（一）不能混淆公共领域与竞争领域

如果用经营指标来要求竞争领域的公有制企业，就应该按市场要求来管理公有制企业。国家只作为出资人，对出资要求保值增值，国有资本可进可退，国有企业也应该与其他所有制企业一样地位平等，不享有特殊待遇，也不要求其承担一般企业承担责任之外的其他社会责任。这样才能促进企业竞争力的提升，保证市场效率和市场秩序。在竞争性领域必须用经

① “看到国有企业的冗员负担远大于其利润总额，冗员的财务负担指数逐年增加。相对而言，非国有企业就可以减少这些负担。1993 年全国的下岗职工超过 300 万元，各级财政负担和企业直接支出的下岗费用就达300 亿元。根据刘源等人的统计，国家对1998—2000 年3 月的下岗职工支付的生活费用就需要 888 亿元。如果严格按照市场配置资源的原则进行富余人员的分离，这笔费用将达到1000 多亿元。如果国家财政来承受这些负担，那么国家财政政策在协调宏观经济和控制改革进程方面的能力将会受到巨大的影响”。（刘元春：《国有企业宏观效率论——理论及其验证》，《中国社会科学》2001 年第5 期）不过，对冗员问题要深入分析。过多的冗员不仅造成公有制企业的巨大负担，降低了效率。而且大量冗员的人力资本没有得到正常发挥，对整个社会效率也是巨大损失。总体上看，冗员的贡献与其收入是不对应的，最终是社会整体利益损失。

营指标来考核和评价企业，因为经营指标反映的正是企业的市场竞争力和可持续发展能力。没有领先的利润率指标，企业就很难在市场竞争中生存下去。市场主体是平等的，只能用统一的指标即市场效益指标来评价。任何非市场化的指标，如果不是对市场所有企业都适用，只会给指标适用企业带来成本和发展障碍，最终导致这些企业竞争力下降。目前，国内学界对竞争性领域公有制企业经济效益较低的解释总是说这些企业是因为为员工提供了较高的工资和福利、为社会承担了教育等职能，还由于没有削减冗员而承担了社会转型成本等因素导致了企业整体效益不如民营企业。这些都是把公有制企业的非市场目标作为评价指标，把竞争性领域的公有制企业依旧看作是一种公共产品供给组织的传统做法。传统的公有制企业与政府之间的关系不是出资人与经营主体的关系，而是上下级关系，公有制企业是政府机构的延伸和社会管理的一种手段，当然不能以经营效率指标来考核和要求公有制企业。但是，在市场经济体系已经基本建立的今天如果继续沿用这一做法去要求竞争性领域的公有制企业，这些竞争性领域的公有制企业依旧受到政府许多非市场因素目标的干扰和影响，在竞争中经济效益就会明显落后于私有制企业，导致竞争性领域公有制企业容易被市场淘汰，最终必然引发社会对公有制企业经济效益低下而应该退出的普遍认同。如果在竞争性领域需要公有制企业的存在，必须要解决公有制企业与私有制企业平等地位和同样身份问题，保证竞争性领域的公有制企业能够用同样的市场经济指标来考核和运作。

因此，要区分公有制企业所处的不同领域，明确其承担的不同职能，界定政府与公有制企业的行为边界，不能混淆公共领域与竞争领域公有制企业的不同特点和目标要求。对公共产品领域的国有企业，要按公共利益目标来管理公有制企业，在管理中虽然应该有管理成本的相应考核指标，但是更应该坚持公益性质，细化社会利益服务指标。要对公有制企业进行分类改革和指导，而不是一味地用公有或私有哪一个更好的思维来看待所有权问题。有人认为，区分竞争性领域和公共产品领域，必然导致对公有制的分化，因为公有制在中国经济中的主体地位并不区分这样的领域，是作为国民经济的基础而存在的。但是，不区分这两个领域，就不可能对不同领域的公有制企业进行分类指导，不可能制定不同的考核目标与要求，也难以解决各自面临的不同问题。区分不同领域，不是要否定竞争性领域公有制企业的存在，而是要分析不同领域的不同经营环境和目标，有利于针对不同领域企业制定有效的管理目标与措施。

（二）不能混淆所有者目标与经营者目标

如何合理确定竞争性领域公有制企业经营者收入水平是一个十分复杂的问题，归根结底是把企业经营者看作是官员还是职业经理人、报酬是市场化还是政府化的问题。不过，在依据市场标准和考核指标来确定竞争性领域公有制企业经营者的薪酬水平时，必须要与公有制企业经营者订立充分合理的考核指标，要考虑公有制企业产权委托经营与民营企业的不同之处。公有制企业的经营者往往难以获得企业经营的充分授权，也没有董事会或董事长这样的所有者代表来监督和考核其行为，公有制企业的目标又不是单一利润目标，而是多样目标，使其考核标准难以明确。公有制企业经营者绩效考核既不能完全市场化也不能直接官员化，而是要根据企业特点和市场情况订立更加全面的考核指标。

不管是什么性质的企业，都要使激励措施让经营者既关注企业当前的经营目标，也要注意企业的长远发展。技术创新的投入是一个减少当期利润而谋求长期收益的风险投资，企业经营者如果不能从长期的经营收益中获得激励，就不会将当期收益投入长期不确定的技术创新中。企业创新来自企业对市场经营的反应，当创新可以节约成本、降低资源消耗，合理促进资源利用，对新的市场的开拓等带来竞争力和收益增加，创新才会得到鼓励和投入。如果企业缺乏经营压力和利润激励，就不会把创新作为经营方向，而缺乏创新的企业则在市场的竞争中难以处于优势地位。股权，尤其是股票期权激励是解决这一眼前与长远、所有与经营权利益结合的有效措施，这种激励不仅对私营企业有效，对于公有制企业一样可以起到长期激励作用。当然，如果对公有制企业的考核不是当期利润，而是以获取国家创新项目和资金奖励等方式为目标，或是基于政府机构对企业创新水平的评价指标，那么公有制企业在创新上的投入就可能不再谨慎，而是会围绕政府在创新上的指示和指标不断投入。不过，这些创新投入可能更多基于政府的喜好而不是企业自身发展的需要，所能产生的创新效果和长远收益值得怀疑。

三　不能混淆历史价值与现实价值

关于公有制效率讨论中，不少学者提出公有制在我国历史中的地位和价值问题，认为新中国成立后很长时期，公有制企业都是作为中国经济建设的主体发挥着不可替代的作用，公有制企业是中国工业化的主体，为社会提供了广泛的工资和福利保障，贡献了主要的财政收入，是稳定和促进经济增长的重要手段。不过，对这些观点及其论证数据要科学分析，要将公有制企业的价值放到历史环境中去分析，不能混淆历史价值与现实价值。

公有制企业是国家工业化的主体，这是由传统计划体制决定的。新中国成立后经过社会主义改造，已经不存在私人投资的企业，所有国家建设都是通过国家对公有制企业的投资来实现的，由此我们建立起一个相对完整的工业生产体系。由于经济资源完全掌握在国家手中，国家投资全部用于公有制企业，再加上国家对人才、资源的统一配置，公有制企业自然是工业化和整个经济的主体。

改革开放后，民营经济和外资经济的发展使公有制企业在国民经济中的比重不断下降，但历史形成的公有制主导地位不可能短期内失去。我国渐进式改革虽使公有制企业在国民经济中比重有所下降，但公有制企业的总体资产价值和经营总量上还是随着经济发展而不断增长。在改革的历史演进过程中，一方面，大量中小公有制企业退出竞争性领域，反映了其竞争效率较低的事实；另一方面，公有制企业的合并和经营领域收缩产生了一批“巨无霸”的大型企业，在相关领域形成了垄断地位，这种垄断既有政府扶持和限制外来竞争的结果，也有企业规模巨大形成的自然垄断。如果用垄断领域的少数公有制企业与其他所有制企业进行比较，公有制企业在社会贡献度、总量比重和利润率等指标反映的效率并不低。但是，目前在市场领域中的公有制企业的地位和影响虽然有企业长期经营的结果，也有历史延续和政府长期支持的结果，现实价值是历史价值的延伸。在整体经济较快增长时期生存并占主体地位的公有制企业的经济指标不比其他市场主体或发达国家私营企业差，其经济效益与政府作用、整体改革发展紧密联系，不能完全区分是所有制因素还是制度变革带来的整体经济潜力释放的推动。

公有制企业，尤其是大型国有央企在整个国民经济中，依旧要承担一定的社会和国家责任。当经济出现波动，尤其是经济下滑时期，国家会通过国有企业加大基本建设投资，实现经济稳定增长的宏观目标。公有制企业在宏观经济调控中扮演着主要角色的做法是人们对公有制企业价值的传统定位和现实地位延续下来的。但是，这样做最终必然导致公有制企业依旧缺乏严格的预算约束和明确的利润指标，政府要求公有制企业承担社会责任，公有制企业也就不会把利润作为经营的考核目标。要公有制企业依旧在竞争性领域有存在的价值，只有确保公有制企业的竞争效率才是唯一的理由。而公有制企业传统承担的社会责任，市场中的所有企业都是整个社会生产和经济组成部分和主体，都可以发挥解决就业、税收和提供产品服务的功能。政府宏观调控经济应该通过货币政策等工具，面向所有市场主体，目标是宏观经济的稳定和市场活力的提升。

公有制企业的历史价值不能完全证明在市场经济环境中公有制企业还能发挥同样的价值，因为社会条件和经济运行模式都发生了巨大变化。随着市场完善和其他所有制经济主体的发展，公有制企业面临更多竞争和挑战，此时要考察的是公有制企业能否适应新环境并更有竞争力问题。因为竞争领域的公有制企业只有在新环境下继续产生效益，才能保证公有制企业的持续生存和发展。如果仅仅用历史价值来说明公有制企业在当前也存在价值，就把公有制企业看作是一个抽象的可以脱离历史制度环境的所有制形式，这背离了马克思历史唯物主义的观点。在当前市场条件下，处在竞争性领域的公有制企业如果没有较好的经营效益，只会在竞争中失去市场，最终破产解散。在竞争性领域，企业的价值只能是现实的经营效益和未来发展潜力。如果不用经济指标来衡量公有制企业效率，公有制企业在效益低下的境况下是维持不了多久的。公有制企业的社会贡献，如公有制企业员工的高工资和高福利，在现实经营中只是增加了企业的经营成本，降低了企业竞争力，除非这种工资和福利与企业的生产率和市场竞争力相对应，否则这种不计成本的经营只会在竞争中被淘汰。这种结局是经济规律作用的结果，不可能因为企业所有制性质不同而发生变化。如果公有制企业难以在市场中生存，就根本谈不上发挥主体地位和作用。除非限制竞争，保证公有制企业的垄断地位，才能保证公有制企业的经营效益，但这又是以损失社会整体效率为代价的。

第四节　民营和外资经济在社会主义中的地位和影响

长期以来，传统社会主义理论对私人资本和外国资本总是持否定态度。私人资本是社会贫富差距的根源，因此传统社会力求消除这种造成贫富差距的根源。而外国资本则被作为外国入侵的一种形式，是外国对中国经济和政治控制的一种手段。中国社会主义改造就是消除了私人资本的影响，并且不容许外国资本在中国经营。

一　民营资本的产生与发展

中国民营资本发展主要是从改革开放后形成的。民营经济得到发展主要基于三个方面的考虑：一是就业。计划经济下人们的就业都是由政府统一安排的，但是，一方面人口的增长使就业安置日益困难；另一方面，经济增长缓慢也使就业难以增加；加上有大量回城的知青和到城市谋生的人，一些不被体制接受的人，如刑满释放人员，这些人都要寻求生存机会。况且，由于计划经济对经济的管制造成短缺经济，日用生活品十分短缺，这些都为个体经营制造了生存的空间。传统体制下实际上也存在着这样那样的个体经营，如个人在市场中出售一些家庭农产品或是一些乡镇社队企业进行着不被正规渠道所接受的产品生产与销售。只不过这些形式总是在政府的打压下，难以得到认可。不过，既然有社会需求，不管是就业压力，还是消费品需求，都会要求社会发生变革。

中国的社会主义改革是从农村联产承包开始的。联产承包没有改变土地的集体所有，但是却能够让农民支配农产品。没有改变土地集体所有制，而是以调整经营权和收益权的方式进行农村经济改革，而此改革的实质是收入分配改革，调动了农民生产与经营的积极性。家庭联产承包制是一种产量分成制，产量分成提高了农民的增产积极性，在价格一定的情况下产量增加带来的农民收入增加是可见的。但是，农民收入的持久增长依旧是一个问题。联产承包责任制施行一段时间后，农村出现了粮食产量增加但增产不增收的现象，原因在于统购统销使粮价始终处在一个较低的位置，粮食的价格不能体现粮食生产的成本和价值。没有粮食市场的形成，粮食价格的形成就无法体现需求与供给的矛盾，也就不能有效地对生产和市场流通进行引导。长期以来，总是把粮食作为特殊的战略性商品来对待，既想保证供给，又想稳定价格。但是，没有市场对粮食价格的发现，就既不能保证供给，也难以稳定价格。农民是粮食生产的主体，自然要追求合理的粮食价位，以此提升自己收益。这一要求不是简单地要求政府给予农民直接的补贴，而是要求粮食的价格能够符合生产成本和内在价值。实际上，如果不能让粮食真正市场化，对农民种粮的补贴，名义上是补贴农民，增加农民收入，实际上是补贴了粮价，补贴了城市居民的粮食消费。

因此，在农村实行联产承包责任制后，提高农产品收购价，调整农产品收购体制，逐渐放开粮食购销体制，由市场决定粮食价格，这些都是农村改革的重点。当然，为了保证粮食价格的基本稳定和农民种粮积极性，国家通过保护价收购托底，并对农民种粮进行直补，这些措施才能有效提高农民收入。

但是，粮食市场化只能保证在粮食产量和价格有一方上升时农民有所增收，而农民收入问题的另一个方面是减负。长期以来，农村的公共事业支出主要由农民负担，农民不仅要缴纳农业税，还要通过农业提留等方式承担农村教育、水利、道路等基础设施建设，农民还没有享有养老、医疗等社会保障，农民基本上是在为自己的生存支付了所有成本，长期没有享有国家应该通过转移支付来承担的社会保障。而随着经济发展和工业现代化，农业在整个经济中的比重不断下降，农业作为弱势产业的状况越发明显，这样的弱势产业却要承担社会中大多数人的收入来源，自然难以实现农民收入的较快增长。农民整体的生活水平始终处在社会底层，无法在农业上获得更多收益的农民只能离开土地进入城市打工，形成世界上最大的独特的农民工群体。

但是，即便是这样的改革，改革初期也引起了巨大争议。这种争议就在于，农村的改革使农民有了经营的自主权，不同农户由于经营能力、土地条件会使收益产生不同，而这正是传统社会最担心的事。农民自主经营，自然会追求自身利益，农户之间、农户与集体、国家之间的矛盾就难以避免。而个人利益被作为私有观念，最终作为会产生资本主义的思想和行为而加以控制。因此，农村承包制这种保留了社会主义集体制的形式在相当长时间里也没有得到认可，而是被反复批判。最后也是在农民生活长期得不到改善、农产品供给严重困难情况下，这样的改革才得到开展。

城市的个体经营也是在争议中出现的。被体制排斥的人要寻求出路，自然会想法自谋出路，个体经营是无奈的选择。但是个体经营也需要有市场，有品种，有场地，有许可。而且在整个社会经济管制下和产品短缺的情况下，个体经营就容易得多，但也可能形成收入差距。

二　私营经济在中国面临的理论与实践问题

民营资本在社会的怀疑和政府管理夹缝中不断积累壮大，逐渐形成了市场中的重要力量，对社会就业、税收和经济增长的贡献日益占据主导地位。不过，即便如此，民营资本发展中依旧存在着理论难点：一是如何看待收入差距；二是如何看待剥削；三是如何看待对经济的影响，什么领域可以发展，什么领域不可以发展。只要私营业主经营得法，其经济收入要远远大于一般人员的正常性工资收入，这是中国广阔市场的巨大需求决定的。这样就形成了私营业主与周边过去生活相似人员之间巨大的收入差距，引起民众对这些人收入来源正当合理性的质疑。而基于马克思主义的劳动价值论，如果他们没有雇用劳动者，或者说雇用不到8人时虽然还不完全依赖剩余价值获利生存，但是，在流通领域也是利用了各种市场获取收益，而这种不创造价值，或获得的价值远大于所创造价值的行为如何在经济和政治上向社会有所交代是一个理论与实践不容回避的问题。另一方面，一旦雇用8人以上，是私营企业而不是个体工商户，则直接是以雇佣劳动来获利的，这些利益获得的正当性和合理性从传统的马克思主义经济学角度更是无从解释。这些实践问题带来的理论问题，影响着私营经济的发展。[①]当私营业主的经济收入不断增加，业务规模不断扩大，社会对私营经济的疑虑就会不断增加。此外，由于私营经济不断扩大，经营领域不断增加，自然会增加与国有或集体企业的竞争，由此带来的国有企业困境往往被归咎于私营企业，私营企业进入一些传统的国有经济领域就被怀疑对整个国民经济存在影响。这些问题的存在都说明了私营经济的发展在理论领域的难点没有得到根本的解决，而理论问题没有解决，必然引起人们在私营经济和私营资本发展中对其性质和地位的质疑[②]，也导致这些资本不仅要寻

---

①　安徽芜湖傻子瓜子事件就清晰地反映了改革初期人们对发展私营经济的不理解。这一事件虽然以邓小平同志的批示而得到解决，但是邓小平的批示也只是指出要容许试，而不是从理论上说明私营经济在社会主义中的真正地位。

②　中央党校陈文通认为："不少人有这样的担心：如果我们明明白白地指出社会主义初级阶段仍然存在剥削和阶级，确认我国现阶段的私营企业和外资企业同外国的同类企业没有质的区别，都属于资本主义生产方式，资本所有者和企业主是资本的人格化，那就势必会造成，一方面，资本所有者不敢投资办企业，另一方面，诱发工人和企业主之间的对抗，甚至还有可能再来一次社会主义改造或文化大革命。""其实，我国企业主所害怕的，并不是工人说他无偿占有了剩余价值，也不是因为人们称他们为资本家或资产阶级，而是害怕制度和政策的改变，害怕他们的财产和利益得不到法律的保护，害怕哪天早晨又来一次'共产'。"（参见陈文通《如何科学认识我国现阶段的剥削和阶级（下）——兼论现阶段私有资本和私营经济的性质》，《南方经济》2003年第10期）他说出了改革开放后发展私营经济在社会中引起的困惑。而这一困惑按陈文通的说法是只要立法保护私有财产就可以消除私营业主的疑虑。但是，没有理论的澄清，光有法律上的规定依旧不能解决这些人的担心，因为法律的制定要证明发展私营经济不是策略而是社会主义经济的组成部分，只有这样，才能使私营经济真正成为社会经济的一部分。在我国现阶段，经济理论工作者既不应当以阶级斗争口号鼓励工人同资本家进行政治斗争，也不应当故意掩盖资本对雇佣劳动的剥削，而是着重揭示规律性的东西，从这种揭示中使工人和企业主都认识到自己的历史责任和未来趋势。就未来来说，经济理论应当反映工人阶级的根本利益和要求；从当前来说，经济理论应当更多反映劳动生产率发展的利益，并实现劳资两利。

求增值，还要寻求安全。

私营经济要发展，必须从两个方面证明其发展的必要和必然：一是要说明其获利的合理性。虽然私营经济在初期发展中存在许多不规范之处，原始积累中有通过贿赂官员、克扣工资、降低劳动生产保护条件等获得的。但是，在剥离了社会不正常环境和资本不正常获利途径情况下，资本收益是合理的，这是市场赋予资本的机会和条件，而不是资本仅凭所有权就获取的，更不存在道德上的高低问题。

二是要说明私营经济，不是社会主义经济的补充，而是社会主义经济主体的一部分。这一说明不是基于私有公有的政治和道德的区分，而是基于市场经济对资本的一视同仁。虽然国有资本在公共产品领域要维护公有性而不是获利，但是，在竞争领域，国有与私有资本应该一视同仁，由市场来决定各种资本的去留。市场必然需要承认私有资本的地位，并在市场竞争中体现私有资本的活力与价值。

三　外资资本进入中国发展引起的社会争议

外资引入中国也同样引起了社会对这些资本性质和价值的讨论。引进外国资本，主要出于下面的考虑：

其一，是弥补了国内建设资金的不足。虽然我们是社会主义国家，资本本身好像不存在问题，但是社会建设所需要的资金依旧存在不足。要想提高经济增长率，必须要有大量的资金投入，而在旧的体制内的资金不仅流动慢，而且效率低，要进一步地推动经济增长所需要的资本就十分缺乏，引进外资就成了一个选择。我国从 20 世纪 80 年代建立了第一家中外合资企业，目前已经成为发展中国家中吸收外资最多的国家。外商投资企业促进了我国整个社会的固定资产投资，推动了进出口，尤其是出口的快速增长。

其二，外商投资带来了技术和管理，推动了中国技术进步和管理现代化，促进了产业结构调整和升级。技术、管理和结构调整是较之资本更加深层次的经济发展因素，而长期以来我们在这些方面与西方发达国家有着巨大的差距，这些差距并不是用资金就可以在短时间内解决的。这些深层次的经济发展因素通过引进外资在较短时间内得以解决，是经济发展的一条有效途径。虽然在这一引进过程中有人会担心外资对中国利益掠夺和市场控制，但是，没有利益哪有资本进入和技术输入。况且，生产利润和出口利润只有在生产经营活动进行后才可能得到体现。没有外资的进入，企业生产经营没有开展，哪有利润可谈。

其三，解决了中国就业问题，增加了财政收入。而这一切都是在外资经营中实现的，没有外资的经营就没有就业与财政收入。

因此，不管私营资本还是外国资本，都是在经济发展中出于经济增长的需要而引进和发展的。社会经济的增长，就业、财政收入的增加，技术的创新和管理提升都是社会发展的目标，而这些都必须充分调动社会各种力量来共同实现。社会资本的加入才是社会生产力发展的重要推动力，社会资本跳开了单一的国家资本的经济增长模式，促进了社会各种要素共同参与产品生产和价值创造，推动了经济社会进步。

如果不把社会主义定位为一种纯粹的计划经济，不定位为完全的公有经济，而是以市场作为资源配置的一种经济模式，那么，私有资本与外来资本不仅有存在的空间，还有存在的必要。市场就是要不同的主体进行竞争才能发挥效率，才能发现价值并最终实现资源的有效配置。而私有资本的存在不仅是解决经济发展中的资本稀缺问题，而且还提供了竞争主体和竞争模式，促使各种主体以市场为导向来进行资源配置，促进整个社会效率提升和资源的合理利用，使整个社会的经济得到更快发展。此时的社会主义经济体也许与传统理解的社会主义有着很大不同，却是更具活力更有竞争力的经济体。更何况外来资本在技术、管理、市场和就业、税收方面带来多方面的利益。所以，是坚持传统的观念把社会主义看作是一个僵化的模式，还是适应经济发展的需要，把社会主义作为更能适应社会变化的制度体系，是考察不同社会制度之间竞争力的一个重要内容。

经典作家从逻辑上设想了一个充分发展的社会主义，但是没有否认不同阶段和水平的社会主义模式的存在。正如经典作家对资本进行了全面的批判，但是没有否认资本在相当长的历史时期要发挥主导作用一样。指出资本的缺点不等于完全否认资本存在的意义和价值，在相当长时期里私人资本存在并发挥作用是必然的。而社会主义也不是纯之又纯的一种模式，而是混合的、多种性质资本共存的社会制度。

第五节　社会主义所有制的若干概念与问题

社会主义实行不同于资本主义的生产资料所有制，这是社会主义制度的本质属性，无须讨论，但是如何理解不同于资本主义的社会主义生产资料所有制却存在许多分歧。一方面，马克思、恩格斯对未来社会所有制的具体形式没有进行充分描述，既使用过公有制概念，也使用过社会所有制概念，这为社会主义生产资料所有制具体特征的讨论留下了空间；另一方面，社会主义国家不同发展阶段的现实生产资料所有制又有不同的具体形态，各种具体形态与社会主义本质要求之间存在着差异与矛盾，这些差异与矛盾使人们对社会主义生产资料的本质特征产生了不同认识。要厘清社会主义生产资料所有制讨论中“公众所有制”、“社会所有制”与“公有制”这三个概念间的关系问题，必须将其放到具体历史与社会环境中去理解，才能认清形成这些概念的思想根源和现实经济关系。

一　政治的“公有制”与逻辑的“社会所有制”的矛盾与统一

马克思在论述未来社会生产资料所有制时，既用过“社会所有制”概念，也用过“公有制”概念。那么，马克思对未来社会所有制的设想到底是公有制还是社会所有制，这一问题实际上没有答案。[①] 因为，马克思是在不同语境下从不同角度使用这两个概念的：“公有制”概念是作为私有概念对立面而从政治意义上加以使用，不能容许其中存在私有成分；“社会所有制”概念是从逻辑角度而言的对个人占有的一种超越，容许存在个人成分。政治与逻辑的不同语境和角度造成了这两个概念的矛盾之处。

从对资本主义制度政治否定语境和角度，马克思基本持有社会主义生产资料实行“公有制”这一思想。资本主义基本矛盾就是生产资料资本家私人占有制与社会化大生产之间的矛盾，未来社会实行生产资料公有制正是为了解决资本主义社会的基本矛盾，社会占有和管理生产资料可以实现社会生产有序发展，这是马克思政治思想的基本主张。在《共产党宣言》中，马克思、恩格斯明确指出“把一切生产工具集中在国家即组织成为统治阶级的无产阶级手里”，“把资本变为公共的、属于社会全体成员的财产”。“现代的资产阶级私有制是建立在阶级对立上面、建立在一

---

① 近年来一些研究者在相关讨论中对“公有制”这一概念不满意，认为传统公有制的两种形式——全民所有（国有）制和集体所有制产权不清，这两种公有制形式中没有容纳或体现个人所有的内容或成分，无法解决产权归属，在社会中难以实现资产的保值增值。因此，这些学者提出，马克思对未来社会生产资料所有制的真正表述应该是社会所有制，社会所有制没有否定个人所有，生产资料实行社会所有，消费资料为个人所有；同时，生产资料社会所有是对少数资本家占有生产资料的一种否定，实现了生产资料与劳动者的直接结合，是对个人所有的新的回归。他们认为，社会所有制可以更全面表达马克思对未来社会所有制的认识，而公有制过多地强调了“公”的成分，排斥了个人私有，这既不现实，也不符合继承与发展的辩证法思想。

些人对另一些人的剥削上面的产品生产和占有的最后而又最完备的表现。从这个意义上说，共产党人可以把自己的理论概括为一句话：消灭私有制”。[①] 从政治主张的口号鲜明性角度来分析，未来社会的公有制当然要排斥私有内容。恩格斯在《社会主义从空想到科学的发展》中也提到了资本主义生产方式“日益迫使人们把大规模的社会化的生产资料变为国家财产，因此它本身就指明完成这个变革的道路。无产阶级将取得国家政权，并且首先把生产资料变为国家财产”。这是“国家真正作为整个社会的代表所采取的第一个行动，即以社会的名义占有生产资料”。[②] 强调国家占有形式的公有制是因为国家是全面代表社会的一种组织形式。

而“社会所有制”这一概念是马克思从个人所有制发展的辩证否定逻辑推导中提出的。传统的个人所有制是小私有生产者在商品经济不发达的自然经济情况下对生产资料的一种个人占有，资本主义将生产资料集中在少数资本家手中，小生产者的个人所有制就彻底瓦解了。经过否定之否定的发展过程，资本主义制度消亡后的未来社会实行的是由联合起来的社会劳动者与社会占有的生产资料相结合的社会制度，生产资料由社会拥有，劳动者是社会主人，可以实现个人所有与社会所有统一的新“个人所有制”，马克思称之为“重建个人所有制”。这时的社会是“自由人联合体”，联合起来的社会化的个人，可以拥有对社会所有的生产资料的占有、使用、支配与收益，社会生产是建立在社会化生产力基础上的劳动者个人之间的平等协作，劳动者使用的生产资料并不排斥他人使用。这时的生产（包括生产资料）既是个人的，也是社会的，是“个人所有”与“社会所有”的融合。[③] 这种“社会所有”体现了社会生产是为每个人利益服务的“社会所有”，“社会所有”没有否定“个人所有”，而是更好地体现了“个人所有”的意义与价值。这时的“个人所有”不同于私有

---

① 《马克思恩格斯选集》第3卷，人民出版社2012年版，第414页。

② 同上书，第755页。

③ 恩格斯批判杜林制造的“杂种”（“既是个人的又是社会的所有制”）歪曲了马克思关于未来社会的个人所有制与社会所有制的思想。恩格斯认为，马克思所指的未来社会的个人所有是指消费资料的个人所有，而生产资料则是社会所有。但是，恩格斯这样的理解能揭示马克思“重建个人所有制”的真正内涵吗？未来社会为满足个人的需要的消费资料当然为个人所有，但生产资料乃至整个社会财富也不再异化，而是为人的全面发展服务，也就不存在个人所有与社会所有之间转换的障碍，二者应该是统一的。不过，由于时代局限，我们今天还无法找到二者统一的具体形式。参见《马克思恩格斯选集》第3卷，人民出版社1995年版，第474页。

制社会中财富的私人占有，生产目的是为了每个人的全面发展，生产过程的管理也体现了个人所有与社会所有的统一。马克思在生前没有见过这种基于个人所有的社会所有制，因此只是在对资本家个人占有的辩证否定的逻辑推导中得出了这一结论，没有对此作进一步论述。而当前社会生产力也无法达到共产主义高度的要求，人们只能从逻辑上推断未来社会会出现“社会所有”与“个人所有”相统一的社会生产组织方式，但无法想象其具体形态和运作方式。

政治意义的“公有制”概念与逻辑角度的“社会所有制”概念是在不同语境下使用的，社会所有制更多是指共产主义社会生产资料的存在方式，因此二者不能替代。但是，二者之间也有相通之处，而且在未来社会中相通之处要大于不同之处。首先，公有制也是一种社会所有制。在未来社会中，不论是何种形式的公有制，都是社会所有制的一种体现，而不再体现私有制的内涵。其次，社会所有制也是一种公有制。社会占有，尤其是全社会共同占有才可以真正实现公有制目标，成为共产主义社会最本质的特征。当然，未来社会的公有制不同于传统从政治意义上理解的公有制，甚至也不同于当前理解的公有制具体形式的国有或集体所有，而是一种从生产活动到生产组织都完全服从于社会目的的公有制。因此，社会所有制当然也是一种公有制。

二　个人占有的“公众所有制”与个人所有的“社会所有制”的矛盾与统一

公众所有制是近些年来对股份制的另一种提法，是指社会公众通过购买股份直接投资或通过社会组织，如基金公司或社会保险机构等形式间接投资而形成的社会联合投资的生产组织形式。公众所有制形式企业不同于传统意义上完全由个人占有的私人企业，而是由社会公众共同参与。一些研究者认为这种所有制与马克思所说的社会所有制有相通之处，对此需要进行分析。

“公众所有制”与“社会所有制”的矛盾首先在于：仅从字面上看，“社会”与“公众”有相同之处，“公众”在某些情况下是“社会”的另一种表述。但是“公众”与“社会”并不完全相同，“公众”只是社会在人群数量上的一种体现，而社会的具体形态是多样的，社会有自己的结构与组织形态，而“公众”只是从群体数量角度对社会的一个方面的理解。

其次，公众所有制是资本社会化的一种表现，这种形式伴随市场经济发展而发展。马克思认为，不同所有者的资本通过股份制形式是为了克服单个资本量的局限性，更好地控制生产和追逐利润，是适应社会化大生产的一种资本组织形式。从形式上看，股份资本来源广泛，单个资本所有者在资本运营中失去了对企业的独立控制权。这种形式确实克服了资本的某些私人属性，但没有因此改变资本追逐利润的私有属性。“这种向股份形式的转化本身……并没有克服财富作为社会财富的性质和作为私人财富的性质之间的对立”。[①] 股东在投资中追求的是资本的保值增值，只要能保证相应收益，股东并不谋求全部的控制权和剩余索取权。股东为了激励经理人员和一般员工，可以让渡部分经营权和剩余分配权，但一旦涉及资本安全和收益稳定，股东就会以各种方式表达对资本的最终所有权，如抛售股票（即“用脚投票”）或撤换经理（即“用手投票”）等，公众所有制体现的依旧是个人占有资产而形成的收益、处分等权利。

而马克思所说的“社会所有制”并不是指市场经济中基于个人占有的一种个人组合性的社会所有制，而是指在未来社会中没有市场经济和货币情况下生产资料由社会共同占有、使用并最终共享收益的一种所有制，是对资本主义社会中少数资本家占有生产资料的否定，这是一种性质上的否定，而不是形式上的变化。而公众所有制是市场经济中的一种社会资本组合形式，是以资本获利为目的一种企业形态，与马克思所说的社会所有制有着本质不同。马克思所说的未来社会的基于个人所有的社会所有制，必然不同于基于个人占有的公众所有制。如果二者等同，新社会的新又在何处？未来社会基于个人所有的社会所有制是在个体自由与解放前提下对个体需要的生存资料和相关对象价值的承认和界定。共产主义社会生产力高度发达，人们摆脱了物质束缚，由社会共同使用生产资料，实现了人的平等与自由，个体拥有的生存资料和相关对象的价值是从个体需要角度而言的个人所有，但此时的个人不再以积累个人财富作为生活目标，也不再通过占有财富来体现个人价值，而是将财富真正用于个人发展和社会发展，使财富成为个人发展的手段与途径，真正实现了个人所有与社会所有的统一。而个人占有下的公众所有制依旧是对财富对象的一种占有制，核心是财富的占有，真正的个人反而退化了。公众所有制的投资者在资本主义社会中成了资本人格化的化身，是围绕资本而存在的。一般劳动者退化为只是劳动力这唯一商品的所有者，在劳动力商品出卖中也无法实现与资

① 《马克思恩格斯选集》第2卷，人民出版社1995年版，第520页。

本家的平等与自由。资本主义制度将个人的财产定义为人存在的价值与意义，是对人本身存在价值的一种异化。共产主义社会的“社会所有”是对传统私有制的否定，“社会所有”不可能完全脱离个人所有，但是实现了对个人占有的扬弃。

“公众所有制”与“社会所有制”之间存在区别，但二者也有相通之处。从公众所有制的投资社会化程度看，公众所有制或股份制的社会化程度高于私人独资的个人企业，突破了资本私有的传统认识。公众所有制没有否定个人私有，而是在个人私有基础上突破了个人私有资本在数量上的局限，通过资本的社会化联合，适应了社会化大生产对资本的需要，促进了社会生产力发展。同时，资本多元化和社会化减弱了资本逐利性，改变了资本的某些特性。股份化的社会资本组织形式是资本主义向社会主义转变中最主要的社会生产组织形式，社会主义者必须认清这种资本形式的特点并加以积极利用。社会化大生产要求社会控制生产资料并组织生产，社会主义与资本主义在社会化大生产的组织形式上会有所不同，但社会化大生产的要求是一致的。社会主义国家也可以利用公众所有制的社会化大生产的组织形式，而且在向未来社会的“社会所有制”过渡中，公众所有制还是一种重要形式。

三　具体共有的“公众所有制”与抽象共有的“公有制”的矛盾与统一

市场经济中存在着由社会资本（包括国有资本）投资形成的各种股份制企业，这些企业的资本来源和收益归属社会化，是公众所有制企业，但能不能把这种企业直接归为公有制企业呢？我们认为，“公众所有制”与“公有制”之间有相通之处也有矛盾，要解决这一问题的关键在于如何理解“公有”概念，而讨论“公有”与“共有”的关系将有助于这一问题的解决。①

① “共有”与“公有”在《资本论》德文中都是“gesellschaftlich”这一个词。但在汉语中这两个词却有所不同，“公共”一词中“公”与“共”连用，表面看是一个意思，实际上正是表明“公”与“共”并不相同，二者连用是为了泛指超越个人的社会关系。“共有”强调的是共同拥有，可以是在个人私有的基础上共同拥有，如股份制企业就是一种共同所有企业。而“公有”则是与“私有”对立的一个概念，否认个人私有。在将《资本论》翻译成中文时该词基本都译为“公有”，这反映了中国文化对公私关系的理解，强调了公有制对私有制的否定，却忽视了“共有”中可能存在的个人私有成分。参见王成稼《关于生产资料公有制理论与公有制概念翻译问题》，《当代经济研究》2006 年第 1 期。

“共有”也就是共同所有，而不是一个主体独占。“共有”可以从两种层次理解：一是抽象的整体共有，二是具体的合作共有。从抽象的整体共有看，不管生产资料或社会财富归谁所有，只要是在一个共同体如国家或社会组织之内，都可以从抽象意义上将之归纳为社会共有。因为具体的个人或组织虽然可以对这个财富行使支配、占有、处分或收益，但是这种所有权也是有限的，社会有机体依旧可以从不同方面和角度共有国家或社会组织的财富。而所谓具体的合作共有，是指财富或生产资料为两个或两个以上的个人或组织共同合作占有，如两人或两人以上的合伙制或股份制，乃至产权明确的国家占有的社会财富或生产资料，都属于一种具体的合作共有。这种具体共有的财产不为单个人所有，在支配、处分和收益等所有权行使上会涉及他人利益，要征得合作人的同意。具体的合作共有在合作者的人数和合作程度上可能存在差异，但都突破了单个主体的局限，在一定范围内实现了共有。具体共有与抽象共有相比，产权关系更清晰，收益分配更明确。

结合上面分析可以看出，传统从政治意义上谈论的公有制更多的是一种整体抽象的共有，而公众所有制则是一种具体共有形式。这二者之间的矛盾与统一也就是“抽象共有”与“具体共有”之间的矛盾与统一。

公众所有制与公有制的矛盾在于：作为具体共有的“公众所有制”只是反映了作为抽象共有的“公有制”的部分特征，并不能完全代替公有制。公有制是一种“抽象共有”，公有概念越抽象，其内涵越丰富。社会主义公有制不仅指生产资料归全体劳动者所有，而且生产目的是为了满足社会需要而不是获利；公有制企业是劳动者实现自身价值与社会价值的劳动场所，与劳动者不是雇佣关系；公有制企业按社会需要进行有计划按比例的生产，其承担的社会责任也不是单纯的经济责任，而是广泛的社会责任。公有制企业要实现社会主义目标，也需要特定的运行环境，而这些是公众所有制企业内涵中无法体现的，因此不能将市场中的公众投资企业直接等同于公有制企业。①

公众所有制与公有制的统一之处在于：“具体共有”也是一种共有，而“抽象共有”也有具体表现形式。如果将抽象的共有具体化为具体的

---

① 参见贾后明《论公有制目标与实现形式的矛盾与统一——兼论股份制的公有性》，《江汉论坛》2007 年第 12 期。

生产资料组织形式和生产模式，也即成为“具体共有”，那么不仅国有企业是“公有”，而且股份制企业乃至二人的合伙制企业也具有共有性或公有性，“一人为私，二人为公”。虽然这些具体共有在程度和范围上会有所区别，但不管程度如何，其性质是一致的。这就说明，公有制的具体形式可以有多种表现形式。即便是完全意义上的私有，也可以为社会发展服务，体现出某种程度上的公有性。当私有制社会转变为公有制社会后，过去属于私有的生产资料和社会财富也可以转化为社会公共的财富。在社会生产关系中，生产资料所有制是核心内容，但是长期以来我们对生产资料所有制的研究和判定还十分简单。一般观点认为，所有制就是分“私有”和“公有”，非此即彼，非公即私，这种观点没有认识到社会经济生活的复杂性。从生产资料私有制角度来看，虽然从占有和收益角度可以把生产资料都归结为私人占有，但是不同社会历史阶段的私有制表现形式也是多种多样的，既有小生产者的个人占有，也有奴隶主、封建地主的私人所有和资本家个人占有，更有社会股份制的私人占有，甚至国家资本主义形式。而公有制也应有不同的表现形式，如合作制、集体制、股份制、国家制等。从马克思的论述看，社会主义和共产主义的根本目标是实现人的自由和全面发展，要实现这一目标首先需要摆脱社会物质束缚、大力发展生产力，而发展生产力的途径和形式应该也是多样的，在不同历史阶段和不同社会环境下可以采取不同的方式。单纯强调只有某种形式才是公有制，是“一大二公”思想的当代表现。

第四章　收入分配理论

党的十八大提出，要调整国民收入分配格局，着力解决收入分配差距较大问题，使发展成果更多更公平惠及全体人民，朝着共同富裕方向稳步前进。分配是构建和谐社会的一个关键节点，涉及社会成员生存、发展和处理与社会其他成员之间的关系。没有公平合理的利益分配，也就不会有和谐的社会。探讨如何构建和谐社会不仅要从政治、法律、文化、道德等角度，更要研究分配的基本原则和主要框架。通过对马克思分配思想及其实践中的经验教训的研究可以发现，在进行分配制度设计时，要坚持以马克思主义为指导，理论联系实际，从现实的生产与交换方式出发，选择合理目标，明确分配的基本原则，走分享与共享相结合的中国特色社会主义分配体系的建设之路，促进和谐社会的建设和发展。

第一节　马克思价值理论与分配理论的关系

为什么我们在收入分配理论上始终难以面对收入分配的现实而是坚持传统的分配理论呢。这里既由于传统分配理论有着坚持劳动者作为分配主体的正义一面从而赢得了社会主要群体的支持，也由于这一分配理论有着理论上的支撑。许多分配主张之所以得不到支持，就是因为这些主张没有背后的经济理论的支撑，而由劳动价值论之而来的按劳分配和由效用价值论而来的按要素分配论成为两种对立的分配理论，就是因为这两种分配观点背后的经济理论的差异。虽然在许多研究中一再强调了分配理论与价值理论的区分，价值理论并不能直接作为分配的依据，但是由价值的形成因素而到分配的依据则是顺理成章的。因为，价值的形成因素必然有价值的分配的要求和依据。

马克思构建了一个相对完善的劳动价值理论，这一理论之所以能成为马克思理论的基石，就在于其自身的相对完备和对其他理论的基础性地位，尤其在分配理论上的基础性和决定性作用。因此，研究马克思价值理论与分配理论的关系，最终研究社会主义分配的理论，必然要从价值理论自身及价值理论如何影响和决定分配理论两个方面来分析。

一　价值创造因素与价格形成因素

劳动价值论自身虽然经过多方的质疑，但是其逻辑有自我圆满的一面。但是，传统把劳动价值论作为价值基础和按劳分配的理论依据，就超越了劳动价值论的适用范围。

即使从经济领域的分配来看，生产交换领域的分配也不是从根本上就是由价值创造和形成所决定的。价值创造可能是价值形成的基础，但是，基础不等于是决定，尤其是市场价格的决定因素，因为市场的因素又是多样的。西方效用价值理论之所以相比劳动价值论在价格理论上有更好的切合度，就是因为他考虑需求中的主观因素，而主观因素又是一个多方面影响的产物。更何况效用价值论只是从需求方说明了需求方对价值的一种评判标准，而在价格决定因素上，还引进了供给，并且运用了供求均衡的模型来说明。供求均衡模型把各方利益作了平衡，既考虑了供给的成本和获利的可能与意愿，也考虑了需求对商品效用的评价和需求的数量。因此，供求均衡价格更全面地分析了市场中各种影响价格的因素，从而更全面地反映了市场价格的各种变化影响因素。这些因素中不能说供给方的成本因素就是最主要的，而是说各种因素可能都发挥了作用，在不同的时期和条件下不同因素可能产生的不同，有些因素也就会处在不同的地位，其收入分配也就不同。

正如生产要素在生产中的地位一样，在不同历史时期和不同条件下，不同生产要素所发挥的作用是不同的，而不是固定的。劳动在相当长的时期里所发挥的作用是主要的，尤其是在自然经济下，在工业化的初期，劳动是主要的生产要素，是可以度量的同质化的，这时用劳动时间来对商品价值量进行度量是可能的。但是，由于生产规模扩大，生产技术的发展，技术装备、固定资本投入的增加，使资本和技术在生产中的作用不断扩大，此时劳动的因素，至少简单劳动因素的地位就不断下降，此时就不能用劳动来进行价值计量。而复杂劳动的所谓对简单劳动的倍加，也由于生产技术的复杂而难以得到明确的计量，此时，再用单一的劳动耗费作为价值量计量就失去了价值理论的科学性。资本在生产中的作用是生产技术发展的结果，从而产生了资本对生产的主导。但是，这一模式也不是不变的，当代高科技企业所展现的技术创新的价值要远远高于资本带来的影响，技术创新的价值对整个商品价值的影响就不断扩大，而这些也不是劳动因素可以进行度量的。由于市场规模和消费需求的变化，商品的价值不断变化，更不是劳动因素可以解释的。

这些说明，如果一定要将价值实体化，将价值中的主观因素去掉，价值就难以反映价格的各种形成因素在其中发挥的作用。资本、土地等可能并不是价值的创造者，只是在价值的创造中促成了价值的实现。但是在价格的形成中，资本与土地都在其中参与了，不管这种因素是历史形成的，还是制度形成的，至少影响到价格的形成，或是成为价格形成的一个因素。因此，不管资本土地是不是价值创造的一部分，但却都是价格形成的一部分，而经济中人们看到的影响人们消费和分配是价格而不是价值。

二　价值创造与社会分配的过程影响

即使商品价值完全由劳动创造或是某些要素创造，由创造到分配也是一个复杂的过程，影响因素也很多，也不能简单地说价值由谁创造就可以说分配也一定由此来决定和支配。

传统劳动价值理论把生产作为一个单纯的生产过程，把资本、土地作为一种自然的物质资源来考虑，也就是作为生产的物质条件而不是有着社会历史和制度因素，也即所有权因素的物质条件，这样生产过程只有劳动这一活动的有创造性的决定因素，劳动的付出——体力与脑力的付出就成为产品质量与数量的决定性因素，从而价值也由此创造和决定。但是，即使不考虑资本、土地背后的所有权问题，生产中的物质资料也不是自然提供的，必然要经过多方的人的努力才能组合在生产领域。生产不是一个孤立的技术工作，而是一个社会实践活动。不仅需要各种原料，还要有技术设备支撑和组织管理，这些因素都不是单纯的操作工作，但却是生产中不可缺的因素。这就说明，不能简单地把价值创造看作是一个商品生产的操作工作，而是一个全面整合各种资源，尤其是人的资源的过程，这一过程中很难区分是何种因素决定了多少价值的形成和创造。

因此，不能将生产过程看作是一个封闭的商品制造过程，而是一个社会资源的共同创造过程。即使资源没有整合中的费用问题，也有生产过程中的协作问题，而这些正是在分配中不得不予以考虑的因素。如果再加上所有权这一社会历史和文化制度因素，那么，在生产中集合的各种资源及其所有者都必须在分配中得到体现，不管这种资源是否创造了价值，只要这种资源和条件是生产产品不可或缺的。价值只能由人创造，因为价值只有人能赋予。那么，物质资源就不可能创造价值，但是资源的所有者还需要参加分配，创造与分配就不可能是一个问题。

产品生产出来后不能直接分配给个人消费，而且人要消费和关注的也不是价值，而是产品的使用功能。产品如果不直接分配给消费者，而是经过交换，尤其是市场交换，则其中影响分配的因素更加复杂。

从生产到分配至少要经历两次交换。一次是生产要素在生产领域集合的交换，要使属于不同所有者的生产要素在生产中得以发挥作用，必须经过相应的交换才能实现；另一次是产品从生产领域到消费者手中，也需要经过流通交换领域。在交换领域，遵循的基本原则不仅是等价原则，还有稀缺性和主观评价度等因素。人们对等价交换中的“价”的理解也不是物质性的价值，而是有着主观性评价的“价值”。

况且在分配过程中不仅要受交换中各种因素的影响，还要受其他社会因素的影响，如道德和国家权力的影响，自然不可能只按照生产领域的各种参与因素来决定分配，只能说生产领域各种因素参与的分配只是在生产环节中的交换中参与了分配，而在产品生产后的交换领域则不能决定其分配的格局。因此，价值创造与分配并不是一个相互决定的关系。

第二节　对分配依据和原则的不同理解

以何种原则进行社会财富分配使其做到既体现公平又有效率，这是长期以来困扰社会分配的根本性问题。一些研究者认为，社会应该按贡献分配，按劳分配就是按劳动贡献分配，而按要素分配就是按要素贡献分配，因此按贡献分配既是按劳分配的创新，又可以作为按要素分配的依据之一。按贡献分配是按劳分配与按要素分配的结合，可以作为社会分配的统一原则，是“社会主义分配的最高理念”。[①] 那么，按贡献分配真的可行吗？社会要施行按贡献分配，必须解决贡献的界定、度量、分配主体和途

① 王健、吕玉莲：《论按贡献分配是社会主义分配的最高理念》，《经济纵横》2007 年第 3 期。

径等一系列问题。从社会分配的历史和实践来看，要在全社会实行按贡献分配并不可行。

一　分配依据的界定与度量

实行按贡献分配，首先必须要明确什么是贡献。虽然一些人主张按贡献分配，但是并没有对“贡献”一词做过充分分析。

对于贡献，当前有三种理解。第一种观点认为，生产要素创造价值或参与价值创造，社会应该按照其在价值创造中的作用（贡献）对价值进行分配，在创造价值的要素上有单要素（劳动）创造价值说，也有多要素共同创造价值说；第二种观点认为，生产要素生产或参与生产了社会财富（使用价值），社会应该按其在生产中所发挥的作用（贡献）对财富进行分配①；第三种观点认为，对组织或国家（社会）的存在和发展起到推动作用的行为都是贡献，社会应该按这种贡献的大小进行分配。

由此看来，人们对贡献的理解并不统一。如果只从生产或经济角度研究和界定贡献，就局限了对贡献的理解。人们对他人或社会的贡献不仅包括财富生产与价值创造中所发挥的作用，流通、交换和社会关系协调与管理等环节也需要人的参与，这些领域的人对社会有意义的活动都可以称为贡献。此外，人不仅有物质方面需要，还有精神方面的需要；不仅有个人需要，还有社会需要。如果满足社会各种需要的努力与付出都可以被称为贡献，那么对贡献的理解就会随着人们关注的角度不同而不同。

同时，贡献不仅可以从实际效果的角度理解，也可以从贡献者的付出角度来认识。对于贡献者来说，贡献不是没有代价的，付出的可以是体力，也可能是脑力、金钱甚至是生命，所以是一种“贡”与“献”。而对于接受者来说，贡献者的付出必须对接受者有益，有助于接受方完成其目标或功能，这样才能体现其贡献的价值。因此，贡献不是单方面决定的问题，而是体现了贡献双方的相互关系，不能只从一方考虑贡献大小。从不同角度和不同层次对投入和产出的价值评价不同，贡献大小的理解也往往并不一致。

可见，只有明确界定贡献内涵，才能对贡献进行有效的度量。从何种角度以何种标准来评价贡献大小，这是按贡献分配要解决的核心问题。如果贡献无法度量，那么按贡献分配只能停留在概念上而在现实中无法实

---

①　卫兴华：《按贡献参与分配的贡献是指什么?》，《人民日报》2003年2月18日。

现。贡献要作为社会分配的普遍原则，不同人在不同领域和条件下所做出的贡献必须要有一个基本的衡量标准。因为人的收入可以用货币进行计量与比较，如果贡献没有基本的衡量标准，贡献大小就无法比较，人们就会对所谓按贡献分配产生的收入差别表示怀疑。只有有一个科学的贡献度量标准，通过这一标准对不同人的付出和贡献进行量化计算，才能形成为社会所接受的合理分配体系。

贡献度量就是要度量某种因素对事物的存在和发展产生作用的大小，可以根据与经济活动关联度将人类活动分为两类来探讨贡献的度量问题。

一是与生产经营直接相关的活动。生产经营活动一般通过货币计量，因此可以用货币数据对贡献进行测算。当前这一领域常用的方法是边际生产力分配法。这种方法是在假设其他条件不变情况下，通过计算某单位投入要素所带来的收益增减量来确定该要素对企业的贡献，以此作为按要素贡献分配的依据。边际生产力分配法从理论上看似逻辑严密，但是这种方法只是一种理论手段而在实践中无法应用。因为生产中不可能区分单个劳动力和每台设备的边际贡献，更不可能把管理工作与整个组织成员的工作加以区分。生产活动一般都有基本的规模要求，在这一规模内各个要素之间相互联系且不能再分割，如分割后就无法实现其基本功能。生产中的各个要素不能任意分割和增减，无法通过计算该要素单位量对生产经营活动产生的影响来计量其贡献。以资本这一要素为例，在理论上可以假设“资本”（此时一般是指价值资本或货币资本）可以无限分割来计量每一单位资本的边际收益，但现实中的“资本”（此时指的是资本品，即生产中厂房、设备等物的投入）通常却无法进行无限分割，也就不能计量单位资本的边际贡献。西方主流经济学运用边际生产力分配论最终想解决的问题实际上正是资本收益问题，用资本量的变化与经营收益的变化关系来计量资本对生产的贡献，这是将生产过程“暗箱化”，只从投入与产出角度分析资本投入与经营收益的关系。这种方法将生产活动自然化，把生产中分工合作、管理、技术创新等不是“资本品”物的作用也归为资本作用，没有找到资本在生产中发挥作用的真正内容。边际生产力分配论忽视了资本与劳动者之间存在的社会制度因素，既否认了资本是物，也否认了资本是代表一定社会关系的本质规定。从现实分配看，工人工资不是工人劳动的报酬，更不是由工人劳动的边际生产力来决定，而是工人劳动力价值的货币表现。此外，一个企业能获得多少收益，不仅与企业生产经营活动有关，也与整个市场竞争环境与社会需求有关。将企业的经营收益都归属于企业内部要素作用的结果，没有充分考虑企业外部市场环境和社会制度影响，这种方法没有从根本上了解企业获利的来源，因此边际生产力方法对说明生产要素收益来源于贡献所得是不科学的。

二是与经济活动没有直接关系，无法用货币形式进行度量的社会活动。如政府人员的社会管理活动一般来说有助于减少社会交易费用，但是与生产经营活动有根本区别，其价值体现在社会整体效益上，政府成员的个人贡献无法单独计量，依据个人贡献制定相应的收入分配标准难以做到。政府成员的收入分配并不遵循贡献分配原则，而是根据政府权力结构中的地位由最高权力者来确定不同职位等级的收入水平，这是一种权力分配模式。政府掌握的资源不是通过市场方式获得的，而是通过政治统治的地位占有的。政府权力行使中要考虑所担负的社会管理职责，但对社会财富的支配权来源于政治统治的暴力。政府对内或对外以贡献名义进行的各种分配形式是政府管理的一种激励手段，而不是社会可以普遍遵循的分配标准。政府权力分配模式可以强化权力的支配地位，使上级可以更好地控制和指挥下级，这是政府机构管理模式的主要特征。社会上从事社会公益性事业的人，如教育家、道德家、科学家与艺术家等，他们对社会的贡献和价值更难以用劳动付出或经济贡献来衡量。科学家研究成果的社会价值有的要等到若干年后才能为社会所认识到，其工作不仅对国家有价值，而且对整个人类社会的发展都做出了贡献，这种贡献是无法定量测算的。道德家、教育家和艺术家的工作往往与市场也没有直接联系，或者市场不能充分反映其价值，具有不可比性和不可替代性，他们工作的价值与贡献更多体现在精神和社会领域，如何衡量这些人的贡献才是按贡献分配中的最大难题。

二　分配主体和途径

即便有明确的贡献定义和度量方法，按贡献分配还存在由谁分配和如何分配问题。没有统一的主体对社会财富通过有效的途径进行分配，社会各种主体自行其是，分配原则不能在社会得到统一贯彻，这种分配原则就难以全面执行。因此需要研究按贡献分配需要什么样的分配主体和通过什么样的途径才能有效地施行。

第一种，由国家按统一贡献标准用行政手段进行分配。传统的按劳分配就是设想由国家按劳动贡献进行分配的一种模式，这种分配模式中有明确的分配主体即国家（或政府），由国家根据劳动的量与质（即贡献）来进行分配。但是，由于信息不对称，国家不可能充分掌握劳动者劳动付出的社会贡献，只能由国家根据岗位和劳动时间来进行分配，最终演变为权力分配和平均主义。因此，在生产资料基本掌握在国家手上，生产、交换和消费活动都实行行政计划体制下，要实现按劳动贡献分配还有这样的困难，而要在市场经济下由国家通过行政手段来实现社会统一的按贡献分配就更加困难。由于不同劳动者在不同岗位上从事不同工作，虽然从工作时间角度有可比性，但工作的实际付出和产生的效果则很难统一衡量，而在全国对所有工作都按统一贡献衡量标准进行分配更是难以实现。不仅国家不能对劳动按贡献进行分配，对其他生产要素也难以按贡献进行分配。要想使社会成员按对国家的贡献来分配，尤其用行政手段要求广大企业也按同一贡献标准进行分配只能是一厢情愿。

第二种，由各级组织或企业根据自身标准分配。各级组织和企业如果要按生产要素对企业效益的贡献进行分配，首先必须要明确要素与企业效益之间的关系后才能做分配的决定。对于企业来说，土地、借贷资本和生产资料购入或使用时所形成的分配都是由外部市场决定的，对企业是一种费用支出，企业主观上并没有对这些要素要按贡献进行分配的意愿和可能。企业可以决定的分配对象只有劳动者与企业投资者，这二者参与企业收益的分配。从企业控制权的角度来看，企业分配的决定权掌握在企业所有者手上，企业所有者为了保证投资安全和持续获利，首先要留有充足的应对风险处置和未来发展的保障费用，其次还要保证企业所有者的投资收益（这是由所有权决定的，不管用不用“贡献”一词都要保证），只有最后部分才能在各劳动成员之间进行分配。因此，最后用于分配的财物不可能与组织的每个劳动成员创造或贡献相对应，可供分配的部分只是其创造出的产品很小一部分，而且这一部分也不能计算出每个人贡献多少来进行比例分配。组织的许多工作都是合作完成的，每一个成员都是组织不可缺少的人员，都在组织中发挥了作用。既不可能把组织或企业的所有收入都看作是所有成员贡献或创造出来的，也不能把所有收入都与每个人的业绩完全挂钩后在成员间进行分配。

当然，在分配中企业所有者会考虑每个劳动成员的付出对企业收益带来的影响。为了鼓励成员多付出，在成员中必然要拉开一定的收入差距，但这在很大程度上不过是一种企业管理的激励措施，企业薪酬体系会根据多种因素进行设计，如学历、资历、能力、时间、工作风险、激励、市场情况等条件，而不是单纯地细化计量个人工作与企业效益的关系。企业会把生产或经营领域中员工的表现与其收入挂钩，营销人员更是直接将其收入与销售额挂钩，仿佛其收入是其贡献的报酬，有迷惑人的一面，实际上这种工资薪酬标准只是一种计件工资的方式，与劳动贡献并不对应。企业可以宣传说这种与效益挂钩的收入差距是按贡献分配，但这些措施的具体分配形式并不取决于组织成员，而是企业经营者为了企业获利需要而制定出来的，激励手段不是分配的决定因素和根本动力。如果把收入与产出挂钩就可以称为按贡献分配，那么计件工资或计时工资都是贡献分配的有效形式。所以，不管是劳动者的收入还是资本等非劳动要素的收入，边际方法只是投入产出分析的一种形式关系，并没有揭示收入格局的决定因素，在市场经济下这些要素的收入决定因素是市场分配，而不是所得即其所出。

第三种，由市场通过交换进行分配。在市场经济下，市场主体的收益是通过交换获得的。市场并不是分配主体，只是商品交易平台。市场交易双方是博弈双方，资源稀缺性、信息掌握度、资源控制力和竞争对手的多少等因素都会影响双方收益，市场形成的分配格局是多样和多变的。这种分配模式是市场配置资源、组织生产和引导价格信息后的必然结果，有一定的自然性与规律性，并不受其他原则所决定。只要采用市场配置资源的方式，市场就不仅是一个交易平台，也是一个分配平台。各种市场主体在交换中实现了分配，这一过程不是由主体对市场的贡献决定的，而是市场主体博弈的结果。市场博弈中起决定作用的当然是所有权，所有权决定了博弈的形成和走向，但博弈过程不是由所有权单一决定的，还要受到市场诸多因素的影响。在市场中，不仅生产方式决定分配方式，而且流通和交换也影响分配格局。市场不是分配主体，市场中没有一个超越所有市场主体的分配主体对市场主体的贡献进行统一度量，因此按贡献分配难以成为社会遵循的统一分配原则。

三　历史与实践对分配标准的否定

社会如果真的能按贡献分配，这实在是一件好事。劳动者可以根据劳动的社会贡献来获得收入，而资本、技术或管理要素也可以根据作用和贡献大小来分配，各种主体、要素都可以在一个合理标准下实现公平分配，使创造财富的各种源泉都能够充分涌流出来。但是，按贡献分配在历史中没有施行过，在实践中也无法执行，用这一原则作为社会分配的统一标准只是人们的一种理想而已。

从人类社会历史看，没有哪个时期的分配是按照贡献进行的。按贡献分配之所以没有在历史上真正得到实施过，不是这一原则得不到社会认可，而是贡献理解的模糊性使贡献的衡量标准无法确定。原始社会生产力极其低下，社会只能实行以维持族群生存的“原始共产主义”式分配，在这种历史条件下要拉开分配差距十分困难。奴隶社会和封建社会中的分配主导方式是暴力方式占有并分配财富，虽然也有市场交换和对暴力占有财富中的有功人士进行奖励分配，但基本分配方式是暴力主导的。在资本主义社会初期，资本也曾借助暴力掠夺他人财富，后来才逐渐转入市场分配为主。即使在市场分配之中，国家和资本权力对社会分配的影响依旧存在，劳动者与资本家之间不对等的权力关系也影响着市场分配格局，社会分配并不是由市场中的边际生产力决定的，而是由市场的权力结构决定的。历史证明，人类从来没有施行过以贡献标准为主导的社会分配模式。

在社会主义国家，传统计划体制下的按劳分配是实践中曾经尝试过的一种按贡献分配模式。按劳分配理论正是要求社会分配要以劳动的数量与质量即贡献来进行分配，多劳多得，少劳少得，不劳动者不得。但是在实践中，由于具体劳动的多样性使社会分配最后只能通过劳动时间来衡量劳动贡献，而把劳动时间作为按劳分配的标准后只会造成“磨洋工”和“大锅饭”。由于劳动的社会贡献无法衡量，不同具体劳动之间又无法比较，最终使这种分配方式难以为继。如果要在整个社会施行按贡献分配，必然涉及把各种因素都与社会存在和发展相挂钩，用统一标准对社会成员的贡献进行计量，然后把社会财富依据这一标准进行分配。由于影响整个社会的各种因素十分复杂，各种因素之间性质不同，也难以量化，其贡献在不同领域中也无法找到统一标准，因此在实践中贯彻按贡献分配这一原则是行不通的。

分配的历史和实践说明，把按贡献分配作为社会分配的基本方式是一种主观设想，是观念上希望找到一劳永逸的普遍适用的公平与效率兼顾的社会统一分配模式的产物。现实社会根本不可能存在任何统一的分配模式，因为现实社会中根本不存在一个超越的主宰者可以对社会财富和收入按某一原则进行孤立的分配。分配是社会成员利益斗争的产物，是社会生产、交换、消费和分配四个相互联系环节中的一个环节。一个社会的分配方式取决于生产方式，某个历史阶段的生产方式即生产力水平和生产组织方式是决定分配方式的根本内容。但是，某个历史阶段中的生产与生活方式也不是单一的，在主导性的生产生活方式之外还存在着非主导性的生产与生活方式，社会成员中也有许多人与生产活动没有直接联系，这些人也会通过各种方式从社会中获得收入，这些形式的收入分配方式并不是简单地由社会主导的生产方式所决定。因此，不能只想用一种分配原则来概括社会复杂的分配活动。人类社会在任何历史阶段都不可能只存在一种分配方式，丰富的生产和社会活动决定了人与人之间分配关系的丰富性与复杂性。人们不能直接或完全脱离生产活动来决定分配，但是在分配问题上人们可以通过各种方式来争取自己的利益。在资本主义制度下雇佣工人不可能根本摆脱雇佣地位，无法去除其工资是劳动力商品价值的货币表现这一被剥削与被压迫的地位，但工人可以通过结社组成工会的方式进行经济与政治斗争，从而争取改善自己的生活。

有的人试图由政府或道德观念来主宰社会分配，这些想法都是不现实的。道德与政府的力量所形成的社会分配只能是社会基本分配的部分补充，而不能成为社会分配的决定力量。人们在道德理念的要求下可以通过慈善捐赠等方式在一定程度上促进了社会财富的再分配，这种再分配对改善社会贫富差距也有所帮助，但这种道德分配方式不可能真正解决贫富差距问题。国家在社会分配中正发挥着越来越大的作用，但是国家也不可能成为完全超越个体和社会生产的决定一切的分配力量。国家不是万能的，它不过是社会成员的委托机构，也面临着信息缺乏和资源手段有限等问题。社会不存在一个超然的主宰者，当然就不可能只由某一种原则来决定社会分配。分配不过是社会成员利益斗争的产物，脱离社会成员利益斗争来谈论分配就是脱离了历史唯物主义。

因此，按贡献分配虽然在道德上有存在价值，但也不过是限于理念上的东西而不可能成为现实，不能成为社会分配的统一原则。按贡献分配理论存在的最大问题是试图将这种分配原则上升为社会分配的基本原则，成为解释各种分配合理性的根本依据。现实的社会分配既有客观性也有价值判断。客观性就是这种分配依据是社会生产决定的一种分配，而不是人为设想的分配模式。而价值判断就是分配体现了人们对公平的理解，体现人们对人与人关系，乃至分配关系的理解。人们对公平的理解是历史的、具体的，不可能形成一个超越时空的统一的公平理解。因此，在分配问题上没有必要寻找一个既公平又有效率的分配原则。按贡献分配理论将按劳分配与按要素分配融合在一起，其根本目的只是为了说明资本收益的合理性，而这对解决社会分配问题没有真正意义。当然，社会虽然不能真正按贡献分配，但是在分配中努力体现贡献是应该的，贡献分配作为社会分配的一种补充方式是必要的，具体的方法还需要进一步研究。

第三节　社会分配关系和影响因素

在人类社会生产、交换、分配与消费统一的经济活动中，分配是重要一环。人类社会的分配历史，尤其是资本主义国家和社会主义国家的分配历史实践说明，一个国家的分配方式取决于生产方式，也即该国家所处历史阶段的生产力水平和生产组织方式，这是决定分配方式的根本内容。同时，在生产方式之外，社会的交换方式也会影响甚至决定着分配方式。社会中许多与生产活动没有直接联系的成员也会通过各种交换方式获得收入，这些收入方式不能简单地用生产方式的决定作用来解释。人类社会在任何历史阶段都不可能只有一种分配方式，丰富的生产和社会活动会形成人与人之间各种分配关系。分配是人类广泛实践活动中的一个组成部分，这一部分虽然在某种程度上十分重要，引起了人们对利益分配的斗争，但是这一部分也不是孤立的，而是人类社会的历史实践中不断体现的人解决人与人、人与自然关系的一个部分。历史实践对分配方式的主要与次要关系、国家方式与社会方式、理论与实践的辩证关系作了说明。

一　分配方式的主要关系与次要关系

一个社会可能存在多种分配方式，一种分配方式中也有多种影响因素。认识一个社会的分配体制首先要分清哪些分配方式是主要的，哪些是次要的。在主要的分配方式中又要进一步分析这种分配方式形成的主要因素与次要因素，从而能够准确认识分配的性质和发展规律。

一个社会中的主要分配方式是由这个社会主要的生产与交换方式决定的，分析和评价一个社会的分配方式必须从其与生产与交换方式关系中去认识。不管人们评价社会主义之前的分配方式如何不合理，但是这些分配方式首先是由当时的生产与交换方式决定的，在其所处历史阶段的相当一个时期里是适应了生产力发展需要的。奴隶制社会的奴隶主与奴隶之间的分配方式，用今天更文明的分配方式比较来看是十分不合理的。但是这种方式产生有其历史必然性，在一定历史时期也有一定的合理性。封建社会中通过租佃制确立的农民与地主之间的经济关系，地主通过土地所有权掌握了土地收益分配的决定权，这是不合理的。但是，这种租佃制在历史上却是一种进步，它使农民摆脱了对地主的人身依附，有了一定的生产自主权和分配权，调动了农民生产积极性，是适应当时生产和交换方式的一种分配方式。资本主义市场主导的分配方式，当然也只有在社会化大生产普遍推行后，市场在整个经济生活中的基础地位确立后才会成为社会的主要分配方式。从马克思主义角度来分析，这种方式有其不合理之处，尤其是资本家与工人的地位不平等导致分配不公平。但是，这种分配方式较之封建社会的分配方式又有了更进一步的发展，资本主义生产力的快速发展就可以说明这一点。因此，评价一种分配制度合理与否，首先要从这种分配方式与生产力发展的适应和推动程度来加以判断，而不是从道德的均等化程度来加以判断。社会主义初期的计划分配体制，是在处理国家、集体与个人关系上的道德主义产物。将国家与集体利益至上，必然导致发展与分配的目标偏离个人，最终使这种体制脱离生产力发展阶段，阻碍了生产力发展。不管这种分配在理论上或道德上是如何的完美，在实践上必然导致生产力发展的停滞。

中国当前现实社会中也存在着多种分配方式，这些分配方式哪种会成为主要分配方式也不取决于个人意志，而是由中国当前主要的生产与交换方式决定的。从中国分配改革实践来看，虽然分配改革在许多时候看起来是超前于所有制改革的，但是具体分析就可以发现，许多分配改革并不是超前，而是回到了与生产与交换方式相适应的状态。以乡镇企业的发展为例，乡镇企业在发展初期都打着集体所有制的名义，在产权上属于集体，只是在分配上较为灵活。经营管理能手对企业剩余分配权较大，而企业对工人的待遇则是市场化的。乡镇企业之所以能发展，就是因为适应了市场交换，而这些企业的收益也主要依赖经营与管理能手有效运用市场交换手段获得的。初期的乡镇企业在产品、技术和管理上都十分落后，唯一的优势就是可以借助市场，因此其分配由企业中的经营管理能手决定是必然的，而乡镇企业的出资人或所有者只是名义上的。在中国当前应该实行按劳分配为主体还是按要素分配为主体的问题也是同样的道理，这种主体或主要的地位并不是由哪个人决定的，而是由中国现实社会的生产与交换方式决定的。

此外，在分配方式上还有许多因素会影响其具体的形态。生产与交换方式是分配方式的决定性因素，但是一个社会中生产与交换的方式很多，而且生产与交换活动也会受各种因素影响，因此在认识分配方式上要有全面观点，不能简单地将分配归结为生产与交换，尤其不能简单地归结为所有权关系。生产关系以及在此基础上形成的政治上层建筑和社会心理等因素也对社会发展起到很大的推动或制约作用。历史过程中的决定性因素归根结底是现实生活的生产和再生产，但对历史斗争的进程发生影响并且在许多情况下主要决定着这一斗争形式的，还有上层建筑等各种因素。“政治等的前提和条件，甚至那些萦回于人们头脑中的传统，也起着一定的作用”。[①] 人是社会的主体，人们的社会心理因素也会对社会发展发挥作用。社会发展与自然进化的根本区别就在于，作为实践主体的人既要了解和服从客体的规律，又要改造客体、创造价值，使客体以自身属性满足主体需要，从而使社会的发展呈现出合目的性与合规律性的统一。正是立足于这一角度，个人与社会、人的发展与社会发展的相互关系，就成为马克思对社会发展考察的中心问题。

我们看到，在资本主义社会，不同国家的分配体制并不相同，分配差距也不一样。一些资本主义国家建立了全面的社会保障体系，分配差距较小，社会和谐程度较高；而有些国家虽然社会保障水平不高、差距较大，但社会矛盾也没有过于尖锐，社会发展也较快。这说明，在分配问题上并没有绝对统一的标准和原则，而是基于国情和社会对分配的共识。资本主义国家不仅可以通过市场分配促进社会生产的发展，解决社会资源的配置，并且用市场主导的分配方式有效调动社会各方力量来促进社会发展。资本主义国家还采取了政府行政与经济手段调节收入，动员社会慈善力量来弥补市场和政府分配的不足。这说明，资本主义社会中分配方式是多样的，适应了不同层次，不同对象和不同条件下的分配需要，努力去实现效率与公平的统一。

反观社会主义国家在相当长时期里分配手段过于单一，分配差距过于均等，分配目标过于道德化。这些使社会主义国家的分配僵化，不能适应不同群体和社会生产的要求，对生产的促进作用没有得到发挥。没有市场

---

① 《马克思恩格斯选集》第4卷，人民出版社1995年版，第477—478页。

分配，没有社会的慈善活动，分配完全控制在国家手里，此时不管是以何种名词来命名这种分配模式，这种分配只能是一种国家权力分配，最终由分配的僵化导致生产的僵化和社会的僵化，使整个社会失去活力。由于忽视交换手段对分配的作用，这种分配方式并不是对资本主义分配的进步，而是一种倒退。在生产力发展需要下只能对这种分配方式进行变革，寻找适合自己生产力发展需要的分配方式。由生产和交换方式决定的分配方式的评价标准应该放弃纯粹道德的标准。从道德上对某种分配方式进行评价或批判确实可以获得一些感性直观的支持，但是一种新的分配方式能否形成并不取决于个人的主观判断。

二　国家方式与社会方式的关系

在分配问题上，总存在一个分配主体问题，即分配由谁来进行。资本主义自由派认为，分配应该交给社会，由社会各种主体在市场交换活动中自主实现。资本主义分配实践的历史也说明了这种交由市场进行分配的模式有其历史进步性和合理性。资本主义分配解决了两大问题：一是解决了效率问题，促进了生产发展。二是解决了分配的信息问题，在一定程度上使分配可以根据人的需要和社会需要进行。资本主义分配确实体现了个人依据市场需要和市场机遇来获取各自利益。在这个分配中，没有事先设计好的分配目标。市场波动既可以使一些人一夜暴富，也可以使一些人瞬间倾家荡产。在这样一个变动不定的分配方式下，风险与机遇就成了分配的重要因素。虽然资本在分配中具有一定的优势，但是资本获得收益也不是稳定和直接的，也是要在竞争和市场选择中来实现。此时，对于每一个从市场中获得收益的人来说，市场对他们就具有了一种超越个人的力量。个人是在不自觉和不可控的情况下接受了这一分配结果，这自然加深了人们的危机感。人们希望有一种更加自觉的社会力量来安排分配，使社会群体摆脱这种不可控的分配方式，国家主导的分配模式就被提出了。

在现代社会，国家确实在分配中发挥着越来越大的作用，但是国家不可能完全成为超越主体和历史条件的决定一切的力量。国家是社会的委托机构，也面临着信息缺乏和资源手段有限等问题。因此，分配不存在一个超然的分配者，分配不过是社会成员利益斗争的产物。虽然将分配完全归结为社会成员利益斗争的产物是脱离了历史唯物主义，脱离了生产力决定生产关系，生产与交换方式决定分配方式的基本规律。但是，分配是社会成员利益斗争的产物符合马克思的实践历史动力学说。因为分配活动虽然受制于生产，但分配活动却融入了人们对利益的追求与理解。人们并不能直接或完全地脱离生产与交换活动来决定分配，但是在分配问题上人们可以通过各种方式来争取自己的利益。

在分配的具体实践上就是要解决好国家方式与社会方式之间的关系，各自承担好各自范围内的责任。资本主义社会在长期分配实践中也认识到，单纯依赖市场分配并不能完全解决分配差距和矛盾，效率至上的分配原则不可能被所有的人所接受。所以，在资本主义发展到一定阶段，分配矛盾尖锐化后，国家就开始扮演分配调节的角色。在国家与市场的关系上，资本主义各国处理的方式也不同，有的偏向国家，有的偏向市场。但是不管如何，总体上是与这些国家群众对分配基本原则的认识有关，与其国情有关，也是在社会实践中不断调整的。在市场分配与国家分配之外，资本主义国家还积极发挥慈善在分配中的作用，使分配方式更加丰富和多样，从而多渠道地解决分配问题。

反观社会主义国家在分配上的实践可以看出，过分强化国家的分配职能，使分配模式单一化。单一化分配模式不能适应社会多层次的现实需要，也不能有效解决社会经济活动的千变万化所需要的信息。国家在分配中的地位可以适当提高，但是，在社会主要的压力来自生产力发展问题时，分配就不仅是一种消费资料的配给，而且是关系到生产积极性和生产要素投入等问题，分配所承载的这些功能并不是国家所能达到的。如果国家控制了社会经济生活的各个方面，分配必然也在国家控制之中，但任何国家分配的灵活性都是十分有限的。而如果国家不控制或不能控制社会生产，国家对分配的支配作用也就无能为力，因为分配必然是与生产、交换紧密相连的。

社会主义也好、资本主义也好，在首要任务是在发展生产力的前提下，分配必然服从与服务于生产与交换，国家与社会的分配关系都取决于国家与社会在生产与交换中的作用，而这根本上还是取决于社会生产力的发展阶段。

三　分配理论与分配实践的关系

分配是理论优先还是实践优先，这本来不是问题。但是，这又是一个非常重要的理论与实践问题。总结实践的理论往往会超越实践，要指导实践，但是指导实践的理论又应该在实践中不断检验。是理论尊重实践，在理论与实践不符时去修正理论，还是去实践理论，用行动去构建一个符合理论的世界呢？资本主义分配实践并没有真正的统一的理论指导，只不过是市场作用与社会斗争的产物。资本主义经济学家、政治家们提出的分配思想，总体上不过是解释资本主义为什么要这样做，而没有从长远的根本上说资本主义应该建立一种什么样的分配体制。这反映了资本主义社会发展的盲目性，使得资本主义矛盾丛生，社会问题的解决没有系统的办法，而是在矛盾中不断调整。从市场对生产和分配的决定作用也可以看出，市场对生产有引导作用，但资本主义社会中整个生产的无序状态又十分明显，市场波动引起的社会资源浪费非常普遍，而资本主义国家对市场的调节总是十分有限。资本主义的生产和分配是在没有理论指导和国家有力调节下的一种自然状态。这种状态一方面使资本主义经济有适应历史阶段发展的特点，也有盲目和混乱的一面，社会对未来发展并没有明确目标和有效的措施。

社会主义国家却走到了另一面，完全依赖理论设计，从社会制度到人们的生活，都是在事先设想的理论框架下运行的。理论对社会的指导作用十分明显，社会生产与分配都处于大的理论设想之下。在这样的社会制度下，合理安排各项社会活动就是十分正常的。对于分配，更是希望保持在一个合理的有序的可预见的范围之内。而要完全这一任务，必然强化国家的责任，突出社会整体性，希望在一个超越个体的集体性领导下使整个社会在理论设想的范围内运行。社会生活的协调与管理不再有不可控的因素，社会管理就成了社会工程管理。但是社会主义的实践，尤其是分配实践证明，这种理论化的社会实践在丰富的现实面前是难以持续的。理论也许是深刻的，但理论毕竟是概括与抽象，是粗略的。在面对现实生活时，理论局限性暴露无遗。分配是在人之间进行财富的分配，这一分配现象看起来是一个简单的问题，却掩盖了分配问题背后的社会实践的复杂性，掩盖了人与人之间的复杂的社会关系，掩盖了生产、交换、分配与消费的复杂关系。因此，必须把分配放到整个社会生活的丰富多样性中去理解，在分配问题上想用理论一次性地解决这一问题是不现实的。

分配问题正如人们对人自身和社会的认识一样，不能脱离社会历史环境和阶段，不是可以随心所欲的领域。这一问题不是单纯的认识问题，也不是纯粹的自然问题，而是交织着自然与人、人与人、人的客观环境与自身认识等各种因素的一个问题。从历史上看，虽然很早就有人对所谓的公平分配提出了看法和方案，但人类社会并没有按照这一设想进行。这说明，分配演变是有现实基础和客观内容的，分配也是一个渐进的发展过程。但是也可以看到，人类社会的历史也说明，生产力不断发展和社会文明的发展，人们对分配规律的认识也会不断深入，分配问题也会不断得到改善。历史地看待分配，将分配放到人类社会实践的历史中去，是认识分配的最根本的方法。人类社会实践的目标和活动方式决定了分配也是这一活动和实践的组成部分。人类从事最基本的生产实践，不过是为了提供人类生存和发展所需要的基本物质条件。在这一生产活动中人类实现了对自身命运的掌握，改善了人与自然的关系，使人成为人的方面得到了发展。当然，在生产中人类进行了相关的分配，这一分配的基本依据是人类长期生产实践的产物和总结。没有这一生产实践的约束和要求，人们对分配的认识可能还是基于理想。生产实践的要求使分配实践成为一个具有客观物质内容的实践活动，而不是主观的思维产物。

分配变化在一定程度上与人的认识有关，在认识作用下，人们可以按照一定的分配规则进行分配。一些社会中存在的分配模式甚至延续了上千年不受外界社会变化的影响，一些分配方式在不同社会制度下也可以同样存在。另外，不同的组织内也有不同的分配模式，这些分配模式甚至是事先设计好的。这些都给人印象，分配是可以由人的主观决定的，或者说是可以由一个有权力的领导者来决定，或者是由一群人协商产生。

但是，分配并不是一个纯粹的主观决定的方式，人的认识的产生也来自现实实践，分配也是实践的一部分。人们在分配中也要受制于生产与交换方式。从分配历史看，分配也如社会发展一样，是一个客观的物质活动过程，也有一定的规律。这一规律体现在它是随着生产与交换方式的变化而变化，是受制于生产活动和人的认识活动过程，是一个逐步发展的过程。

四　交换方式对分配方式的影响

按劳分配还是按要素分配的问题争论多年，实际上这是两个不同层面的问题。按要素分配是指市场中生产要素中如何获得回报的问题，西方经济学通过要素价格和要素市场指出了要素收益规律，有人称西方经济学的分配理论是按要素分配。实际上，西方经济学这一部分的研究并不是指按要素分配，而是指要素在市场中如何获得分配。而按劳分配则是马克思为社会主义制度所设想的一种分配方式，是在生产资料社会占有、没有商品和市场，实行计划体制的产品经济下消费品的一种分配模式。马克思意义上的"按劳分配"是受严格的前提条件约束的，只有在马克思设想的经典社会主义制度下才能实行按劳分配，因为此种情况下其他生产要素不存在私人占有，也就没有分配的必要，此社会中的人除了劳动作为对社会贡献的衡量标准外也没有其他渠道和手段可以获得分配，当然只能是按劳分配这单一的分配模式。

但是，现实中不管是社会主义国家还是资本主义国家，其分配都不可能只按一种原则来进行。现实的社会主义国家不具有马克思所设想的经典社会主义形态，生产资料没有完全为社会所占有，大量生产要素掌握在个人手中，社会实行商品生产和市场经济，此时马克思设想的按劳分配就不具备施行的条件。因为按劳分配是以劳动（劳动时间）作为分配标准的，以劳动价值论作为产品价值衡量的依据，把劳动耗费作为唯一的生产耗费，而其他资源不需要经过交换获取，其成本也只折算所耗费的劳动时间。现实的社会主义国家的分配不仅要考虑劳动的因素，还要考虑资本、管理、技术、市场，甚至机遇、风险、偶然性、文化和道德等因素，还会有权力等因素参与分配，这些都决定了现实的社会主义国家的分配不能实行单一的分配模式。①

而资本主义国家的分配也不是单一的分配模式，更不是按要素分配。按要素分配依旧是从生产贡献的角度来说明要素收益的合理性，但是资本主义国家的现实分配也受权力、道德、市场、偶然性等诸多因素影响，按要素分配不能概括资本主义国家多样化的分配方式和分配规律。

之所以会出现这样一种关于分配原则和依据的争论，是因为在许多人的思想中有这样一种认识：分配应该符合正义，应该建立一种合理的分配原则和方法。这种思想的潜在意识是分配可以由人们自己来决定和安排，实质上否定了分配存在自身发展和演化规律。

正如马克思在《哥达纲领批判》中所指出的，分配不是可以随意设

① "按劳分配"一词只适用于描述经典社会主义制度下的分配方式，而在现实的社会主义国家中很难继续沿用这一词作为分配制度的指导思想，因为不是在马克思原意和要求的条件下使用这一概念，只会模糊人们对问题实质的认识。现实社会主义国家如要强调劳动的主体地位，力求提高劳动报酬在整个社会分配中的比重，不是通过这一分配原则的提倡来实现的，而是要通过具体措施去提高劳动者社会地位和市场谈判力量。

置的，而是由生产与交换方式决定的。[①]“庸俗的社会主义仿效资产阶级经济学家（一部分民主派又仿效庸俗社会主义）把分配看成并解释成一种不依赖于生产方式的东西，从而把社会主义描写为主要是围绕着分配兜圈子。既然真实的关系早已弄清楚了，为什么又要开倒车呢?”[②] 当然，在分配中不同群体都会寻求自己的利益，但最终决定利益主体所分得的份额不是由哪一个群体的意愿决定的，而是各种群体在生产力约束下的长期博弈的结果。关于生产方式对分配方式的决定，传统理论的研究多有涉及。但是传统理论过多强调生产方式中生产资料所有制的核心地位，认为生产资料所有制决定分配[③]，这种理解就有片面性。可以强调生产资料所有制对分配的影响和决定，但不能将生产资料所有制看作是影响分配的唯一因素。马克思在论述分配本质和规律时提出的是生产与交换方式决定分配方式，而不是单纯的生产方式决定分配方式，“分配就其决定性的特点而言，总是某一个社会的生产关系和交换关系以及这个社会的历史前提的必然结果”。[④] 下面从交换方式对分配方式的影响和决定角度来说明马克思对分配本质和规律的科学性。

根据交换的内容和形式可以把交换方式分为多种。马克思说，“第一，很明显，在生产本身中发生的各种活动和各种能力的交换，直接属于生产，并且从本质上组成生产。第二，这同样适用于产品交换，只要产品交换是用来制造供直接消费的成品的手段。在这个限度内，交换本身是包含在生产之中的行为。第三，所谓实业家之间的交换，不仅从它的组织方面看完全决定于生产，而且本身也是生产活动。只有在最后阶段上，当产

① “难道资产者不是断言今天的分配是‘公平的’吗？难道它事实上不是在现今的生产方式基础上唯一‘公平的’分配吗?”（《马克思恩格斯选集》第3卷，人民出版社1995年版，第302页。）传统把这一句话理解为马克思是在讽刺和批判资产者，是要说明资本主义分配是不公平的。但是认真理解这句话就可以发现，马克思在这里是承认了资本主义分配方式是在他的生产与交换方式下唯一的“公平”方式，因为所有其他的想象出来的公平分配方式在资本主义生产与交换方式下都不可能存续下去。这一方式是由资本主义生产与交换方式决定的，而不是由资本家个人意志决定的。评价一种分配模式是否公平合理，首先要看这种分配模式在当时的生产力条件下是否适应社会生产发展。否则，抽象理解的分配公平，不仅无法实现，更会扭曲分配，使社会生产和发展受到影响。

② 《马克思恩格斯选集》第3卷，人民出版社1995年版，第306页。

③ 从这个角度讲，按要素分配完全是传统马克思主义观点的一种表述。因为要素分配就是强调的要素所有权决定分配权，有不同要素所有权当然就要有相应的分配权。按劳分配与按要素分配不过是对要素的数量理解上有差异，但在原则上没有区别。

④ 《马克思恩格斯选集》第3卷，人民出版社1995年版，第496页。

品直接为了消费而交换的时候，交换才表现为独立于生产之旁，与生产毫不相干。但是，（1）如果没有分工，不论这种分工是自然发生的或者本身已经是历史的结果，也就没有交换；（2）私人交换以私人生产为前提；（3）交换的深度、广度和方式都是由生产的发展和结构决定的。例如，城乡之间的交换，乡村中的交换，城市中的交换等”。[①] 在这里，马克思围绕生产与交换的关系对交换的种类作了多重的描述，有生产活动中人与自然之间的物质与能量的交换；有生产过程中半成品之间的交换与流通；有社会层面的生产资料购买和资本借贷等形式的交换；还有产品在生产与消费者之间的交换。而在市场领域，尤其是消费品的交换领域，马克思也强调存在着与生产没有直接关系的一般商品买卖的交换活动以及私人之间的产品交换；马克思还从空间角度对交换作了归纳，如城乡之间、乡村之间、城市之中的交换活动。应该说，这些交换的形式和种类之所以不同，是与交换的主体、形式、对象、途径和空间等有关。这说明，交换方式是丰富的，既有与生产直接相关的，也有与生产没有直接关系但关系到生产和消费的一些交换活动。交换是人类进行交往、实现人的社会性本质的重要途径和手段。

在交换与其他经济活动关系上，从前面马克思关于交换方式的种类的论述中可以看出，马克思强调的是生产对交换的决定作用，“交换就其一切要素来说，或者是直接包含在生产之中，或者是由生产决定”。[②] 交换的深度、广度、方式都是由生产的发展和结构决定的。

但是，生产决定交换不等于交换就没有单独存在的情况，交换有自身特点和规律。“我们得到的结论并不是说，生产、分配、交换、消费是同一的东西，而是说，它们构成一个总体的各个环节，一个统一体内部的差别”。[③] 生产有各种各样的具体方式，交换也有各种具体方式，而且这些方式之间与生产方式并不一定是对应的。从交换的形成来看，交换主要是劳动产品的交换，最初是直接的物物交换；货币产生以后，货币作为主要媒介参与的交换表现为商品买卖过程；第三次社会大分工中出现了商人，专门从事商品买卖业务的商业从农业和手工业中分离出来，交换在整个社会生活中的作用越发明显。“商品交换是在共同体的尽头，在它们与别的

① 《马克思恩格斯选集》第2卷，人民出版社2012年版，第698页。

② 同上书，第699页。

③ 同上。

共同体或其成员接触的地方开始的。但是物一旦对外成为商品，由于反作用，它们在共同体内部生活中也成为商品”。[①]

交换的作用不仅在于可以实现物品流通，更是生产、分配与消费的媒介。“既然交换只是生产和由生产决定的分配一方同消费一方之间的中介要素，”[②] 也就是说，交换是实现生产与分配、消费联系的重要手段。如果没有交换，生产出来的商品就无法顺利到达消费者手中，而分配也就难以充分实现。交换的深度、广度和方式都会影响甚至决定分配的内容和实现的程度，交换方式对分配方式的影响至关重要。分配通过交换得到体现，再通过消费直接制约和影响着生产，分配和消费通过交换直接与生产发生联系，使生产、交换、分配与消费构成统一的有机整体。

交换是为生产和消费服务的，交换本身不是分配，只是产品或服务所有权的转手过程。但是交换活动也会对分配产生影响。如交换中的信息，交换中的市场权力或交换方式都会影响双方产品交换的数量比例，并最终影响各自的收入分配。市场交换影响分配，并不是说市场中是按要素分配，或是要素贡献等分配，要素所有权及贡献会影响分配去向和大小，但实际交换过程对分配的影响是多方面的，具体体现在以下几个方面。

第一，各种主体通过交换，实现了商品的价值，交换过程是一个价值实现的过程。在没有交换时，价值蕴含在产品中，但其价值并没有显现。虽然人们可以根据成本耗费对其价值有一个预估，但是真正的价值只有在交换实现后才能显现，才体现出其价值。这说明，在交换之前的产品价值是隐藏的，而交换将其价值体现出来，实现了价值的社会化。市场交换不是个体之间偶然性的产品交换，而是社会性的商品交易活动。在等价交换的价值规律作用下，似乎交换双方都没有多占有别人的价值，因此表面看没有分配问题。但是，交换过程实现了从私人劳动向社会劳动的转化，使个人价值得到了社会承认，这也是分配的一种体现。因为产品在个人手中并没有价值，只有经过交换才能成为真正意义上的社会产品。交换过程使社会成员拥有的产品变成商品，成为可以满足社会需要的财富，这是社会总价值分配的一个过程，虽然在这一过程中没有剩余价值的分配问题。以工人劳动为例，虽然工资收入只是工人劳动力价值的货币表现，但通过工

① 《马克思恩格斯选集》第2卷，人民出版社2012年版，第131页。

② 同上书，第698页。

资形式，工人劳动的部分价值得到了社会认可。工人的私人劳动转化为社会劳动，工人劳动耗费通过工资方式得到了一定补偿，工人工资就成了社会总价值的一种分配形式。工人可以用货币工资进行购买和消费，表现为对社会部分财富的占有。对于资本要素，当社会生产需要这种要素资源而要素所有者拥有产权时，必须要把资本作为一种商品进行交换，购买资本者付出利息作为资本价格获得资本的使用价值，资本所有者通过资本获利实现了资本的价值。资本在所有者手上并无财富的意义，只有出借或购买物质财富才具有价值。对于交换活动的每一方来说，只有通过交换才能实现自己的价值。对于生产者来说，自己生产出的产品对本身并没有价值，只有通过市场交换才能实现价值。而对于消费者来说，虽然手中的货币有价值，但是消费者真正需要的是商品的使用价值。因此，交换过程也就是一个价值实现过程，一方获得价值，一方获得使用价值，对双方而言都获得了财富。交换过程是一个财富实现和财富流向的过程。因此，交换对商品价值的实现至关重要。

第二，交换中的偶然性产生了分配。由于市场供求关系的影响和信息的不对称，在市场交换过程中存在着一定程度的分配倾向是正常的。所谓的分配倾向，就是指在交易过程中，一方占了便宜，而另一方可能有所损失，或至少没有达到市场供求平衡和完全信息情况下的等价交换。这就说明，在交换过程中可能出现这样的不均衡，交换价格不是完全自由竞争下的均衡价格。价格与价值背离是一个常态，而符合只是一种理论假设。等价交换只在理想状态下才是可能的，在实际的交换过程中，等价与否要看人们对价值的认识和需求的程度。因此，在交换过程中，这种在平等自愿的情况下达成的交易并不一定完全等价。现实中的市场交换受到人们对商品价值和自身需求的主观判断的影响，交换过程不可能是等价的。在不等价交换中，交换就是一个分配过程。这里有两个方面的因素要说明：一是交易者总是在自己掌握的信息范围和环境内进行交易，脱离了环境，其掌握的信息作用是有限的。二是交易方对自己产品的价值评估是基于自己所处的环境和历史价值来进行的，只要双方最终达成的价格高于历史价值，对自身状况有所改善，这种交易就可以达成，从交易任一方来看都没有什么不公平之处。这说明，市场交易活动的分配公平性也不能脱离具体的环境和历史，要看各人对价值的认识程度。不存在一个掌握所有信息并可完全自由达成交易的市场，只要市场达成的相对来说反映了各方意愿，这种交易就可以看作是公平的。

第三，完善的市场交换手段有利于充分实现分配的社会功能。在社会性的商品交易活动中，商品交换价格的确定不仅受到生产商品的个别劳动时间决定，还受到社会必要劳动时间和交易双方的供给与需求力量的影响。在商品的社会交换过程中，等价交换是一种理想性的状态，而实际交换受到各种因素的影响而表现出不等价性是普遍状态。在交易过程中，确实有一些人在其中获得了收益。如商业资本正是通过市场交换获得了收益。这说明，市场交换确实起着分配功能，这是我们过去没有认真研究过的。在商业活动中，消费者通过购买活动获得了商品使用价值，而商家则通过经营活动获得了收益。[①] 其中，虽有交易过程中由于信息不完全和竞争不充分的原因，但不能将商品交易简单地看作是商家对消费者的欺诈，而应该看到也因消费者在评价商品价值时的标准与商家的标准不同引起的。购买者根据自己对商品价值的评价和自己需求程度进行价格估量，而商品销售者是根据进货价格和对商品市场需求的估计来定价，交易过程中还可能经过讨价还价。在市场价格形成过程中，主观性因素必然存在，主观性因素导致了所谓的消费者剩余，也形成了生产者剩余，这些剩余通过交换在市场主体之间作了分配。只要市场完善，市场交换的广度和深度充分发达，交换信息可以充分获取，就可以在交换中最大限度地增加消费者剩余而减少生产者剩余，这在客观上体现了分配对财富增加的促进作用。

第四，交换方式是社会生产和分配相互联系的不可或缺的手段和途径。财富可以分成两种：一种是必要财富，就是维持生产必需的财富，如劳动和生产资料的消耗补偿；另一种是被各种非生产性主体所分割的剩余财富。对于必要财富的分配，社会只能是通过经济交换的方式进行。这是一种对生产耗费的补偿，不进行补偿就无法进行再生产。而对于剩余财富，既有通过暴力或者权力进行占有和再分配，但也可以不通过暴力或权力而是在平等自愿的情况下通过市场交换的方式来占有和分配。商业活动是社会商品交换不可缺少的环节，商业获取利润就伴随着商品交换活动而产生。商人获利是商品经济的必然，也推动了商品交换的发展。奴隶与奴隶主谈不上平等，但是在商人与消费者之间、地主与雇农之间，工人与资

---

① 传统观点认为，商业经营收益是产业资本收益的让渡，这种理解有偏差。商业资本收益是在交换过程中形成的，从来源看是消费者意愿支付这样的利润，而不是生产者支付或让渡。

本家之间至少在商品交换的形式上是平等的，必须承认这些人之间的交换活动是一种经济活动，是由当时生产力水平决定的社会生产与分配的一种客观性联系方式。从一般商品交换来看，商品交换是人与人之间物质与精神产品的交换，依据价值规律，遵循等价交换原则。这种商品交换的规律是人类社会进行商品生产和交换就存在的，而且在相当长的时间里还会继续存在。商品交换既然依据等价规律，应该说是社会平等交往过程，是人类社会交换方式不断演进的进步体现，是可以跨越社会制度与不同的社会生产与分配方式相结合的社会经济交往模式。

由此可见，马克思强调生产与交换方式决定分配方式是一个科学论断。研究中国社会的分配规律要依据中国当前的生产与交换方式，当前中国社会的分配和模式是由中国现存的生产和交换方式所决定的，不能脱离生产与交换谈论“按”什么分配原则来分配。中国多样化的生产方式和交换方式决定了中国存在着多样的分配方式，不可能只按一种方式或原则进行分配。按要素分配不过是市场交换分配方式的部分表述，不能将其归为西方经济学的分配理论，更不是单纯为资本参与分配提供的一种合理性解释。按要素分配的观点从根本上说来自市场经济中生产要素通过市场进行交换的现实。要素之所以要求分配，因为要素在市场中属于不同的主体，对所有者来说没有回报就不可能转让要素所有权或使用权，要素不能通过交换集中到生产企业中，生产就无法开展。按劳分配只承认劳动的产权，而且是整个社会中唯一具有个人属性的产权，因此社会要以此作为分配依据，这种情况只能存在于非商品经济的社会中。一旦各种要素都有所有权，都需要经过市场交换来获得，此时，只能依据市场交换规律来进行交换并因此形成分配。在市场交换规律的作用下，劳动作为一种要素，劳动力作为一种商品，自然要遵从市场规律，其交换所获得的收入正是其参与社会分配的内容之一。劳动力商品只是商品中的一种，在市场中不可能使所有的主体都只依一种商品的价值标准来分配，因为市场交换品种是多样的。按要素分配扩大了分配的参与主体和领域，但也不全面，只是把生产要素作为分配的依据，实际上，参与市场交换的各种主体都在交换中获得了财富与价值，都在参与分配。按劳分配和按要素分配都还是在生产领域谈论分配的影响和决定因素，而在生产领域之外的交换和流通领域还存在着大量的分配活动，这些都是传统分配理论所没有涉及的。而且整个社会的分配除了市场分配之外还有权力、慈善等分配方式，都与现实社会的生产与交换方式相适应。分配不是孤立的一种社会活动，而是社会有机体的经济活动的一个环节和组成部分，必须将其放到整个社会的经济发展和社会文化环境中去分析，才能认清分配的规律和特点，把握人类社会的分配本质，寻求解决分配矛盾带来的社会问题。

第四节　分配调整的尺度与约束

判断分配合理与否的标准应该从两方面考虑：一是分配模式自身是否合理，也就是分配模式是否与生产力水平和未来发展要求相符合；二是社会公众对分配公平的认识，即社会成员是否认为在这种模式下自己得到了应该得到的。这二者相辅相成。如果社会现有分配体系没有促进生产力发展，这种分配就无法持续，也就没有合理性。如果社会没有对什么是公平分配有正确理解，任何分配模式都会受到一些人的质疑。分配没有绝对合理与公平的模式，而是客观合理性与主观公平性的辩证统一。中国特色社会主义分配就是要实现二者之间统一的一种分配模式，是基于社会生产与交换的客观现实和多数人的共同愿望上做出的现实选择。

一　效率与公平的两难选择

效率与公平关系是具体分配问题的核心。一部社会发展史就是人类追求效率与公平的历史，所有分配问题的争议都集中在如何解决效率与公平关系上。中国古代就有“义利”之辩，社会主义分配也面临着同样的问题。人们一般认为，效率高就会拉大分配差距，社会将有失公平；而如果强调公平，缩小收入分配差距，就会影响效率。公平与效率确实是个两难选择。

要在效率与公平之间做出选择，关键是如何理解效率与公平的概念。效率的理解应该是十分明确的，就是资源有效利用或配置。而问题在于公平概念的理解上并不统一。公平从字面上可以理解为公正、平等、正义，经济学、伦理学和政治学等领域对公平的理解各有不同，每个人对公平的理解更是各色各样，有抽象与具体、历史与现实、理想与世俗、社会与个体、静态与动态等不同角度的理解。因为对公平理解的不统一，要实现效率与公平统一的分配就十分困难。人们在分配问题上的矛盾和冲突不仅取决于分配在客观上可能存在不平等，还取决于人们在主观上对公平分配的理解有不同评价标准。如果只确定一个分配目标，许多人都会选择公平这个目标。人们在公平评价标准上往往会有两个问题：一是从自身角度出发来评价公平，在别人的收入分配高于自己时就不满意，这是以自我利益为中心的公平观。这种公平观根本不可能在社会成员中得到普遍认可，但往往却是一些人产生不公平感觉的主要原因。二是有一些人将均等化分配作为公平分配的标准，用人们对财产和收入占有的份额是否均等作为衡量公平与否的标准，这也是对公平片面理解的表现。按照均等化的公平分配标准，要实现一种让大多数人感到公平的分配模式只能是平均主义，因为大多数人都处于中下收入水平，自然愿意拉平与高收入者之间的差距。但是，平均主义的分配是不现实的。不仅因为平均主义会损害效率，导致社会可分配产品缺乏，还因为在所有人之间进行社会财富和产品的平均分配是不可能做到的。

效率与公平的辩证统一首先要克服效率优先就会导致不公平的观念。从财富分布的均等化来看，效率优先确实会改变财富的分布结构，使财富分布不均等。但是，分布不均等不等于不公平。从中国经济东部、中部、西部的梯度发展来看，东部地区经济发展较快，人们收入水平相对较高，而中部、西部地区由于区域位置和资源禀赋处于发展相对落后的状况。不能将这种地区收入差距简单归咎于分配不公平，这主要是经济发展的区域性与阶段性特点决定的，并没有更多的人为因素。随着经济发展阶段的跨越，中部、西部地区发展的资源价值会逐步得到利用，这些地区人们的收入水平也会得到提升。当然，这一过程还需要政府在政策上的扶持。公平的理解不能仅局限于个体收入水平，尤其不能只着眼于个人的眼前收入水平，而是要从动态的、长期的和社会的角度来认识。

虽然可以主观上将公平分配作为首选目标，但既然生产与交换决定分配，分配还是必须首先要满足生产需要。尤其是在社会主义初级阶段，生产力落后，经济不发达，发展生产力是我国长期的首要的根本任务。效率只是生产力发展的一个指标，效率目标不是单纯地使财富向少数掌握生产资料的私人手中集中，而是要更充分地使用资源，推动社会生产力的发展。结合社会生产发展目标和公平目标，这才是分配的合理目标，是可以适应经济与社会协调发展的目标，也是符合实际、面向未来的目标。分配要公平，尤其是社会主义更要讲公平，但社会主义还有另一个更重要的目标——生产力发展的目标。中国将在相当长时间处于社会主义初级阶段，社会生产力发展不足，社会发展从根本上还主要依赖物质生产。在这种条件下，不管人们对分配如何理解，分配首先必须要体现效率。虽然在效率理解和如何实现效率上还有着不同的理解，但是效率原则始终不能放弃。至于效率与公平原则谁应该优先，还在于人们对效率实现途径和方式的认识。在分配中优先效率并不是主观决定的，而是生产与交换决定分配这一客观规律决定的。不管主观上是否优先效率，客观上都必须要使分配服从生产，否则生产就要受到损失。效率并不完全是追求出来的，而是人们在实践中总结出来的，效率优先概念并不用强调。

效率与公平的辩证统一还要求人们在社会主义制度下对公平的理解也要辩证对待。社会主义追求公平、公正，这是社会主义的核心价值观。但不等于说社会主义只是这样一个道德目标，以为只要实现这样的道德目标才能体现社会主义性质。既然人们在不同环境下会从不同的角度来理解公平，公平就难以有统一的标准，只能从历史角度辩证地加以理解。从历史角度就是要看到公平只能是在历史条件下的公平，而不能脱离历史条件追求纯粹的公平。而辩证的角度就是要认清公平也是相对的，不仅要从个人自己的角度，还要从他人、社会和长远的角度来理解公平。

二　分配差距的尺度把握

在中国这样一个生产力发展极不平衡、各种分配方式并存的社会主义初级阶段，分配差距在相当长时间内都会存在。人们在理想的分配设计中试图要消除这一差距，但在不具备生产力高度发达的条件下，分配不可能不存在差距。人与人在体力与智力上有区别，所处环境中的资源分布不同，人们获得的发展机会也就会不同，在相当长时间里要想实现没有差距的分配是不现实的。分配不仅会有差距，甚至有相当的差距，这是中国社会必须面对的一个现实。同时，存在一定的分配差距并不一定是坏事。差距会激发人们竞争与奋斗，在竞争与奋斗中，一些人之间的差距会缩小，甚至会倒转。竞争是推动社会进步的动力，而差距的存在正是竞争的根源。

分配差距不是越大越好，应该有一个合理界限。这一限度既可以用基尼系数指标来定量分析，也可以用人们对这一问题的认识和感受程度进行定性分析。在财富和权力隐性化下，人们对财富占有的实际差距不会产生强烈感受；而当财富和权力显性时，人们会感受到突然出现的分配差距带来的巨大心理冲击。人们对财富来源的合法性认识也会影响对这种差距的感受；不同生活水平，尤其是生活水平较低的人对分配差距的感受也不同；

历史文化传统对社会差距的认识也会使人们对分配差距产生不同的感受。因此，合理的限度并不是确定的，而是要根据具体情况加以分析。基尼系数没有考虑不同人群处在不同环境从不同角度对分配差距会有不同感受，对分配合理限度的界定只能是一种参考，而不能说明真正的分配差距。

保持一个合理的分配差距是中国特色社会主义分配追求的目标之一。虽然合理分配差距的标准并不容易统一和确定，但是对合理差距的认识还是可以达成一个基本统一的认识，而问题在于以何种方式才能保持合理的分配差距。由于分配的复杂性，不同领域内分配方式不同，要保持合理的分配差距十分困难。在方式上，首先要对存量财富的增值进行限制，这种存量财富的增值是一种典型的分配。如商品房价格持续上涨带来整个社会商品房持有者的财富增值，如果此时进行交易就是一种财富分配，必须对这种分配方式进行严格限制。其次是对增量财富，如收入进行调节，普遍做法是对增量收入通过所得税调节。个人收入会不断变化，存量财富也会随着市场变化而变化，分配差距会不断变动。这一变化在短期内并不见得会影响人们对分配差距的判断，而在长期中持续出现的分配差距就值得注意。人们对合理分配差距的认识也来自这种收入来源的合法性与合理性，这是人们对分配差距适度与否的重要评价标准。社会和政府要做的事就是要通过适当的方式来解决长期来看扩大收入差距的因素，而不是把希望都寄托通过收入政策的调整在短期内解决分配差距。

三　分配调整的历史与现实约束

合理的分配目标不能脱离社会历史，这包括两个方面，一是不能脱离社会历史中人们对分配差距和分配方式的基本认识；二是不能脱离历史中人们已经形成的分配结构。在第一点上，从中国历史可以看到，平均主义分配思想有一定的社会基础。中国长期以来的小农自然经济使人们容易产生这一思想，平分土地尤其是小农平均主义思想的直接表现。虽然可以批评平均主义思想的非现实性，但却是当前分配改革中需要加以重视的一种思想与情绪。[①] 在一个组织内部的薪酬体系设计上，当组织可以决定员工的收入分配水平，分配改革就不能过快地拉大收入差距，而是要照顾人们

---

① “平均主义之所以成为中国历史上有组织地发动农民起义的有效手段和改造社会的基本目标，这表明平均主义思想作为一种经济和道德的诉求，不仅在下层社会中获得广泛流传，而且也表明这一思想从始至终都具有深厚的群众基础”。杨华星：《“富”与“均”：中国传统社会分配思想中的两难问题》，《云南大学学报》（社会科学版）2006 年第 1 期。

长期形成的分配结构和思想情绪。分配改革的初期目标可能依旧会有平均主义之嫌，但却是在初期可以为较大多数人接受的一种现实的分配选择。同时，改革之前的分配格局也应该得到尊重，在进行社会经济体制改革时要给予关注，因为这种分配格局的存在已经得到了社会成员长期以来的认可，同时也是分配演进的产物。

分配改革是一个渐进过程，在调整过程中必须考虑分配调整带来的人的收入变化和生活变化。虽然结构性的市场化分配调整十分必要，但是在改革过程中要注意现实社会的结构性和发展的阶段性特点。在政府主导的收入分配改革过程中，要充分考虑不同利益群体对分配的看法和分配调整对他们生活的影响，不能简单地对待和处理。在分配改革中往往用市场效率作为评价改革成败的标准，但是不顾现实情况的市场效率优先的分配改革可能会对效率带来破坏。要让人们对政府的分配改革效果不产生怀疑，就必须在分配改革上不要冒进。既不能盲目相信市场的效率，也不能再走传统社会主义分配的理想化道路。盲目相信市场化改革带来的效率，用市场获利指标作为分配指标，容易使人们失去对社会主义建设的热情。而继续沿用传统社会主义的理想化分配模式，也是脱离现阶段中国国情的做法。现实社会的结构和生产力发展是相互作用的，分配改革与调整要在充分了解中国国情的基础上渐进推行。

四 社会对分配原则的共识性

任何实践活动都离不开人的认识，虽然人的认识来自实践，但认识对实践的作用与意义在于可以反映和指导实践。人们在实践中不断形成人与人之间相互关系的认识，同时也不断影响着处理人与人之间关系的实践行为。中国特色社会主义分配的首要任务是要处理好人与人之间的关系，而这要依赖人对分配意义、价值以及处理人与人关系中的作用的认识。如果人们都能够对分配中人与人的相互关系有充分认识，能在分配中理性科学地看待和处理分配关系，会对分配产生积极的作用。如果人们对分配的原则、标准和结果有不同甚至对立的看法，则会对分配改革产生不利影响。因此，要处理好分配关系，就要求人们形成分配共识，这是合理分配的前提。

社会对分配不满意，不仅由于社会出现了大量分配不公平现象，而且也由于社会对何种分配是公平分配存在认识上的混乱。转型期社会的巨大变化会使分配也出现较大变化，一些人在较短时期内获得了较多财富，容易引起过去与他处于相似状态人的不满和质疑。分配是一个长期变动的过程，要受到生产方式和市场波动的影响，不存在基本不变的分配格局。尤其在市场经济体制下，个人或企业的收入分配都会受到市场波动影响，事先设计好的固定分配格局是不存在的。因此，要让社会全体成员认识到，不能期望一成不变的分配格局，在市场中产生的收入差距是会随着市场变化而不断变化的。要使社会成员在社会发展和各种社会力量斗争中努力形成基本一致的对分配的共识，这样才能使改革得到社会认同，也才能得到社会共同的遵守和执行。一种社会共识的分配制度应保持这种制度的延续性，使社会对制度有一个长期预期，从而为社会稳定提供基础。社会应该在机会平等的社会环境中使人们对未来发展有一个明确的方向和预期，只有这样，每一个社会成员才能对自己的未来发展有一个定位，才会为自己未来目标而奋斗。

社会和谐不是一个单纯的生活富裕的物质衡量标准，和谐是一种社会关系状态的界定。社会关系是人类社会交往的相互关系，其中物质利益的分配关系十分重要。传统社会不能实现社会和谐就在于不能通过有效的方式实现社会财富的合理分配，只能通过直接或间接的斗争方式，如政治斗争乃至暴力斗争的方式来夺取利益，因此社会在这种分配模式下是很难实现和谐的。合理分配是社会和谐的基础，而要实现合理分配的关键是社会群体对社会关系有充分的认识，对合理分配有共同的理解，并能够遵循合理分配的要求自觉对分配差距进行调节。在这样的分配共识和机制下才能体现合理分配，实现社会和谐。

第五节 分享与共享的社会主义分配体系构建

要构建中国特色社会主义的分配体制，首先要考虑中国现实的政治体制和经济体制。脱离现实的政治与经济体制来独立构建分配体制是不现实的。中国特色社会主义分配体制是建立在社会主义市场经济体制上的，是社会主义市场经济体制的一个重要组成部分。基于市场主导的分配方式是当前中国分配体制的基础，但是市场容易引起分配两极化，这是一个不容忽视的市场内生因素。市场内生地有导致分配两极化的可能，但不等于分配就一定两极化，要在市场中寻找既可以充分利用市场功能又能使市场各个主体分享市场成果的具体办法和措施。市场分享就是要求市场主体在权利平等的情况下开展交换活动时充分保证各个主体的意愿表达和目标实现，实现分享市场成果。实行社会主义市场经济是我国经济体制改革的一项重大抉择，而促进市场分享则是分配的现实目标选择。中国的和谐社会必然是建立在市场基础上的一种和谐社会，中国现阶段的生产力发展水平决定了中国的市场化道路，中国的市场化改革路径也决定了只能在市场基础上讨论如何构建和谐社会。在市场基础上的合理分配，首先是要认识市场分配原则，不能脱离这一原则而设计另外的分配模式。同时，要分析市场分配的缺陷和存在的问题，力求在市场机制中找到解决问题的办法。

一　经济发展必由之路与分配的基本途径

长期以来，对社会主义经济体制存在着教条式理解，认为社会主义公有制下应该实行计划经济体制，以为国家指令性计划为主的计划管理体制可以解决经济波动性和浪费，使整个社会的经济实现协调发展。但是实践证明，计划体制的高度集中统一，对整个经济管得过多、过死，影响了地方和企业的积极性。中央计划制定者不能获得充分信息，不仅易于导致产品短缺，而且也避免不了经济波动性。计划经济体制无法充分发挥社会主义制度对生产力发展的巨大促进作用，也没有实现满足人民的物质文化生活需要的目标。邓小平的南方谈话使我们摆脱了在经济体制上的姓“社”姓“资”的思想束缚，把建立社会主义市场经济体制作为社会主义改革的方向之一。30 多年来的改革开放实践证明，在现阶段生产力水平下，市场可以有效地对资源进行配置，解决好社会需求与社会生产之间的关系，促进了中国生产力发展。建立和发展社会主义市场经济是马克思主义在中国的重大发展，也是中国共产党探索中国现代化道路的重要举措。社会主义市场经济体制的建立解放了生产力，推动了资源的合理流动与分配，提高资源了使用率，促进了经济发展。只要实行有效的宏观调控，完全可以在市场经济体制下实现社会总供给与社会总需求的基本平衡，实现经济与社会的协调发展，从而使中国迅速摆脱贫穷落后状态，走上繁荣富强的道路。

正如市场在资源配置和生产组织中发挥基础性作用一样，市场在分配中也可以发挥基础性作用。市场主体基于利益最大化的出发点，通过价格达到产品交换，既实现了资源与产品的分配，也促进了价值实现，最终达到了消费目标。消费为交换、生产提供了目标，而分配则是达成这一目标的必要过程，在市场中可以实现生产、交换、分配与消费的有机统一。割裂四者的统一关系只能使四者都受到损害，而只有通过市场才能将四者统一起来，在生产、交换和消费中追求和实现分配。

市场对分配的影响主要是通过交换活动来实现的。市场各个利益主体利用手中掌握的资源，通过市场交换来进行分配的过程。这种分配模式首先受制于生产方式，一种生产方式对资源需求的程度决定了这种资源的稀缺性，也影响了资源所有者的收益。资源的原始占有、所有权制度安排和权利维护、市场结构等因素也会影响了资源的市场交换，并影响市场主体的收益。市场交换的复杂性不能用简单抽象的自由竞争、平等交换来完全概括，但市场交换的原则却是资源的充分有效利用，是在认可资源稀缺性下的一种基于效率的制度安排。这种安排既有人类对稀缺性资源充分利用的本能性理解，也是对复杂经济活动的一种合理安排。市场既有自然性，也有人为性。因此，市场对分配的影响既有客观性，又可以通过人的认识和实践加以改进。

市场经济中的分配主要是通过市场交换实现分配，交换实现了资源配置，也实现了资源价值和市场主体的利益分配功能。这一分配过程是在市场主体的平等地位和产权清晰条件下进行的。虽然在市场交换过程中会受到市场信息、各方力量结构等多种的影响，但是市场机制统一了生产、交换和消费对分配的作用和影响。不能简单地将市场交换实现的分配说成是按要素分配，也不是按贡献分配。市场主体的所有权是市场交换和分配的基础，但并不是交换和分配的全部内容。市场之外，还有政府和社会其他分配方式，不过市场在整个社会资源和产品交换中处于基础性地位。政府等其他分配方式处于相对次要的位置，这些分配方式可以对市场发挥作用，起到对市场的纠正与补充。

二　市场分配两极化与市场分享的必要性

市场中的分配不是按要素贡献分配，而是市场体制下不同要素所有者运用所有权通过市场交换实现的一种分配权，反映了不同要素所有者之间的利益矛盾和斗争。凭借所有权，资源或要素所有者对产品收益进行分配，这实质是一种利益分割方式，市场中的各种利益主体利用所掌握资源的市场影响获取一定的收益。这种分配模式虽然有一定历史必然性，但是当市场成为超越主体的一种社会力量时就会对利益主体的斗争产生影响。既然承认主体的利益权利，就必然承认利益矛盾和对利益斗争而采取各种形式的斗争。市场存在不和谐之处是因为市场中各种主体之间信息不对称、资源占有不对等、市场中的地位和影响不同，最终会出现两极化的现象。市场分配的两极化具体表现在弱势群体无法通过市场获得收益或获得的收益过少，市场中占有生产资料和市场垄断地位的主体却有可能控制市场而获得超额利润，一些人更可以依靠财产达到不劳而获的目的。市场是利益斗争的场合和平台，在这种利益斗争中，市场地位不同是拉大收入分配差距的根本原因。

要解决市场分配的两极化，传统做法是通过政府的二次分配和社会慈善事业的三次分配来解决这一差距。这两种做法都是在市场之外通过社会力量来解决这一差距。政府通过税收方式来进行第二次分配，而社会慈善事业则是第三次分配。但是，在这两种之外，在市场内部也可以找到市场各个主体分享市场成果的方式与方法，如工资协商制、职工持股制和利润分享制等。这些方式都是在市场交换中实行的，也是解决分配两极化的手段和方法之一。长期以来，我们对这方面研究和提倡较少，总是认为应该让市场来解决市场问题，市场以效率为先是无可指责的，完全放手让市场来决定分配。而市场中的一些主体利用市场体制不完善的漏洞和特殊地位获取了超额利润，成为收入分配差距的重要源头，也是分配不公的具体表现。市场范围内的分配是可以通过各个主体的协调得到改变或改善的，关键在于认识和维护市场主体之间的平等关系。市场是一个处理人与人之间关系的活动，在这之中人与人的关系不是一个单纯的自然关系。市场解决两极分化，就是要提高主体的平等关系，提供博弈协商机制，共同分享市场成果。

市场主体追求自身利益必然导致利益矛盾和冲突，在人们没有对分配达成共识并认为分配不公情况下，冲突有可能引发更大的社会矛盾和动乱。既得利益者会认为自己的利益获取是完全合理的，因此拒绝与社会其他成员实行分享；而利益缺失者则从天赋人权的角度对分配差距进行批判，社会由此形成隔阂，为社会和谐埋下隐患。

和谐社会的市场分配应该以分享为主导。所谓分享，就是一方面承认市场主体对各自利益的追求，另一方面也承认财富价值的实现不是单个个体可以实现的，而是各种利益相关者共同作用的产物，利益相关者都应该有权分享市场收益。市场主体实现的价值不只是产品价值，还有人的价值和作用。在社会生产中，每个参与者都有权分享社会财富。当然，这种分享要求是在体现生产效率和尊重主体利益基础上的合作交流中的利益分享。

首先，分享不会损害市场主体各自的基本利益和市场效率。提倡分享不是提倡平均主义，而是要求利益各方在追求自身利益的同时也要考虑利益相关者的利益和需要，体现了承认和尊重各自基本利益的市场原则。市场竞争必然强化主体对自身利益的追求，而且也正是通过竞争来实现市场效率，从而推动社会和经济的发展，使资源得到有效利用，社会可供分配的财富才能不断增加。市场分享不是片面追求实现每个人平均享有社会财富，如果这样做必将损害市场中一些主体的基本利益，市场竞争机制无法运行，社会生产也会受到影响。

其次，分享体现了合作共赢的新竞争格局。市场主体在竞争中应该认识到，只顾自己利益而消灭竞争对手，结局并不一定对自己最有利。现代竞争理论说明，竞争各方的相互合作可以出现共赢的局面。以劳动者与资本所有者在市场中的相互关系为例，劳动者不能幻想消灭资本所有者而将利润完全归属于自己，资本所有者也不能只想通过压榨劳动者来增加收益。只有劳资合作，兼顾各方利益，才能实现双方共赢。在广泛的市场里，市场主体不仅仅是竞争者、利益争夺者，而且是利益相关者，只有在合作与分享中才能实现自己的根本利益。

最后，分享有助于实现人与人之间的交流与沟通，但无法从根本上解决分配差距。分享要求利益主体在追求自身利益的同时考虑他人利益，在利益相争时认识到合作的意义，因此分享有助于人与人之间的交流与沟通。通过分享，社会成员可以建立起更加紧密的合作关系，减少人与人之间的矛盾与冲突。当然分享不能从根本上解决分配差距，因为分享是基于市场交换的各种市场力量的一种妥协模式，利益矛盾的斗争不可能消除，利益矛盾依旧是根本的。市场作用还会使分配差距有扩大的可能，简单地想通过提倡分享并依赖市场调节来缩小收入差距是不现实的。

分享是市场条件下促进社会成员共同发展的第一步，也是基础性一步。只有在社会形成分享的共识下，社会成员才会在追求自身利益时考虑社会其他成员的利益需要，才会寻求用协商合作的方式来实现共同利益，削减市场力量引发的利益矛盾和冲突，加快经济社会发展，促进社会和谐局面的形成。

三　市场分享的途径

首先，要构建市场前期分享机制。市场既是一个生产、交换机制，也是一个分配机制，价格引导资源配置的驱动力正是利益分配的需要。市场需要的是公平公正的交易环境，公平与公正的交易环境是市场前期实现分享的基本条件和基础。市场分配是一个利益博弈过程，必然存在利益矛盾和冲突。对于这些矛盾和冲突，市场主体的各方在交易之前已经知晓。市场是社会利益斗争的场合，斗争既可以通过商品交换进行，也可能会以非市场方式进行，如劳动力市场中的罢工行为，市场只是为社会利益的实现提供了一个形式和途径。要想避免采取非市场的方式进行分配，保证各方利益在公平环境中实现，这就要求在市场前期建立一个完善的环境和相互博弈的平台，使交易双方对各自信息有相对充分的了解。充分披露信息、维护市场主体的平等地位、保护合法经营等市场经济法律制度的建立与完善就是要使社会各个主体能够通过市场交易得到自己应得的收益，这是成熟市场经济的要求，也是市场分享的前期内容。

其次，要在市场交换过程中实现分享。市场当然可以通过完全充分的自由竞争来实现各方利益，并且使各方的收益平均化。但是在市场不完善，或是某一方竞争不充分下，实际的交换和消费过程就会被掌握信息或市场垄断权力的一方利用来获利。如果各方认识到交易双方共同的长期利益的存在，可以了解各自的要求，也可以在这一过程中并不利用自方的优势地位来实现独自利益，这样才能实现市场分享。当然，在市场交换过程中要实现分享还要解决与市场风险问题。为了避免市场波动带来的风险损失，市场各方总是利用市场机会充分获取己方利益，以保证己方在市场风险中的安全。这加剧了市场争夺，使市场双方实现交换过程的分享难以进行。各方如果能够解决市场风险问题，各方对自己的收益都有明确的预期，也就会促使市场一方不再利用优势地位获取利益。

最后，可以对市场最终成果进行分享。产品成果通过市场交换在市场主体之间完成转移之后，市场成果依旧有进行分享的必要。所谓必要就是市场主体，尤其是在某一主体内部的各个要素可以依据对市场成果所发挥的作用对成果进行分享。如果不能进行这一分享，必将影响主体内部要素之间今后参与市场交换的积极性。主体内的各个成员是促成这一成果不可或缺的部分，因此应该将成果在主体内成员中进行分享。如通过投资入股分红的方式就是对资本投资者给予的一种分享，而职工福利则是对内部劳动者在市场成果获得后的一种分享。职工持股方式则是将职工的劳动与资本投入与企业的经营活动成果挂钩，职工对市场成果的分享不仅有劳动收益还有投资分红，这是对投资企业未来前景的一种市场激励模式。因此，各种与市场成果相联系的分配都是一种分享的体现。

四　社会主义公有制与社会共享的要求

共享是社会主义价值观的基本要求，这在于：一是劳动者有权对社会财富进行共享。劳动者共享社会成果，是劳动创造价值的体现。按劳分配理论就是一种共享理论，是对劳动伟大和劳动者平等的认识。二是全体社会成员的共享。人的自由与全面发展是社会主义核心价值观，相对于资本主义社会中人的异化，社会主义应该使人真正成为人，实现全体成员对社会发展成果的共享。社会主义社会之所以能够成为真正意义上共享的和谐社会，是因为社会主义制度的根本目标是追求人的自由与全面发展。但是传统社会主义理论将社会主义目标与实现手段混淆了，认为手段实施之后目标自然可以实现。实际上，目标是根本的。为了实现目标，社会主义在不同时期不同阶段可以采取不同手段。传统社会主义理论对计划经济和公有制的认识就存在一定问题。计划不过是发展社会主义生产力的一种手段，并不是社会主义的本质要求和根本内涵。公有制本身也是为了实现社会主义目标的一种手段，实行公有制的目标是体现共享的社会主义制度的要求。社会主义本质要求的是社会财富共有共享，共有是共享的基础，共享是共有的目标。社会财富的共有也有层次性：既有整体性的共有，也有具体性的共有。从国家层看，整个国家是一种整体共有。国家利益和社会利益是整体共有的体现，这种财富共有也许在具体层面上没有体现出共有，但是相对于个人所有而言，在国家层面上总是存在着一定程度上的整体共有，哪怕是资本主义国家也代表着一定程度的社会整体共有。传统的全民所有制就是一种国家所有制，是从国家和社会角度来说整个社会的整体共有。而具体共有则是在具体财产所有的形态上存在着一定范围内的共有，如合作制、股份制和传统的集体所有制等形式。不管是整体共有还是具体共有，这些共有都只是一种形式上的共有，能否由共有到共享则还需要经历复杂的过程。传统理论认为共有就可以实现共享，是将占有与收益，收益形成与收益实现混淆了。社会主义公有制既为社会共享提供了条件，也可能出现只为公有制单位和组织谋取自身利益的可能性，要实现从公有制到社会共享制还有许多问题需要解决。

社会主义实现共享的经济基础是生产资料社会共有。社会主义国家实行广泛的多种形式的生产资料社会共有形式，为社会主义实现共享创造了条件。生产资料社会共有可以从根本上解决利益主体的矛盾和冲突，使主体之间的利益相关性加强，利益共享有了实现可能。但是由可能变为现实、由共有变为共享、由占有变为收益的实现和分配需要经过一个复杂过程。资本主义国家也通过国家福利和社会慈善等形式来解决社会共享问题，但是资本主义国家的社会福利受到国家性质和国家财力的影响，所提供的福利内容和持续性值得怀疑。资产阶级政治家出于各种目的会提出一些福利措施，又会出于其他目的随意削减或改变福利内容。社会慈善事业也由于各种不同的慈善目的而无法真正改善分配差距问题。社会主义国家的社会财富全体成员共享是为了社会成员，尤其是劳动者全面发展需要而进行的全面分配的制度设计，是社会主义制度的目标与追求，其深度和广度都是西方资本主义国家福利制度和慈善活动无法体现的。社会主义共享制度不是福利救济制度，而是社会对自身发展规律和人的价值实现的科学认识下的产物，是人类社会真正意义上的公平合理的分配体现。而要实现这一目标首先要使社会主义公有制中的财富能为社会全体成员的发展服务，让全体社会成员共享到社会主义公有制中的财富增长成果。

五　社会共享的认识与实现途径

社会应该共享社会发展的成果，这一思想既是传统社会大同思想的再现，也是社会主义理想与追求的一部分。虽然共享意识在社会底层人群中更为普遍，但要实现社会共享的认识难点并不在底层，而是在高层和既得利益者，这些人是否愿意与社会底层人群进行财富共享是问题关键所在。要想实现这一共享认识的形成，关键还是要对财富创造的源泉有充分的认识，要坚持劳动创造价值的思想，坚持财富是劳动创造的，社会所有劳动者都有权利享有社会发展成果的思想。财富并不是所谓要素贡献的结果，而是劳动创造的结果，社会有权力对财富进行再分配。

当然，要实现共享必然有人会对不劳而获表示不满。对不劳而获要具体分析，主要有两种情况：一种是对不直接从事体力劳动而是从事一些在体力劳动者看来是不劳动的参与市场交易（或称为投机）而获利的认识。应该看到，这种投机性行为确实是与直接劳动有距离，但是市场功能与作用发挥的一个组成部分，没有投机就没有市场对要素的分配与调节，因此要想杜绝是不可能的。只是社会要制定一些制度来减少投机对市场波动的影响，同时对投机所得采取更大的分配力度。社会应该用更宽泛的劳动概念来理解收入的形成，而不是用传统的劳动分工看待现代分工的形式。

另一种是对有能力劳动依赖社会福利分配的不劳而获的担忧。也许富有者愿意将其一部分财富交给社会进行再分配，但是他们可能对那些依赖社会福利分配过上较好生活而没有对社会有所贡献的人不满。付出与贡献是这些人对获得分配的理解，而对没有付出与贡献的人应该如何生活则是考验社会对共享的理解。这一问题不过是要求政府改革福利分配的具体方式和途径，解决福利分配中的道德危机。

解决了这两个问题，就可以在整个社会形成共享的共识。共识就是社会共同接受某种分配方式，收入高的愿意为社会低收入人群进行财富转移，而低收入人群也接受了高收入人群的收入方式与生活状况。

要社会对每一个个体的个人财富都进行再分配是不可能的，从心理上实行让每一个人都接受的合理分配也是不可能的。在过去社会主义革命和建设的相当长时间里，我们从分配角度对社会主义的理解可能就是想实现对每一个个体财富的再分配。但是，要决定每一个个体的分配就等于决定了每一个个体的生存意义，这既不现实也是对人的自由与解放的倒退。社会只能是对国家掌握的财富部分进行共享，而不是对每一个个体的所有财富都实行共享。从国家财富的形成来看，财政收入主要来自税收，而税收的依据则是国家行政权的存在。而其他的国家财富的形成有的来自服务，有的来自国家作为市场主体在市场中的参与。人们可以通过国家财富的形成来界定国家的性质与作用，也就是说国家以何种方式进入社会财富的形成领域，以及国家财富在整个社会财富中所占比重，这种方式和比重与国家责任和性质是密切相关的。在这一问题上就涉及对国家权力与个人权力、市场权力的划分问题。而财富以一定方式和渠道进入国家之后，还要以一定的方式和渠道进入社会，进行再分配。而国家财富以何种方式和渠道，并且以多大的比重在何种人群中进行分配，这些是分配的内容。形式上是财富分配，而实质是权力分配。社会主义正是要用一种新的方式和途径来进行社会财富的分配。这首先表现在对国家财富形成和比重的认识上不同于资本主义，而且在如何分配上更是体现对民众利益的关照，而这根本在于我们要实现不同于资本主义的权力结构与利益实现体制。

政府税收可以实现对社会财富的调节，达到社会财富的共享，但政府税收还带有强制性的特点。社会还有一种出于自愿的共享方式，即慈善活动。社会主义与慈善的目标并不相同，但也不矛盾。社会主义制度是生产力发展到一定程度后在社会基本矛盾推动下社会制度必然变革的产物，而不是道德诉求的结果，更不是单纯着眼于财富分配的一种制度安排体系。社会主义制度所追求的目标是实现人的全面发展，是人类分配问题的全面解决，这是远远高于慈善所追求的目标的。慈善行为本身不具有社会主义性质，慈善只能在一定时期内解决少数人的生存问题，而社会主义制度谋求的是从根本上解决分配差距问题，比慈善更全面更彻底。即使一个社会的慈善事业非常发达，社会道德水平普遍较高，乐于捐助的人捐助数量很大，通过慈善活动也不可能从根本上解决社会贫富差距问题。因此，社会主义建设不能只停留在慈善的道德层面，要实现社会长远发展和全体人民共同富裕必须对生产关系中不适应生产力发展的部分不断进行调整和改革，否则我们将陷入“道德社会主义”的泥潭之中。但是，慈善在社会主义道德建设和社会共享方面依旧具有重要意义，在社会主义建设事业中可以发挥重要作用，尤其在当前促进中国和谐社会建设上有着十分重要的意义。

慈善虽然不能从根本上解决分配差距，但是社会应该鼓励包括慈善等在内的一切努力改善穷困者物质生活条件的行为。既可以通过慈善的道德分配体现社会主义价值观和优越性，也可以通过这种形式部分缓解社会矛盾和问题。慈善在社会主义和谐社会建设中的真正意义主要不是对分配差距的调节，而是体现了个人的道德追求。从完善个人道德来看，慈善可以实现人们互助共济的道德理想和价值追求，而这正是社会主义和谐社会建设中十分重要的核心价值理念，也是当前社会十分缺乏的道德内涵。因此，对于慈善活动而言，重要的不是具体的捐献数目和救助对象的解困程度，而是这种行为本身所体现的人的道德理念的实践过程。慈善也是社会共享一个重要的途径，通过个人或企业的捐赠，建立各种慈善组织，既可以实现社会财富的再分配，也可以提升社会自组织程度。要提高慈善在社会中的地位，关键在于社会共享理念的形成和国家政策环境的完善，容许并鼓励社会成员与企业组织将自身掌握的财富交给社会，这是社会共享的一种真实体现。

第六节 对共产主义按需分配质疑的回应

从马克思主义发展史来看，一直有人对马克思关于共产主义实行按需分配的设想有许多质疑，既有从社会资源有限性的角度来分析的，也有从分配机制的现实性来分析的。应该说，从现有的研究和当前现实的情况来看，这些分析并非全无道理。共产主义社会与之前的社会一样，社会分配也要解决分配什么、依据什么分配和如何分配的问题，关系到共产主义社会的生产与交换方式。

一 共产主义社会分配对象和途径

马克思提出，共产主义社会的生产资料的分配由社会根据生产需要统一地有计划安排，涉及个人的只能是个人的消费资料分配问题。而个人消费资料的分配也存在着根据何种需要进行分配的问题，是按照社会发展的需要进行分配，还是按照个人的需要进行分配？也就是分配的依据是社会还是个人？这一问题之所以存在，是由于共产主义社会中个人与社会关系依旧是辩证统一的关系，而不可能是完全融合的关系。作为个体的个人与作为整体的社会之间必然还存在着一定的区别，也存在着一定的矛盾。在个人消费品的分配方面也会有社会整体需要与个体需要的差别。但是，如果共产主义的个人消费品分配还是基于社会整体发展需要来分配的，那么也有可能出现基于社会需要而限制个人需求的情况，这种分配方式与传统社会的分配方式就会具有同样的局限性。如果按需分配的需不是指个体的心理需要，而是社会需要，或是个体根据社会状况和自己的付出和条件而理性决定的需要，这种按需分配就不仅可以在共产主义社会实现，而是现在就在不断实现，只不过是广度和深度没有人们想象的那么多。人类社会所经历的各个历史时期的分配方式都有适应当时社会发展需要而无法满足个体需要的一面。如果以社会需要作为分配原则，那么按需分配就没有什么实际意义，这显然不是按需分配本意。因此，共产主义按需分配的落脚点必然是个人的需要。根据个人的需要来进行分配，把个人的自由与全面发展需要作为分配的根本出发点是马克思对共产主义分配的基本认识。

仅就个人消费品分配问题来看，共产主义按需分配的具体途径和方式也值得研究，而这个内容马克思没有明确加以说明。在传统分配概念中，分配就是配给，是通过某种方式或手段将财富在个人之间进行分割。由于财富稀少，财富关系到人的享受和需要满足，社会就会出现财富占有的争夺。在这种情况下分配只能是一种争夺，依靠外力的强迫，对被剥夺者禁欲和控制。而如果财富不再是人的需要满足的直接和主要对象，社会已经为个人全面发展提供了充分的支持，个人支配的对象也不对他人的消费构成损失时，个人对财富的占有就不再是非理性的，分配也就不会像传统社会里一样需要外力强制推行了。不过，共产主义的分配也不是如某些观点所认为的，既然是按需分配，每个人直接取用就可以，这忽视了分配的具体性和特殊性。既然生产与交换方式决定分配方式，只有依据共产主义的社会所有制形式和社会交换方式，才能探究按需分配的途径和方法。当然，既然社会生产不再是为积累个人财富而进行，那么，个人的生产品与所有消费品完全可以通过一个社会途径来配给，不需要通过什么中间媒介，如劳动券或货币，而是在社会消费产品的分配网络上直接申请，并得到配送，这种申请不需审查，这才是按需分配的本来含义。[①] 不过，即便如此，也还是要解决财富的生产、占有和交换问题，才能进入分配与消费。

二　社会所有制与按需分配

实行什么社会生产方式，实行的是哪种所有制，这是决定共产主义社会具体形态和分配方式的根本内容。从马克思的论述看，他提出了两种所有制模式：一是社会所有制，二是个人所有制。这两种所有制形式是一种形式，还是两种形式？这两种形式之间有无矛盾，其具体的实现形式如何？这些都是值得研究的。

马克思对未来社会所有制提出较多的是社会所有制，这是为了区别私有制的一种提法。因为私有制是造成社会贫富差距、造成一方利用生产资料所有权进行剥削和占有剩余价值的主要原因，也是社会生产无序化导致的社会危机的主要根源。因此，马克思从逻辑上而言应该主张实行社会所有制。生产资料归社会所有，社会中的个人就不可能利用掌握的生产资料来占有别人的劳动，也可以减少资本主义市场竞争而引起的社会矛盾。当

① 有人提出按需分配应该翻译成各取所需。因为按需分配还有个国家等分配主体根据人的需要进行分配的形式，违背了共产主义社会的人的自由全面发展。应该说各取所需可能更加适合共产主义的分配途径，但是字面的翻译并不影响实际的逻辑，共产主义的分配模式不是字面那样简单。

然，共产主义社会的社会所有制不同于社会主义阶段的公有制。因为社会主义阶段的公有制还受制于落后的生产力，不可能真正摆脱资产阶级法权的影响，从某种程度上还有私有产权的性质。不管社会主义公有制以何种形式存在，这种所有制还是强调了所有权，强调了国家主体对财富的占有、使用和收益权。社会主义制度下公有制还要体现资产阶级法权的最明显的表现是：社会主义国家要与非社会主义国家进行交往，必然要为了自身的利益对财富所有权加以明确。如果社会主义国家内部还容许不同的利益主体，尤其是私人企业或资本的存在和发展，更需要明确公有财产的所有权。

但是，共产主义社会所处环境完全不同于社会主义阶段，这个时期生产力已经高度发达，社会产品极大丰富，人们摆脱了物质束缚。这就说明，共产主义社会不再将经济活动作为主要的社会活动，人们之间的矛盾不再是经济利益矛盾。对于这样的社会，财富的占有和收益的获取已经没有价值，那么，社会所有制的“所有”概念也将发生变化。从整个社会看，或从今天的眼光看，社会财富依旧存在，但并没有归属于哪一个人或组织，而是社会共有，可以看作是一种社会所有制。但是，社会没有个人，包括社会自身也不再将某种财富定义为自身所有，这时“所有”的概念也是多余的。人们在生产、交换、分配和消费财富，不再以某种所有权来获得这种分配，而是整个社会在一种理性意识支配下的合理分配。

而马克思所指的个人所有制，确乎是一种新型的所有制。马克思在《资本论》中写道：“从资本主义生产方式产生的资本主义占有方式，从而资本主义的私有制，是对个人的，以自己劳动为基础的私有制的第一个否定。但资本主义生产由于自然过程的必然性，造成了对自身的否定。这是否定的否定。这种否定不是重新建立私有制，而是在资本主义时代的成就的基础上，也就是说，在协作和对土地及靠劳动本身生产的生产资料的共同占有的基础上，重新建立个人所有制。”①

马克思所说的共产主义个人所有制并不是今天所说的个人对财富的占有权、使用权、处分权和收益权统一的个人私有，而是在个体自由与解放前提下对个体拥有的生存资料和相关对象价值的承认和界定。今天社会中的个人所有制是私有制的另一种表现形式，是对私有制的最原始和最基本

① 《马克思恩格斯选集》第2卷，人民出版社2012年版，第299—300页。.

单位的回归。私有制本质就是一种个人所有制，资本本身就是个人所有或私有的，只不过在运行中具体的形态并不一定是个人占有形态。在私有制下的个人所有制是一种对象占有制，真正的个人反而退化了。资本家成了资本的化身，是资本的人格化体现，是围绕资本而存在的。而劳动者则更退化为只是劳动力商品的所有者，而且在劳动力商品出卖中还无法自主。因此，资本主义制度将个人的财产定义为人存在的价值与意义，是对人本身的一种异化。

而共产主义社会的个人所有制则是个人在摆脱了物质束缚，在社会共同占有生产资料，实现了人的平等与自由后的一种对个体拥有的生存资料和相关对象的价值所有。这种个人所有不再以积累个人财富为目标，也不再通过占有财富来体现价值，而是将这种财富真正用于个人发展，财富真正成为个人发展的一个手段与途径。

所以，对于两种所有制形式，从今天的角度来看是两种所有制，但从共产主义社会本身来看，不存在这样的所有制问题。这两种所有制在共产主义社会中并不矛盾，而是统一的。正是因为人们共同占有生产资料，社会生产力高度发展，人们摆脱了物质束缚，所以个人才不会积累个人的财富，才不会用财富的多少作为自身价值的体现。财富真正为个人发展服务，个人所有的也不再是单纯的独占，而是从个人与社会发展角度出发而拥有或使用的财富对象。这种财富对象并不一定归属于个人，但实际上又是个人可以自由支配的，这样的所有与整个社会的共有并不矛盾。在共产主义社会里，外在的对象真正为个人所把握，社会生产为人发展需要服务，人将理性地面对自己的需求和消费，理性地处理人与物、人与人的关系。个人不再把占有财富和增值财富作为生活目标，更不会役使他人来为自己的财富增值服务。

社会共同占有生产资料，这并不是实现共产主义的充分条件，而是一个必要条件。也就是说，共产主义社会必然是共同占有生产资料，但共同占有生产资料并不一定是共产主义社会。因为共同占有生产资料在社会主义制度中也可能实现，但社会主义之所以不称为共产主义，因为缺少共产主义的另一个条件：生产力高度发达。没有生产力高度发达，虽然生产资料可以社会共有，但是人们依旧会为物质财富的占有与分配而争斗，社会矛盾还主要体现在利益矛盾上。人们将占有财富的多少作为自身价值的体现，分配又如何能体现人的自由与全面发展呢？在这种情况下要求个人具有共产主义道德水平是不现实的。只有在生产力高度发达，社会产品极大丰富前提下，社会生产资料乃至社会生产都是在社会自觉的合理安排下，人才能摆脱物质束缚，对于财富的占有也不再成为社会矛盾的中心，这时共产主义才会实现。马克思把未来社会称作“自由个性”社会和“自由人联合体”社会，指出“旧式分工”消灭，人的活动将从物质生产的自然必然性领域转向自由的创造性领域，劳动将转变为自由创造活动。而此时社会最重要的生产力将是全面发展的个人，个人全面发展才会使社会财富的一切源泉充分涌流。

因此，探讨共产主义社会的分配，必须将共产主义社会特征和前提条件明确。在这样的社会生产方式下，劳动成了人的第一需要，社会交换方式不再是商品交换，而是人与人之间直接的交往。不再需要通过货币作为交换媒介，而是更全面更充分的直接交流。个人并不寻求过多的占有社会财富，因为占有财富已经没有意义。而同时，社会生产出来的产品又是真正为了个人存在和发展的，个人的存在和发展有了更充分的条件。可供个人发展的社会财富是充分的，这种状态又回到了从今天来看的个人所有制的状态。共产主义社会实现了社会个人对财富的真正占有——在马克思看来，真正的财富就是个人发达的生产力。“一旦直接形式的劳动不再是财富的巨大源泉，劳动时间就不再是，而且必然不再是财富的尺度，因而交换价值也不再是使用价值的尺度。群众的剩余劳动不再是一般财富发展的条件，同样，少数人的非劳动不再是人类头脑的一般能力发展的条件……与此相适应，由于给所有的人腾出了时间和创造了手段，个人会在艺术、科学等方面得到发展”。[①]“可见，绝不是禁欲，而是发展生产力，发展生产的能力，因而既是发展消费的能力，又发展消费的资料。消费的能力是消费的条件，因而是消费的首要手段，因而这种能力是一种个人才能的发展，生产力的发展”。[②]

可见，共产主义社会已经将需要从个人的生存与享受的需要，从物质生产需要转向人的价值实现和社会需要的满足上来，把促进人的自由与全面发展作为社会全部活动的出发点、目的和根本动力。

三 历史唯物主义下的共产主义分配模式

如果按常人理解，按需分配就是按每个人的需要进行分配，需要多少

---

① 《马克思恩格斯选集》第2卷，人民出版社2012年版，第783—784页。

② 同上书，第790页。

就分配多少，这就说明是需要作为分配的依据，而不是现有生产水平生产出来的财富作为分配的依据。由于个体的差异，个人需要的变化和个人需要的主观性，以这样一个以精神和心理为依据的分配不管在什么制度下都是难以实现的，因为这是一个主观依据，是可以无限放大的要求，这样的要求不管是什么时代都不可能实现。尽管在“按需分配”前设定了“生产力高度发达、物质财富极大丰富”和“各尽所能”等前提，但是即便如此，物质条件也不可能满足人的主观需要。物质外在于人的主观，是主体存在的约束条件。人实现自由全面的发展，也不等于人可以完全摆脱物质束缚，可以随心所欲地支配客观世界。人只能是在对外部物质世界的充分认识并遵循物质世界规律的情况下达到主客体的统一与融合，而不是人的完全超越。

这说明，传统或常人对按需分配的理解是有问题的。这种理解不符合客观事物发展的规律，也不符合马克思的原意。客观事物的发展不可能产生一个可以完全可以由人支配并可以适应人的自由需要的世界，而只能是人了解物质世界情况下达到人与自然的辩证统一，人只能是在认识到客观世界的约束下根据自然规律来安排自己生活和生存方式的自由。

马克思的历史唯物主义思想也不可能提出未来社会是一个可以随心所欲支配物质财富的世界。历史唯物主义承认人类社会发展也要遵循与自然世界同样的规律。个体在整个社会中也要受社会的约束，而整个社会作为物质世界的一部分也要受到整个物质世界条件的约束。共产主义社会不是一个可以完全由精神支配的世界，更不可能是一个由个体精神支配的世界。这就决定了共产主义社会的分配不可能是只根据个体的主观需要来自由支取财物的社会。

马克思反对脱离生产方式与交换方式来单独谈论分配方式，这要求在理解马克思关于共产主义社会的分配模式时也要首先考虑共产主义社会的生产与交换方式。只有与生产与交换方式相适应的分配方式才是一个社会中的主导的分配方式。脱离生产与交换方式谈论按需分配，只能是把分配看作是一个可以独立存在的可以随心决定的人类活动。马克思对共产主义分配的设想正如他对共产主义的其他设想一样，既不是要设定一个终极目标和天堂让人相信和追求，也不是纯粹的逻辑推演而得出的这一结论，马克思是要在共产主义的设想中体现历史的发展规律和人类社会运动的指向。

正是在人类社会知识不断积累，科技不断进步，生产力不断发展的这一社会发展规律下，社会生产方式必然会摆脱资本主义的以资本获利为目标的生产方式，进入真正以人的需要和发展为目标的生产方式，个体的需要不再是更多的占有财富，而是自身的全面发展，这样从劳动动机、激励和成果实现都不再是传统的经济利益驱使方式，此时的生产和交换方式就会摆脱以企业组织和市场交换的方式来实现个体获利的目标。在这样的一个生产与交换方式的真正变革之后，人对消费品的需求也不再是以个体占有多少来作为人的价值的体现，而是以个体发展需要来决定人的分配，此时所说的按需分配就会跳出个体无限占有财富的需要而转向了人的全面发展需要的目标，此时，社会需要与个体需要，物质与精神需要才会得到真正的统一，按需分配才会得以实现。

马克思提出按需分配，就是要让人们明白，社会分配可以摆脱所有权制约，摆脱对财富占有的欲望，可以从个人自身发展需要来实现一种更加符合人的发展的分配。当然，这种分配方式并不是一个随心所欲的分配，依旧是在当时的社会生产与交换方式支配下的分配，但是在当时的生产与交换方式已经发生根本性变革的情况下，分配自然也就不同于传统的分配，而是转入了一个更加体现人的价值和需要的分配。

正如马克思对共产主义社会中商品市场消亡、政党消亡、阶级消亡以及国家消亡的分析一样，资产阶级当然总是从他们自己自私狭隘的人性和唯利是图的社会中认为这种情况永远也不可能实现，当然也就不会相信会有什么按需分配。但是，社会生产力发展推动的社会变革把资本主义社会带到了一个前所未有的繁荣与危机之中，并将继续会对未来社会产生更加深刻和革命性的影响，一个新的社会在社会生产与交换方式的变革之后也会产生。当人们对自然与社会有了更加深入的认识，对社会发展规律有了更全面的把握时，社会生产与交换方式决定下的分配方式也就会出现不同今天的模式。资产阶级学者和政治家们总是把资本主义社会看作是一个永恒的社会制度，没有看到任何制度都是历史的产物，会在历史中有产生、发展并最终衰亡的过程。

如果从依个体需要来理解按需分配，按需分配依旧是一个空想社会主义的口号。空想社会主义提出按需分配时还提出了对人的素质和道德的要求，即人在提出需求时不会提出超出自己实际需要的要求，这就要求个体要对自己的需要进行理性的评价，而不是盲目地依从心理的欲望和炫耀地占有。

马克思提出的按需分配就是要在生产力高度发达，社会生产摆脱了资本占有和获利方式下，产品不再经过从价值到价格再到市场价格的多重转换下，人们之间的劳动产品的交换不再需要经过从具体劳动到社会劳动的“惊险一跃”下，社会分配当然也就不会是传统的市场、权力，包括劳动权力，而是依据平等的人的需要来决定产品的最终流向。此时的分配也不再是传统被约束和束缚下的资源配给和占有模式，而是社会对个体发展的尊重和满足。

我们关注马克思关于共产主义的设想，更多的应该是关注马克思所说的生产力发展和生产与交换方式的变革，以及是如何实现“各尽所能”，而不应该把按需分配作为单独的共产主义特征来加以强调。由于我们现实社会中分配矛盾是社会矛盾的焦点和集中体现，人们才会幻想用一种不产生矛盾的“按需分配”来刻画共产主义，作为吸引人们投身共产主义事业的主要号召力。这就把共产主义描绘成没有矛盾的一个完美的社会，是背离了马克思主义的基本观点和主要思想的，也给批判者提供了一个批判和质疑的靶子。

马克思的共产主义社会按需分配设想与马克思关于共产主义的其他设想是紧密相连的，也与马克思的历史唯物主义思想和立场相一致的。脱离了历史唯物主义的立场，没有生产力的高度发达和社会生产与交换方式的根本性变革，按需分配只能是一个空想。因此，要从马克思关于未来社会的整体设想和历史唯物主义的基本立场出发来理解按需分配，才能准确理解和把握马克思的这一思想，为共产主义信念打下坚实的基础。

第五章　社会主义与市场经济关系

在经典作家论述中，社会主义实行不同于资本主义的经济体制是不言而喻的。经典作家对资本主义经济体制的批判和对社会主义的设想就是要找到一条比资本主义更适应社会化大生产的经济制度。因此，社会主义国家建立后，都试图建立完全不同于资本主义的经济制度，如对私有财产的剥夺或赎买，对市场价格体制的摒弃，其核心就是解决资本主义中存在的基本矛盾——生产资料私有制与社会化大生产之间的矛盾。在生产资料实行国家所有和集体所有后，整个社会的经济运行体制只能是实行计划体制，因为此时已经没有直接的利益矛盾的主体，社会经济运行只能由权力机构通过行政计划来安排。所以，当社会主义国家由于长期实行计划经济而使经济发展停滞并力求改革这一体制时，面临的不仅是体制障碍，还有巨大的理论障碍。经济体制改革就是不断地释放社会主体对利益的追求，减少政府对经济行为的控制，逐步让市场来发挥对资源的配置作用。而这一改革首先就面临着理论难题：社会主义与市场或者是市场经济能否相容，如果社会主义也实行市场经济，那么社会主义与资本主义的区别何在？因此，不解决这一理论问题，社会主义市场经济的改革目标就得不到真正实行，社会主义市场经济体制就难以真正建立。社会主义市场经济理论是马克思主义经济学在当代中国发展的最主要成果，需要围绕这一理论阐发社会主义与市场经济关系，为社会主义发展提供更多理论支撑。

第一节　经济发展的客观要求和必然选择

社会主义实行市场经济，既是经济发展的客观要求，也是社会主义理论与实践的必然选择。经典作家在“社会主义”这一范畴的理解上就是从经济发展的角度加以阐述的，是希望社会主义在经济发展的速度和质量上都要优于资本主义。如此的社会主义必然是一个对资本主义经济发展成果既有继承又有发展的新的社会制度，而不可能是完全否定资本主义并与之对立的一种人为的制度设计。正是在社会主义理论和实践双重作用下，社会主义市场经济的实施体现了社会主义经济发展的客观规律。

一　对社会主义的不同理解

1917 年俄国十月革命的胜利，使世界上建立了第一个社会主义国家。随着第二次世界大战的结束，亚非拉很多国家在反对帝国主义殖民统治的斗争中取得了胜利，并建立了无产阶级专政的政权，确立了社会主义制度。在建立了社会主义制度的这些国家中，它们都面临着一个问题——如何建设社会主义。第一个社会主义国家苏俄（1922 年 12 月 30 日，俄罗斯、乌克兰、白俄罗斯和外高加索联邦一起成立了苏维埃社会主义共和国联盟，简称苏联）在列宁和斯大林的领导下，探讨了社会主义社会的建设问题。因为社会主义社会是个全新的事物，没有先例可循，如何构建、如何建设，主要参考都来源于马恩经典论著。

在对资本主义经济分析的基础上，马克思指出，随着资本主义经济的发展，生产的社会化与生产资料资本主义私有制之间的矛盾会不断激化，必定会导致经济危机频繁出现，经济危机程度不断加深，对社会生产造成巨大的破坏。而这个矛盾，资本主义制度本身是无法解决的。要解决这个矛盾，必须以公有制取代私有制，用社会主义制度取代资本主义制度。所以，在马克思恩格斯看来，在人类历史的发展过程中，资本主义社会虽然取得了远超以往社会的巨大的建设成就，但必定被社会主义社会所取代。他们认为，未来的社会主义应该是在资本主义高度发达的国家首先取得胜利。社会主义是以公有制取代资本主义私有制，以有计划的经济取代原来资本主义的市场经济，实行按劳分配。①

在此理论指导下，苏联在斯大林领导下，在经济领域建立了全民所有制和集体所有制两种形式的社会主义公有制，在国民经济中占据绝对统治地位，并在此基础上实行了按劳分配原则；在政治领域，苏联确立并坚持苏联共产党在苏联社会中的领导地位，形成了以工人阶级为领导、以工农联盟为基础的苏维埃政权，对无产阶级和其他劳动人民实行广泛的民主，

---

① 在生产力水平还不够发达的情况下，实行按劳分配，当达到共产主义社会或共产主义社会的高级阶段之后，那时生产力高度发达，产品极大丰富，将实行按需分配。

依靠无产阶级专政来保卫社会主义制度；在意识形态领域，苏共坚持无产阶级世界观——马克思列宁主义在苏联意识形态中的指导地位。这种模式，也被称为“斯大林模式”或“苏联模式”。由于高度集权的政治经济模式，使得苏联在发展经济中以高度集中的行政指令等计划方式来管理经济。

第二次世界大战后建立的社会主义国家，大都以苏联为学习对象，以苏联的社会主义经济制度为社会主义的标准形式。以中国为例，1949 年取得新民主主义革命的胜利，建立了无产阶级专政的国家政权。1956 年社会主义改造完成后，建立了以全民所有制和集体所有制的两种公有制形式占绝对统治地位的所有制形式，在全国范围内几乎消灭了私有经济；在此基础上，建立了高度集中的计划经济体制和平均主义分配方式。直到 1978 年，在国内政治经济形势倒逼的困境下，十一届三中全会确立了对内改革、对外开放的政策，才逐渐改变国内公有制占绝对统治地位的所有制形式、高度集中的计划经济体制的经济发展模式。

计划经济体制大多与社会主义社会联系在一起。或者说，是与纯而又纯的公有制联系在一起的。因为只有公有制，只有生产资料都归人民所有，由政府代表人民来管理，才会使得政府在微观经济管理中具有极大的权力，才会使得高度集中的计划经济得以实行。再加上马恩等经典作家对社会主义的远景规划，使大多数在很长一段时间里都认为社会主义社会是与公有制、计划经济联系在一起，计划经济是社会主义的本质特征，市场经济是资本主义的本质特征。

当然，社会主义国家选择计划经济作为管理经济的方式，除了以上因素之外，也不排除计划经济本身的优点。马克思认为，社会主义国家的出现会首先在欧美等高度发达的资本主义国家，但现实是这些高度发达的资本主义国家，到目前为止，仍然没有一个国家过渡到社会主义社会，反而是以俄国这种生产力水平不高的资本主义国家，甚至是中国、朝鲜、越南、老挝等殖民地或半殖民地半封建的国家率先实现。这些国家在确立社会主义制度之后，面临着一个问题，就是如何追赶资本主义发达国家。而计划经济就有这种优势，它能够集中全国所有的资源和力量集中优先发展相关产业，使得在相关产业中能够快速发展，并形成赶超资本主义先进国家的趋势。例如，苏联在 1925 年开始以重工业为重点的工业化，经过两个五年计划发展，到 1937 年，苏联工业总产值已经跃居欧洲第一，世界第二，并且使得苏联在第二次世界大战的艰难困苦中最终战胜德国法西斯。中国在 1956 年社会主义改造完成之后，到改革开放之前，中间虽然经历了“大跃进”、“文化大革命”等影响，但中国通过集中国家力量和资源，建立了完整的工业体系，并且也取得了很大的经济建设成就。

虽然计划经济有其优点，但采用高度集中的计划经济模式的社会主义国家，总体来说，到目前为止在发展水平及综合实力方面还处在一个相对弱势地位。尤其是在遭受 80 年代末 90 年代初的东欧剧变、苏联解体这样巨大的挫折之后，社会主义阵营的力量急剧削减。在全球范围内，现仅存 5 个社会主义国家：中国、朝鲜、越南、老挝和古巴，而这些国家，现在都属于发展中国家或欠发达国家。之所以出现这种局面，有西方和平演变的因素在里面，有社会主义国家建立之初的基础薄弱的因素在里面，但最主要的还是它的内在因素起作用。苏联之所以解体，除和它后期的外交和军事政策相关外，最主要的是苏联的经济发展缓慢，轻重工业比例严重失调，人民的积极性受到严重挫伤。这就涉及这些社会主义国家的生产力和生产关系的矛盾以及计划经济本身的弊端。

“社会主义”这一范畴并不是马克思主义首创和唯一使用。这一范畴在空想社会主义者和社会民众中有着各种不同理解。马克思恩格斯在《共产党宣言》中对非科学的社会主义作了归纳和评判，不管是反动的社会主义还是保守或资产阶级的社会主义，还是批判的空想的社会主义，这些社会主义思想之所以是不科学的，就在于他们不是把社会主义看作是社会经济发展和阶级斗争的产物，而是看作是依靠思想观念的变革和小范围的试验和示范来实现这一社会目标。这些社会主义思想的空想性在于往往把资本主义社会中的阶级矛盾和贫富差距问题寄托在资产阶级在思想上的转变和利益上的退让。这些理解的根本原因在于只从道德或思想的角度看待社会经济利益矛盾。从道德上理解的社会主义，注重的是社会主义是一种人人平等，没有压迫，公平正义的社会，体现了社会公平的精神；更进一步理解是希望社会主义在政治上更体现民主，是一种没有了不平等现象和剥削现象的社会制度。这种理解的根本原因是包括空想社会主义者在内的这些非科学的社会主义者没有认清社会发展的历史规律，即生产力的发展推动了生产关系的变革并最终导致社会制度的革命。他们对社会主义的理解不是建立在社会物质条件和运动规律的基础上，而是超越历史条件来构筑他们的理想社会，因而必然导致空想。“各乌托邦宗派的创始人虽然在批判现存社会时明确地描述了社会运动的目的——废除雇佣劳动制度及其一切实际阶级统治的经济条件，但是他们既不能在社会本身中找到改造它的物质条件，也不能在工人阶级身上找到运动的有组织的力量和对运动的认识”。[①] 当前许多人觉得社会主义制度是一种空想，就是因为他们自己理解的社会主义只是在政治上或道德上，从另一个角度来说，我们现实的社会主义国家展现给他们的只是在政治和道德上的对社会主义的强调，使他们在经济领域上对社会主义能否存在及其是否有优越性就会产生怀疑。

从政治和道德上理解社会主义，人们对社会主义就形成了这样的一个模式认识：社会主义＝公有制（全民和集体国有）＋计划经济＋按劳分配。这一理解总体还是政治和道德上的理解。因为这是基于对资本主义制度的理解而产生的一种政治上对立的理解。资本主义＝私有制＋市场经济＋按资（要素）分配。所以当今天出现私有制，实行市场经济，按要素分配时，就会被人们认为不是在搞社会主义，而是在做资本主义。但是，我们在上面的社会主义公式中看到了生产如何进行了吗？看到了劳动者积极主动地选择劳动形态了吗？看到产品的交换和人与人交往的深入了吗？看到了生产效率提升对社会发展的促进和效率提升的奖励了吗？看到了分配对生产和交换、流通的作用了吗？这种公式最后只能是苏联模式，而苏联模式背后只能是低效、腐败、无能的官僚体制，最后的公平和正义又在何处，社会主义的优越性又体现在何处？

虽然马克思恩格斯对非科学的社会主义的批判揭示了这些思想的空想性，但是这些思想在社会中的影响依旧以各种形式存在，从政治上或道德上来理解社会主义的现象依旧很普遍。因为一般人总认为社会主义优越于资本主义制度是要实现资本主义实现不了的由于财产不平等而出现的人的不平等，社会主义是比资本主义更加民主更加平等更加公平的社会。空想社会主义者也提出了财产公有的思想，但是他们消灭私有制更多的是从政治和道德角度提出的，而不是经济角度。他们虽然深刻认识到私有制是社会一切罪恶的来源，提出要用公有制来代替私有制，但是他们只是一般地提出用公有制来取代私有制，缺乏对社会经济关系和其发展规律的科学认识，也就不可能对未来社会的经济关系和运行发展特点提出有科学价值的

① 《马克思恩格斯选集》第2卷，人民出版社1995年版，第425页。

意义。因为，要从经济角度提出消灭私有制，实际上存在一个没有私有制的社会如何运行的问题，如何保证生产效率的问题。而这些正是空想社会主义无法解决的，而只在政治和道德上谈论社会主义，只能是空想社会主义。因为只要生产力发展的程度没有达到消灭阶级和剥削的条件，消灭私有制就还只能作为一个目标而不能作为现实的直接行动。“只有通过大工业所达到的生产力的大大提高，才有可能把劳动无例外地分配于一切社会成员，从而把每个人的劳动时间大大缩短，使一切人都有足够的自由时间来参加社会的理论和实际的公共事务。因此，只是在现在，任何统治阶级和剥削阶级才成为多余的，而且成为社会发展的障碍”。[①]

二　经典作家对社会主义的界定

经典作家批评了空想社会主义的不科学性，但是对空想社会主义者关于未来社会的设想则给予肯定。“德国的理论上的社会主义永远不会忘记，它是依靠圣西门、傅立叶和欧文这三位思想家而确立起来的。虽然这三位思想家的学说有十分虚幻和空想的性质，但他们终究是属于一切时代最伟大的智士之列的，他们天才地预示了我们现在已经科学地证明了其正确性的无数真理”。[②] 其中最重要的就是“消灭城乡对立，消灭家庭，消灭私人营利，消灭雇佣劳动，提倡社会和谐，把国家变成纯粹的生产管理机构”等设想。[③] 但是，经典作家与空想社会主义的区别是，他们不是单纯地从政治和道德角度来理解社会主义的，他们对社会主义的理解不仅仅是公有制、计划体制和按劳分配这样简单。当然，社会主义有这样的三个特征，但并不等于有了这三个特征就一定是社会主义了。在《资本论》中，经典作家对资本主义生产方式和经济运行规律作了全面深入的研究，实际上不仅仅是要揭示资本主义制度中的经济规律，还要揭示现代经济——工业化大生产的经济规律。因此，社会主义要做的消灭私有制并不是政治上的意义，而是基于经济发展的规律和长期趋势。

马克思恩格斯的社会主义观是建立在对人类社会历史发展规律的认识和揭示上的。资本主义灭亡不只是因为资本主义制度的不人道和剥削性，而是由于资本主义社会的基本矛盾决定了资本主义的发展命运。资本主义生产资料私人占有制与生产的社会化，“赋予新的生产方式以资本主义性

① 《马克思恩格斯全集》第3卷，人民出版社2010年版，第525页。
② 《马克思恩格斯选集》第2卷，人民出版社1995年版，第635—636页。
③ 《马克思恩格斯选集》第1卷，人民出版社1995年版，第304页。

质的这一矛盾，已经包含着现代的一切冲突的萌芽。……社会的生产和资本主义占有的不相容性也必然越加鲜明地表现出来。”[①] 这种矛盾具体“表现为个别工厂中的生产的组织性和整个社会中生产的无政府状态之间的对立”。[②] 这种生产体系与产品交换和价值实现形式之间的不协调最终导致资本主义经济危机的周期性爆发。而且资本主义存在的无产阶级和资产阶级的对立是由于资本家拥有生产资料而劳动者除了劳动力外一无所有，这样的社会财富的差距使社会阶级对立，最终“达到了它们资本主义外壳不能相容的地步，这个外壳就要炸毁了，资本主义私有制的丧钟就要敲响了，剥夺者就要被剥夺了”。[③]

因此，经典作家肯定经济力量是社会主义取代资本主义中的决定性因素，而衡量社会主义优越性的不是经济运行体制，而是生产力的发展速度和水平，生产关系对生产力的适应程度。社会主义重视所有制的变革，但是所有制变革的根本目标不是所有制本身，而是社会发展和人的自由解放。“自从资本主义生产方式在历史上出现以来，由社会占有全部生产资料，常常作为未来的理想隐隐约约地浮现在个别人物和整个的派别的脑海中。但是，这种占有只有在实现它的实际条件已经具备的时候才能成为可能，才能成为历史的必然性。”[④] 因此，无产阶级要消灭资产阶级私有制，建立社会主义公有制，这些并不是无产阶级在革命中要追求的根本目标，社会主义公有制的建立只是为无产阶级解决提供了条件，但并不是社会主义公有制建立就可以实现社会主义或无产阶级的解放。

马克思和恩格斯认为，资本主义必然灭亡，社会主义必然代替资本主义，根本原因在于生产力和生产关系的内在矛盾。生产力决定生产关系，生产关系反作用于生产力。由于资本主义的高度发展，使资本主义社会本身所包含的生产的社会化和生产资料资本主义私有制之间的矛盾不可调和，从而导致经济危机的频繁爆发。要解决这个问题，不能通过降低生产力发展水平来适应，只能改变生产资料的资本主义私有制。所以，马克思认为，社会主义制度首先会在那些高度发达的资本主义国家得以实现。但现实的结果是，社会主义社会都是在那些经济不够发达或者欠发达的国家

① 《马克思恩格斯选集》第 3 卷，人民出版社 1995 年版，第 621 页。

② 同上书，第 624 页。

③ 《马克思恩格斯全集》第 23 卷，人民出版社 1972 年版，第 831—832 页。

④ 《马克思恩格斯选集》第 3 卷，人民出版社 1995 年版，第 439 页。

率先实现。这些新建立的社会主义国家首先在生产关系上满足了马克思和恩格斯对社会主义制度的规划，即建立了纯粹的公有制、计划经济和按劳分配制度，但在生产力发展水平上，远远落后于资本主义发达国家的发展水平，更远远低于社会主义对生产力发展水平的要求，从而使得生产力与生产关系的矛盾突出出来：这种矛盾不同于资本主义社会的生产力与生产关系的矛盾，资本主义社会的基本矛盾是生产关系落后于生产力的发展水平，从而制约生产力的发展。但这些新建立的社会主义国家的生产关系是超前于生产力的发展水平，从而制约了这些社会主义国家的发展。要解决这个矛盾，只能从生产关系方面进行改革，因为生产力的发展水平不是短期能改变的问题，必须改变公有制的绝对主体地位和计划经济体制，这也是中国改革开放以来所进行的改革方向。

三　市场经济是社会主义发展的必然选择

社会主义发展最终选择市场经济也是由于计划经济本身也存在其自身的缺点。计划经济，或计划经济体制，又称指令型经济，是一种经济体系，在生产、资源分配以及产品消费各方面，都是由政府事先进行计划。由于几乎所有计划经济体制都依赖政府指令性计划，因此计划经济也被称为“指令性经济”。在这种经济体制下，生产什么、怎样生产、为谁生产，这些问题都由国家的行政指令完成。这种计划经济，是一种高度集中的计划经济。在“斯大林模式”影响下的社会主义国家，包括改革开放前的中国，都是实行这种计划经济。这种计划经济体制由于政府掌握着资源的分配和生产的权利，这就会导致资源分配的浪费和生产和消费的脱节及失衡。

在计划经济体制下，因为国家所有资源都由政府决定，私人不掌握生产资料，于是乎国家可以罔顾私人的实际需要而进行经济计划。奥地利经济学派的路德维希·冯·米塞斯主张社会主义在经济上必然会失败，因为经济计算问题注定了政府永远无法正确地计算复杂万分的经济体系。只要缺乏价格机制，社会主义政府根本无从得知市场需求的情报，而随之而来的必然是计划的失败和经济的彻底崩溃。所以，计划经济体制下，缺乏资源合理分配的标准，从而导致资源分配的浪费。微观市场信息瞬息万变，政府不足以及时把握市场信息，并据此制订相应的计划。即使政府有着庞大、高效的信息收集及分析系统，并据此制订相应的计划，也会导致成本过高，从而致使经济效率低下。

同时，由于所有生产及分配都由政府行政指令来完成，缺乏私人参与经济决策，从而压抑了个人的积极性，从而使得生产效率低下。在计划经济体制下，所有生产及资源的分配都由政府行政指令来完成，作为企业的管理者，只能根据政府的行政指令来组织生产，生产什么、生产多少及如何生产，都有着严格的规定，企业效益的好坏和管理者本人没有直接的联系，从而导致他们必然缺乏相应的积极性。在这种积极性缺乏的背景下，劳动者的主观能动性得不到最大限度的发挥，必定导致劳动者资源的浪费，生产能力得不到释放，生产效率低下。

此外，政府规定着产品的生产及资源和产品的分配，有着巨大的权力，从而为权力的“寻租”、腐败的产生及分配的不公平带来了可能。在计划经济体制下，政府具有极大的权力，掌控着资源和产品的分配。而这种分配缺乏一个合理性的严格标准，从而使得执行资源及产品分配的部门或个人具有着极大的权力，并且对这种权力的监督也不到位，为这种权力的“寻租”、腐败的产生以及分配的不公平带来了极大可能。这种不公平，必然带来政府效率低下，好的计划难以得到好的贯彻。

因此，要克服计划经济以上缺点，必须整个社会有着高效、低成本的信息收集、分析与传递系统，政府能以较低的成本及时掌握整个社会的微观信息，并据此制订相应的生产计划。而在我国现在所处的社会主义社会初级阶段，无论是科学技术水平还是经济实力，都不足以建立起覆盖全国范围的、包含所有微观信息的及时高效的信息采集系统。没有及时高效的信息采集系统，政府就没有足够的信息制订相应的计划。那么，在制订各部门、各行业以及全国整体的经济发展计划时，必定会有很多主观猜想的因素，难以保证制订的计划与现实的需求相符合，从而造成生产与消费的脱节。

任何事物都有其发展内在规律，经济学也不例外。社会主义社会要发展经济，也必须遵循其内在规律。要遵循规律，首先必须认识规律，只有认识了规律，才能在信息收集的基础上进行分析，并对各行业、各部门的资源分配及生产计划进行合理制订，保证各行业、各部门有序协调的发展。而在当前的社会主义初级阶段，劳动只是劳动者谋生的手段，而不是其需要。在高度集中的计划经济体制下，劳动者，包括管理者都没有很多的自主性，也没有利益激励，从而导致他们缺乏积极性。

这些因素的存在都说明，要避免计划经济的缺点，这需要一个过程，并且在短期内难以实现。而且，从生产力与生产关系的内在矛盾来看，生产力发展水平也低于生产关系的要求。所以，我国在进行社会主义经济建设时，进行了改革，改变传统的公有制在所有制中占绝对主体地位，改变高度集中的计划经济。

市场经济所以能代替计划经济，作为我国现在的经济体制，是因为市场经济本身的优越性，它在很大程度上避免了计划经济的缺陷。市场经济是以价格手段，以“看不见的手”来指挥市场的资源配置及各经济单位的生产计划。在这种情况下，不需要全国的信息收集系统收集信息然后反馈给政府，这由经济单位根据市场的反应信息自主决定，提高了他们的主观能动性。在市场经济条件下，利益主体的明确使得劳动者有较高的劳动积极性。所以，从理论上说，市场经济体制比计划经济体制更足以胜任我国社会主义经济建设任务。而且，从实践来看，目前仅存的 5 个社会主义国家中，进行经济改革、以市场经济来取代计划经济的国家，比不进行改革、仍实行计划经济体制的国家取得了更大的经济建设成就。

所以，无论是从生产力与生产关系的内在矛盾来看，还是从计划经济体制目前的弊端以及市场经济体制的优势来看，很长一段时间内还只能实行市场经济。实行市场经济是经济发展的客观要求，也是我们的必然选择。社会主义在相当长时间内不可能消灭市场经济，甚至还需要市场经济，这虽然不是经典作家的论述，但却是社会主义建设的经验与教训得出的结论。社会主义之所以要选择市场经济，主要在于一方面，经济发展的阶段和需要使市场经济成为不可避免的选择。另一方面，要参与国际竞争，不在国内实行市场经济，就无法与国际上的企业进行市场竞争。

一些社会主义者曾经设想在保持整体公有制的情况下，在公有制企业之间模拟市场竞争来促进经济发展。这种设想认为，这样做既不影响公有制的主体地位，不会由于市场的发展导致私有资本的发展而引起社会分配差距和经济性质变化；又可以通过竞争使公有制企业增加活力，解决公有制企业激励问题，使整个经济如资本主义经济那样较快发展。实际上这是一种既想要市场经济的效率又不要市场经济的缺点的做法。

但是，这种市场社会主义难以确立的原因在于，这种市场不过是模拟，或是参照市场来进行核算，不能改变公有制企业的非营利目标，而且由于竞争主体都是公有制企业，在其上有共同的管理机构，难以实现真正的竞争，因为任何一方的成功体现在另一方的失败，成功可以接受，而失败依旧要政府来负责，这时就不可能让真正的竞争出现。模拟市场只是一种理论上的产物，没有考虑在市场之外的制度和管理，没有达到对社会主义的真正创新，难以在实践中得到体现。

社会主义市场经济是指在社会主义制度下实施市场经济体制，基本社会制度是社会主义，而经济体制则是市场经济。也就是说，不仅有公有制企业，还有私有制企业和外资企业，大家在一个市场中竞争，通过市场来分配资源、获得收益。此时的市场是真正的市场，而各种市场主体也要求在市场中得到平等对待和公平竞争，公有制企业也不再享有特殊的地位和待遇，这样的市场经济与其他国家的市场经济应该是相通的。既能够使国家内的企业相互竞争而增强竞争力，促进资源配置；又能够参与国际经济竞争，促进经济较快发展。

中国这样的社会主义国家选择市场经济也是实践中不断摸索出来的，在这一过程中不断受到各种质疑，但是实践证明，只有实行市场经济才能较快地发展经济，也才能使中国人民改善生活。

第二节　社会主义市场经济基本规律

无论从理论分析还是从社会实践，实行市场经济都是现阶段我国社会主义努力建设的方式。但要充分利用市场经济来建设我国的社会主义，必定要对社会主义市场经济有一个充分的研究，把握其内在特征和规律，使之充分地为社会主义建设服务。社会主义市场经济，从概念上来说，它是社会主义与市场经济的结合，是希望利用市场经济在资源配置中的优越性，在不改变社会主义制度的前提下实行市场经济。因此，要把握社会主义市场经济，首先要了解市场经济。

从人类经济发展历史看，经济发展过程中先后出现了传统经济、市场经济和计划经济三种体系。[①] 传统经济体系又称为自然经济，与商品经济相对，多是于乡村以及农业社会之中出现，主要是依据社会风俗和惯例以

① 现在还有一种混合经济体系的提法。因为，一些学者认为，现在纯粹的计划经济或者市场经济都不存在了。资本主义国家的市场经济，也有着政府计划的成分；而社会主义国家的计划经济，也越来越多进行着市场经济改革。本章这里不采用这种提法，沿用日常的说法，即以计划经济为主的，包括纯粹的计划经济，都叫计划经济；而以市场经济为主的，则称为市场经济。

解决三个基本经济问题（生产什么、如何生产、为谁生产）。这种经济体系主要出现在资本主义社会之前，产品生产主要为满足自我消费为主，即主要为了获得其使用价值，在满足个人消费基础上，把富余的产品拿来消费。到了资本主义社会，由于资本的原始积累、竞争及圈地运动，导致了很多手工业者和农民失去了其赖以生存的土地和其他的生产资料，变得一无所有，从而只能出卖自己的劳动力换回相应的消费品。而作为资本家，把原始积累的资本用于扩大生产，生产出市场需要的商品得到相应的利润。在这种情形下，原始的主要为满足自我消费的经济——自然经济渐渐被取代，社会形成了商品经济为主的一个社会。伴随着工业革命的兴起，商品经济的不断发展，传统经济体系已经不能满足经济发展的要求，市场经济逐渐取代传统经济成为最主要的资源配置方式。而计划经济的产生则主要是和社会主义制度联系在一起。

市场经济，也称自由市场经济，在这种体系下产品和服务的生产及销售完全由自由市场的自由价格机制所引导，而不是像计划经济一般由国家所引导。由于经济发展的历史及相应的理论渊源，从而导致在学界及社会上，在很长一段时间内市场经济也被用作资本主义的同义词，计划经济等同于社会主义。但随着对社会主义经济发展中的经验与教训的总结及对社会主义的反思，现在逐渐打破了这种认识，现在绝大多数的社会主义国家也实行了市场经济。我国在 1978 年党的十一届三中全会上提出改革开放，改变传统的计划经济体制，1984 年党的十二届三中全会上进一步提出了发展有计划的商品经济，1992 年党的十四大上提出发展社会主义市场经济。发展社会主义市场经济被提上日程，并于 21 世纪初初步建立了社会主义市场经济。

社会主义市场经济的建立，打破了传统的“计划经济就是社会主义，市场经济就是资本主义”的错误观点，邓小平提出，“计划经济不等于社会主义，资本主义也有计划，市场经济不等于资本主义，社会主义也有市场”。“计划和市场都是资源配置方式”。也就是说，在社会主义市场经济体制下，市场经济只是作为一种资源配置方式，为社会主义经济建设服务。社会主义之所以可以和市场经济结合起来，这是因为市场经济本身的特征以及我国现在社会主义初级阶段的发展特点。

市场经济是建立在商品经济高度发展基础上的，所以，市场经济作为主要的资源配置方式，必须满足商品经济的高度发展。高度发展的商品经济，在于产品生产的目的主要是为了交换，交换是满足自己消费的主要方式。所以，对于市场经济来说，它要具备以下几个条件：第一，生产资料归不同所有者所有，这是交换得以进行的前提。在原始社会，生产资料归大家共有，所生产的产品也属于大家所有，每个人都没有自己私有的产品，从而无从进行交换，也不需要进行交换。第二，社会分工的发展。随着近现代经济的发展，分工越来越精细，从而使每个人都只能生产非常微小的部分，甚至是某一种产品的部分，每个人生产的产品都不能满足自我的需要，要满足自我的全面需要，必须要通过交换得来。在封建社会，虽然也存在这分工，但由于分工的简单化，使大部分生产者足以生产出自己消费所需要的大部分甚至全部产品，从而使交换不是主要的，因此，商品经济并不发达。可见，只有满足这两个条件，商品经济才能得到高度发展，市场经济才能作为主要的资源配置方式。并且，实践也证明，到目前为止，在商品经济高度发展的社会，市场经济也是最好的资源配置方式。

所以得以实行，主要在于我国现在的社会主义社会也要发展商品经济。或者说，也需要通过商品经济发展社会主义。从社会主义社会建设历程来看，由于历史的特殊性，社会主义社会的建立普遍存在先天不足的问题，它们没有雄厚的物质基础，没有高度发展的生产力，不能一蹴而就地按照马克思和恩格斯的设想直接进入计划经济。要发展生产力，商品经济阶段不可回避。而且，目前来看，我国的社会主义社会也具有发展商品经济的特征。我国虽然是以公有制为主的社会，但我国还有很多个体经济、私营经济以及外资经济等非公有制经济；即使是在公有制企业中，我国也建立了“产权清晰、权责明确、政企分开、管理科学”的现代企业制度，这些都使在经济中所有权属于不同的所有者，要想获得其他所有者的产品，必须进行交换。而且，由于经济的发展水平的限制以及人民发展水平的制约，社会分工仍然广泛存在，并且日益精细，从而使人们为满足自我消费的需要必须进行交换。

所以，社会主义社会需要发展商品经济，也满足商品经济高度发展的要求，从而需要市场经济作为主要的资源配置方式。社会主义市场经济，就是在社会主义条件下利用市场经济的优点来建设社会主义，因此，社会主义市场经济能建成并发挥市场经济的优点，必须遵循市场经济的特征和内在规律。只有如此，才能把社会主义市场经济建设好，才能把社会主义建设好。

对于社会主义市场经济基本规律，中国也是在改革开放中不断摸索中总结出来的。其中，对于市场经济的地位和作用尤其是在市场不断发展中认识的。

一　市场对资源配置的基础和决定性作用

从党的十一届三中全会开始，党就提出要“应该坚决实行按经济规律办事，重视价值规律的作用”，而党的十二大则进一步提出，“发挥市场在资源配置中的辅助性作用”，党的十四大强调，“要使市场在国家宏观调控下对资源配置起基础性作用”，党的十六届三中全会提出，“要在更大程度上发挥市场在资源配置中的基础性作用”，党的十八大提出，“要在更大程度、更广范围发挥市场在资源配置中的基础性作用”，而党的十八届三中全会做出的《中共中央关于全面深化改革若干重大问题的决定》指出，“经济体制改革是全面深化改革的重点，核心问题是处理好政府和市场的关系，使市场在资源配置中起决定性作用和更好发挥政府作用”。这些论述的变化反映我们党对社会主义市场经济规律的认识深化，对市场的地位和作用有了更深入理解。

所以会有这样的认识变化，是因为我们党在改革开放初期只是把市场作为一种体现价值规律和经济规律的方式，并没有全面实行市场经济的意识。因为在这一过程中，人们担心市场的深入会动摇我们社会主义经济基础，担心在市场逐利和竞争下，私有资本的发展会带来分配差距，会影响公有制地位，甚至控制国家经济命脉。

但是，作为资源的配置方式和经济发展模式，市场在经济发展中的巨大作用为社会实践所证明。因为在经济发展中资源总是相对稀缺的，而对相对稀缺的资源进行配置，只有政府和市场两种手段。政府手段虽然可以实现集中力量办大事，但是面对面广量大的生产经营与消费等经济活动，政府手段不可能掌握充分的信息，也不可能做出有效的决策。如果还把经济活动的各个方面都交给政府来决策，最终导致大量资源被闲置或浪费，最终经济发展受到影响。过去传统的计划经济正是说明了政府全面管制对资源的浪费和经济的阻碍。

让市场在资源配置中发挥决定性作用，就是应该把市场能做，应该做的事都交给市场，而政府应该在宏观调控和公共产品供给方面着力。政府可能认为，控制经济就需要更多的国有企业或者是直接管制产品生产或价格，但是，这样做并不能决定经济走向，反而会扭曲价格和市场。因此，市场对资源的配置就是要让市场通过价格机制来决定资源流向和使用，这样才能真正发挥价格机制的导向，使资源的稀缺性通过价格机制来得到体现。

同时，市场对资源配置的决定作用还可以推动生产向更新和更高的层次发展。创新是市场对资源稀缺性的一个回应，因为创新可以促进资源的更加充分有效的利益，也可以提高产品的附加价。企业把创新作为竞争的主要手段，在创新中去充分有效地利用资源，开拓新的市场，实现商品价值的增值。市场竞争不仅要求市场主体在国内市场充分地寻求获利机会，还促使企业寻求海外市场。正如马克思恩格斯在《共产党宣言》中所指出的：市场扩大和需求增加极大地推动了产业革命。作为商品交换的中介，市场不仅促进了生产发展，而且推动了消费实现。正是通过扩大的市场规模和商品种类，人们才可以消费到各种商品，也才能在消费中促进生产。

市场是配置资源的主要方式，市场依据价格来配置资源和产品分配。在资本主义社会，虽然对于政府在经济活动中的作用有各种争论，但不可否认，无论哪一种，他们都主张在资源配置和产品分配中，市场和价格机制起支配作用。在我国社会主义市场经济的建设过程中，虽然在从计划经济向社会主义市场经济过渡的过程中，有时候政府在某些资源配置或产品分配中参与的程度比较深，但随着市场经济的深入发展，政府对这个问题的认识越来越深刻，也越来越清晰，即市场应该发挥资源配置的决定性作用。在党的十八届三中全会中通过的《决定》中，习近平指出，关于使市场在资源配置中起决定性作用和更好发挥政府作用，这是这次全会决定提出的一个重大理论观点。李克强也多次指出，市场能解决的交给市场。这些都强调了我国也充分重视市场在资源配置中起决定性作用。

二　竞争是市场作用的条件

市场要想最大限度提高资源的配置效率，必须充分发挥竞争机制。一般认为，市场经济条件下，生产资料归属私人所有，但在社会主义条件下，在发展社会主义市场经济的过程中，我国也确立了产权清晰的现代企业制度，也确定了个人的合法利益受到国家保护，各种生产资料也是属于不同的所有者，因此，经济利润作为生产决策的指导力量还居于支配地位。在市场经济条件下，因为生产资料归属于不同的所有者，每个企业都为了获得最大的经济利润而决定企业的政策。在社会主义条件下，虽然很多企业都属于国家，但因为企业产权清晰，权责明确，每个企业都是为了自身最大的经济利润而进行经济活动，每个企业都是为了企业的自身壮大发展而进行决策。竞争是市场发挥作用的核心，只有通过竞争机制才能使商品的价值得到充分实现，使价格更加充分地反映资源的稀缺程度。市场体制就是使市场各个主体通过市场中供求、竞争、价格来形成相互联系、相互作用和相互制约的关系。商品和资源在市场中能否交换，要看市场中各主体对商品和资源的需求程度和商品资源供给状况，各个主体在这样的一个平等自愿的环境中对商品价格进行博弈议定，最终商品和资源由价高者得之，充分体现了价格是资源稀缺性的信号。市场价格不仅反映了商品的价值，而且还反映了市场中商品的供求关系。价格的波动会引起供求，而供求变化也会带来价格的变化，供求关系正是市场主体竞争的关系，是市场各方围绕商品价值和稀缺度的一种较量。竞争渗透在商品生产和流通的所有环节，不仅商品生产资料需要通过竞争来获取，而且最终产品的销售也要在市场的竞争去销售。只有竞争才能使商品价值得到充分实现，使商品的稀缺性有了明确体现。因此竞争是市场作用的条件，是市场体制发挥作用的基础。市场正是通过价格来反映竞争带来的供求关系，竞争使市场主体形成了内部动力和压力，迫使他们努力寻求新的方法和技术来减少资源消耗，加强管理提高资源的利用率，节约劳动和社会资源，促进技术进步和生产力的不断提高。

因此，只有充分竞争，才能发挥市场机制，使市场价格更充分反映资源的稀缺性并使资源得到更充分的利用。而垄断、政府对价格的管制，对企业正常经营行为的干涉，都会破坏市场价格的形成机制，扭曲价格应有的对供求关系和商品价值的反映，最终使资源难以得到有效利用，导致经济停滞。

三 市场主体的地位平等和法律秩序

要使市场发挥资源配置的决定性作用，使竞争得到充分展开，关键是要树立市场主体的平等地位，理顺政府与市场关系，确立政府提供市场法律秩序的职责。党的十八大报告指出："经济体制改革的核心问题是处理好政府和市场的关系，必须更加尊重市场规律，更好发挥政府作用。"十八届三中全会的《决定》更进一步提出，"必须积极稳妥从广度和深度上推进市场化改革，大幅度减少政府对资源的直接配置，推动资源配置依据市场规则、市场价格、市场竞争实现效益最大化和效率最优化。政府的职责和作用主要是保持宏观经济稳定，加强和优化公共服务，保障市场公平竞争，加强市场监管，维护市场秩序，推动可持续发展，促进共同富裕，弥补市场失灵”。这些要求既体现了要让市场发挥资源配置决定性作用，又明确了政府在市场中的职责，即要做的是市场监管和秩序的维护，改善市场失灵问题。

市场波动不等于市场失灵，长期以来我们把市场稳定作为宏观调控的目标，为了保证市场的稳定，就要对价格和供给进行管制。而价格与供给管制，既会影响生产，也会影响市场的正常运作。在正常情况下，市场价格的波动反映了市场中供给的变化，价格波动可以引导生产者与消费者去调整经济行为，也可以更好地反映资源的稀缺性。

因此，要想使市场正常运作，就需要保证公平竞争的市场环境，让市场在资源配置中起决定作用。市场要发挥作用，关键是要建立公平竞争的环境，如果缺乏公平性和竞争性，那么市场所形成的价格就不能反映资源的利用情况，也不能通过价格将资源进行合理有效的配置。如果没有公平性，市场中的一些主体可以利用自己的垄断地位或特殊的政治地位而获得对资源的独断支配权，也就可以自由地决定价格，价格对资源的配置功能就失去作用。因此，只有公平，并且竞争才能使价格真正达到资源配置的功能。公平竞争的市场环境并不能由市场自主产生，虽然市场追求这一目标，由于市场中各种利益主体会不断追求自己的利益目标，利益主体之间的矛盾是必然存在的，会由于利益矛盾而破坏公平的社会环境。因此，政府必须从整个社会公平发展的角度，建立公平竞争的社会环境，让各个主体都可以在社会竞争中用自己的条件和资源来实现自己的利益，充分调动各方的积极性，使整个社会得到更好发展。

第三节　社会主义性质对市场经济体制的影响

我国社会主义市场经济具有市场经济一般特征，满足市场经济的基本规律，但社会主义市场经济毕竟是一个新事物，体现社会主义市场经济的独特特点。国有制（公有制）、计划经济和按劳分配等这些传统理解的社会主义经济特征，今天看来并不是社会主义的经济特征，不是社会主义必不可少的条件。不是说实行了这些做法就是社会主义，而不实行这些做法就不是社会主义。社会主义经济还是现代的社会化大生产的经济，投入大、周期长、需求变化快，世界经济一体化等问题是共同的。在相似生产条件下，在相同的物质基础上，社会主义与资本主义是一个长期竞争的社会制度，不可能保持根本性的性质差异，而不过是目标不同，追求的方向不同而已。社会主义国家性质对市场经济带来深刻的影响，使市场经济更加体现现代社会化大生产的需要。

一　更加广泛的社会联系和丰富的社会消费

从经济上看，我国社会主义市场经济是在以公有制为主体、包括个体经济、私营经济和外资经济等非公有制经济在内的多种经济成分共同发展条件下运行的市场经济。现在，资本主义国家实行市场经济，都是以生产资料私有制为基础的，一些由计划经济向市场经济过渡的原来的社会主义国家，也多是和私有化同时进行的。我国则是在坚持公有制为主体的条件下实行市场经济的，既要坚持以公有制为主体，又要实行市场经济，这是由我国的生产力发展水平和社会主义性质共同决定的。如前所述，我国建立社会主义国家的基础比较薄弱，生产力水平不高，远远达不到马克思对社会主义的生产力发展水平的要求，因此，我们不能取消商品经济，不能取消市场经济。通过高度发展商品经济，使我国的生产力水平能快速追赶并超越资本主义国家，达到社会主义国家的生产力水平的要求。但同时，我们也不能放弃社会主义制度。马克思对资本主义的分析指出，资本主义基本矛盾——生产社会化和生产资料资本主义私有制之间的矛盾在资本主义制度内是不可调和的，即在私有制的范围内是不能解决的，必须以公有制来取代资本主义私有制。我国在新中国成立后建立的单纯的公有制虽然超越了生产力的发展水平，但我们也不能退回到资本主义私有制，否则我国在建设社会主义的过程中也不可避免资本主义的内在矛盾，不可避免经济危机的出现。所以，我国在建设社会主义市场经济过程中，既要遵循市场经济的一般要求，也不能放弃社会主义公有制，这是经济发展的内在要求，也是全国人民在中国共产党的领导下的共同追求。因此，在建立社会主义市场经济体制过程中，必须坚持和完善多种多样的公有制经济形式，理顺国家与企业的关系和进一步转换国有企业经营机制。这样，以公有制为主体的混合所有制结构，特别是国有及由国家控股的大中型骨干企业，将会更好地发挥自己的优势，保证国民经济的合理布局，节约资源和市场有序运行。

社会化大生产，这是社会主义与资本主义的共同的生产前提，而不是公有制或私有制。所有制并不与生产力相对应，而是与产权结构有关。在不同生产力下可以有不同的私有制，如奴隶制、封建制或是资本主义制，公有制也有原始的和共产主义的。科学的社会主义不是强调所有制与资本主义的不同，而要强调的是社会主义与资本主义相比在更高层次上来实现社会交往与活动。社会化大生产是社会主义与资本主义共同的生产基础，在这一基础下，社会主义与资本主义必然面对的是相似的生产力水平，相似的经济活动组织。而社会主义应该比资本主义有更加广泛的社会联系，社会化程度更高，社会经济活动更活跃，最终体现为生产力发展更快、更高。

在资本主义经济制度中，消费虽然是决定性力量，但是这种消费决定力量并不是自觉的，而是自发的。消费呈现着畸形发展，奢侈消费与消费不足并存，整个社会消费结构不合理。而社会主义却通过更加合理的分配，实现更加丰富的社会消费。

二　有效的社会协调

从政治上看，我国社会主义市场经济是由中国共产党领导、由政府有力地进行宏观调控的市场经济。在中国这样一个大国，现代化建设，国家的统一，人民的团结，社会的安定，民主的发展，都要依靠党的领导。没有共产党的领导，必然四分五裂，一事无成。改革开放以来，我国各条战线取得举世瞩目的伟大成就，都是在党的领导下完成的。在我国实行社会主义市场经济是实现社会主义现代化的必经途径，是一项艰难的开创性事业，只有在中国共产党领导下才可能取得成功，只有中国共产党的领导，才能保证社会主义的建设方向，才能坚持社会主义制度。如果不能坚持社会主义制度，不能保证社会主义建设方向，那么我国的社会主义市场经济必然会走向歧途。同时，资本主义的发展经历也告诉我们，市场经济虽然有一只“看不见的手”来指挥社会资源进行合理配置，但这种配置是以一定的浪费为代价的。价值规律告诉我们，通过市场竞争，价格总是围绕价值上下波动来调节各行业、各部门的资源配置和产品生产，而这种波动正反映了供给与需求一定程度上的不一致。而且，每个经济单位对经济整体的把握有一定的局限性，从而导致资源的浪费，而这种浪费在完全的市场经济条件下是无法解决的。这就需要国家通过宏观调控等计划手段来尽量避免这种资源的浪费。所以，在社会主义市场经济体制建立过程中，必须有政府的强有力的宏观调控，通过经济社会政策、经济法规、计划指导和必要的行政管理，为市场经济创造一个稳定、安全、有序、公正的社会经济环境。

生产、交换、分配、消费在资本主义制度下既紧密联系，又是以获利为目标的联系，联系中又存在着脱节。如生产的片面发展而出现的生产相对过剩，生产与消费的脱节。交换主导分配和生产的现象，分配由所有权决定的现象，消费与生产的背离等。社会主义体现的社会协调，表现在生产自身的协调，各种生产要素的合理安排，生产与消费的协调，生产基于消费，生产促进消费，消费推动生产，普遍的消费与全面的生产。生产与交换的协调，而不是交换决定生产，而是交换服务生产。分配基于生产和社会目标的统一等。资本主义经济确实表现出一种自然经济的形态，虽然在资本主义发展中也出现了政府的管制和干预，但是这种经济的基础理论却是自由主义，相信自然状态的经济，认为完全自由竞争的市场才具有合理性和完美性，这是典型的“市场神话”。而社会主义经济则是不相信市场神话，强调了政府干预的必要与合理性。

资本主义生产的目标是利润，是资本获利驱动下社会生产的盲目扩张。而社会主义的目标应该是人的全面发展，是摆脱了资本狭隘目标。社会生产、交换、分配更加体现社会目标，而不是利益目标。分配与消费更加体现人的平等性。

三　共同富裕和发展的社会奋斗目标

我国社会主义市场经济要以实现共同富裕为根本原则。资本主义市场经济以私有制为基础，财产的私人占有必然导致私人资本的无限扩张和社会的两极分化。而我国实行市场经济，虽然允许合理的收入差距，鼓励一部分人先富起来，但最终目标是要达到共同富裕，不至于导致两极分化，“富的越富，贫的越贫”。这是因为公有制经济为主体会使私人资本的膨胀受到制度的限制，凭借私人资本参与分配会被限制在一定范围，避免私人资本的扩张。同时，经济技术的发展，劳动力市场的形成，劳动力的自由流动，有助于贯彻按劳分配原则，减少不同地区、不同企业之间的非劳动因素造成的个人收入差距。政府为了确保市场经济社会主义性质，会通过各种宏观调控手段，来防止和纠正收入差距的过分扩大，保证共同富裕目标的实现。

我国社会主义市场经济所以不同于资本主义国家市场经济，根本原因在于我国社会主义市场经济不仅仅具有市场经济的一般特征，还具有社会主义的特征，是社会主义制度和市场经济的结合，它的根本目的是在于发展社会主义生产力，建设社会主义。社会主义的本质是解放生产力、发展生产力，而对于现阶段来说，相对于计划经济来说，市场经济有解放生产力、发展生产力的优势，所以，我们采用市场经济。但是，改革开放根本目的不在于改变社会主义制度，而在于改变不适应生产力发展水平的生产关系。所以，改革开放，包括十八届三中全会后所提出的深化改革，其根本目的都在于在坚持社会主义制度的条件下改变生产关系中的不合理部分。虽然我们在建设市场经济，把我国建设成为一个市场经济国家，但是以不改变共产党的领导和社会主义制度为前提的。所以，我国建立社会主义市场经济的根本目的，是让市场经济更好地为社会主义服务，把市场经济建立在社会主义制度的基础上。

邓小平曾经指出，计划和市场都是手段，计划多一点还是市场多一点不是社会主义与资本主义的本质区别。在我国建立社会主义市场经济的过程中，我们也需要明确，市场经济只是我们的手段，它的建立只是为了在现阶段更好地建设社会主义，发展社会主义，它是建立在社会主义制度上的一种经济体制，它受社会主义制度的制约，体现社会主义制度的性质。

第四节　市场经济引起的社会主义理论困境

如果坚持传统的对社会主义经济特征的理解，社会主义与市场经济是有矛盾的。这正是当前人们对社会主义市场经济的提法感到难以接受的原因。有人称社会主义市场经济为中国特色资本主义。因为许多人的理解是，实行市场经济就是实行资本主义，因为市场经济意味着市场主体的独立化、经济运行的市场化、分配的按要素或按资分配。而这样做，社会主义平等的每个人全面发展的目标就难以实现了。从实践中来看，这一认识不是没有道理的。在实践中，社会主义原则与市场经济机制确实出现了矛盾，这些矛盾既使人们对市场经济给社会主义带来的冲击更加明显了，也使人们对什么是社会主义有了更加深入的认识。社会主义市场经济在中国已经建立并不断完善，但社会主义市场经济作为一个新事物，作为社会主义制度和市场经济的结合，它不同于资本主义市场经济，这种不同主要表现在这种市场经济是建立在社会主义制度的基础上，是为社会主义建设服务，受社会主义制度的影响。但反过来看，市场经济首先是产生在商品经济高度发达的资本主义制度的基础上，打上了资本主义的烙印，它与社会主义的结合，为社会主义建设服务，必然也会对社会主义的实际运行产生影响，从而使中国特色的社会主义与传统理解的社会主义产生了很大的不同，对社会主义理论提出了一系列问题。

一 生产力与生产关系矛盾的社会主义化

传统理论认为，生产力与生产关系的矛盾是资本主义的基本矛盾。那么在社会主义制度下，生产力与生产关系的矛盾的具体表现就是以哪种方式和形态存在呢？这一问题过去研究不多，但是在社会主义市场经济的施行和完善过程中所暴露的问题证明了社会主义制度下也有生产力与生产关系的矛盾问题。这一矛盾首先体现在对社会主义的理解上。什么是社会主义？这也是研究马克思理论的学者关心的一个问题。马克思设想的社会主义社会经济上的特征可以从四个方面来概括：生产、分配、交换和消费。在生产上，马克思认为社会主义是“以生产力高度发展为基础的”、“生产资料公有制”、“有计划按比例进行生产”以及“生产的目的是为了满足人民的需要”；在分配制度上，社会主义社会“消灭了剥削”、“在消费品的分配上实行按劳分配”、“分配中实行劳动券”；在交换方面，社会主义社会“没有商品”、“没有货币”，但“存在自由交换”；在消费方面，社会主义社会是“消费品供应充裕的社会”，但“社会主义消费不是人人完全平等的”，“社会主义公共消费中教育、医疗所占的比重越来越大”，“社会主义消费与生产的目的是一致的”。但是，马克思恩格斯并没有经历社会主义建设，他们对社会主义的理解都是在对资本主义科学批判基础上形成的。马克思恩格斯认为，社会主义应该在西欧等发达资本主义国家率先实现，因为这些国家的生产力高度发达，为过渡到社会主义有了坚实的物质基础。但历史的发展并非如此。社会主义社会都是在那些生产力不够发达的国家率先建立，没有高度发达的生产力，没有坚实的物质基础，对社会主义的认识有些不同，并且在实践中不断深化。

马克思和恩格斯之后，列宁在俄国第一个建立无产阶级专政的政权。在新政权建立之初，由于遭到帝国主义的入侵，为了打赢这场战争，保卫新生的苏维埃政权，同时受到马克思社会主义理论的影响，列宁实行了具有高度集中计划经济的方式来组织生产和分配的战时共产主义政策，并取得了战争的胜利。战时共产主义政策经济政策主要有：将大中小企业全部收归国有，实行国有化；实行粮食贸易垄断制，制定余粮征集制；实行义务劳动制，贯彻“不劳动者不得食”的原则。但从战时共产主义政策的实行来看，列宁也发现了战时共产主义政策的弊端，即严重打击了劳动者的积极性，从而采取了更有市场经济特征的新经济政策。在此阶段，列宁充分认识到，在俄国这样一个落后的国家直接过渡到社会主义是不可能的，因此，他主张多种经济成分及多种分配方式并存的经济结构，恢复以货币为交换媒介的商品生产。1921 年，列宁指出，“调节商业和货币流通的问题已提上日程。不管我们怎样觉得商业领域距离共产主义很遥远，但正是在这个领域我们面临着一项特殊任务”。[①]“商业正是我们无产阶级国家政权、我们居于领导地位的共产党‘必须全力抓住的环节’。如果我们现在能紧紧抓住这个环节，那么不久的将来我们就一定能够掌握整个链条。否则我们就掌握不了整个链条，建不成社会主义社会经济关系的基础”。[②] 在实践基础上，列宁认识到，马克思对社会主义的科学设想不适应于俄国这样的落后国家，在这样的落后国家要建成社会主义，将来过渡到共产主义，离不开资本主义经济的积累，离不开高度发展的商品经济和高度发展的生产力，因此，不能人为地消灭商品经济，在俄国这样的国家，虽然无产阶级掌握了政权，但也不能直接过渡到社会主义，这是一个长期的过程。但到斯大林领导阶段，由于斯大林及党内一些代表性的左的观点，加上机械化、教条式地理解了马克思对社会主义的论述，在苏联加快推进公有化建设，并实行高度集中的计划经济体制，这就是“斯大林模式”，或“苏联模式”。

由于苏联是第一个社会主义国家及在社会主义阵营中的领导地位，从而使得“苏联模式”在很长一段时间成了社会主义的标准模式，也是唯一模式，影响着整个社会主义阵营的国家及领导者，包括新中国成立之初的以毛泽东为首的老一辈革命家。毛泽东同志从哲学高度对社会主义进行了深入的分析，提出了很多社会主义的创新性的理解，比如说，提出了对社会主义基本矛盾的认识，区分了社会主义分为不发达的社会主义与发达的社会主义两个阶段的认识，提出了社会主义的本质是解放生产力与发展

---

① 《列宁选集》第 4 卷，人民出版社 1995 年版，第 609 页。

② 同上书，第 248 页。

生产力。但受马克思恩格斯对社会主义观点以及苏联模式的影响，中国在社会主义改造阶段，仍然是先在生产资料上实行公有制改造，经济发展上实行计划经济，并且认为这种生产关系是好的，但生产力水平比较落后，所以要发展生产力，使生产关系与生产力水平相适应。这种观点虽然在实践面前有所调整，但直到改革开放之前，这种观点的调整并没有引起生产关系的根本变化。以邓小平为首的第二代党中央在实践面前，逐渐调整对社会主义的认识。邓小平在继承毛泽东对社会主义基本矛盾及社会主义本质分析的基础上，指出我国当时的主要问题是生产关系不适应生产力的发展水平，生产关系超前于生产力，从而制约了生产力的发展。因此，他提出了在计划经济过程中，逐渐添加市场经济的因素，并在生产资料所有制的基础上逐渐放开，从纯而又纯的公有制逐步转变为以公有制为主体，多种经济成分并存的所有制，并提出计划经济和市场经济都是手段，计划和市场不是社会主义与资本主义的本质区别，并提出建立社会主义市场经济。此后，江泽民、胡锦涛以及习近平等国家领导核心在邓小平理论指导下，逐步建设并完善社会主义市场经济，从而发展社会主义。

这些对社会主义的理论与实践探讨，都把握了如下两点：一是生产力标准；二是生产资料公有制。无论是马克思恩格斯，还是后面的继承者，都认为社会主义应该高度重视生产力发展水平，并且应该保持生产资料的公有制。但在发展生产力水平的前提下，如何看待社会主义的生产关系呈现或多或少的区别。其中，最根本的区别就在于，社会主义的生产资料所有制的程度上和发展经济的方式不同。在传统理论中，社会主义应该是纯而又纯的公有制，并且实行计划经济，但社会主义实践发展证明，这种纯而又纯的公有制和计划经济体制不能适应社会主义的生产力发展水平，不能促使生产力快速发展。从而有了以中国为代表的一些社会主义国家的改革。这种改革，看到了社会主义生产关系超前于生产力的发展水平，这种改革，就是要把生产关系的高度降下来，从纯而又纯的公有制后退到多种所有制并存，从完全的计划经济调整为市场经济和计划经济共同作用。但这种后退不以放弃社会主义为代价，而是坚持社会主义，只是对社会主义的理解发生了变化，把社会主义理解为公有制的主体地位，并把这种公有制的主体地位表现为公有制的控制力上。

那么，社会主义应该具有哪些特征？马克思从人类社会的发展规律——生产力与生产关系的矛盾——出发，通过对资本主义基本矛盾的分析，从而得出，随着资本主义的发展，资本主义的生产关系阻碍了生产力的发展，无法避免经济危机。而要解决资本主义经济危机，解决生产关系对生产力的阻碍，只能以更先进的生产关系取代资本主义生产关系。而资本主义生产关系，根本的特征就是生产资料私有制，以及市场经济。所以，马克思对社会主义的科学设想是以生产资料公有制和计划经济为主要特征。但实践证明，完全根据马克思设想的社会主义，并不能适应现在实际，不能快速地推动社会主义经济的发展，反而是实行了多种经济成分并存的、以市场为导向的社会主义经济呈现更大的活力。是社会主义不以生产资料和计划经济为根本特征还是我们的社会主义还没有达到马克思所设想的程度，还是二者兼而有之，这是我们在发展社会主义过程中需要思考的问题。

在传统社会主义体制下，经济主体只能是国家，而单位（不管是大单位还是小单位都不是独立的经济主体，没有独立的利益和权力，这样的经济活动只能是不进行严格的财产所有权划分，而是在整体的所有权下的执行机构）传统体制下的公有制分为全民与集体，集体又有大集体和小集体，实际上都没有真正的产权，只是分配权有大小。正如农民，公社体制下的农民并没有土地的所有权。虽然有时称他们的公社或生产队为集体所有。实际上，计划体制和按劳动分配都是公有制的内在要求。如果社会经济组织都是公有的，相互没有竞争的必要，其生产、流通和分配也必然是计划的，或由国家权力决定的。不计划，交由市场，那么有亏有盈，说到底都是一家，亏盈都不好。而只有在国有计划体制下才能谈到根据工作时间进行分配的统一问题。因此，公有制、计划体制与按劳分配是三位一体的。

但是，一旦实行市场经济，让市场来进行优胜劣汰，那么首先要求市场组织的主体化，即可以自主经营、自负盈亏，而要实现自主，就要求在分配上能自主，而最终在财产所有权上要主体化。没有产权清晰，职责明确，就没有市场竞争的主体。全民所有制企业改制为国有企业，集体所有制部分转化为国有，部分转化为私有。而国有所有制企业，是国家投资的国家资本企业，如果以营利为目的，与市场中的私有企业并无二致，如果不以营利为目的，只能是公用企业，必须进行严格的管制。

二 经济运行机制中的政府与市场矛盾

市场是什么，市场只能是一种放任经济，放任经济主体通过竞争实现自身利益，而外部只是提供一个竞争秩序。在市场中交易的只能是商品，而每一个市场主体是商品生产者和提供者，在交易过程中遵循的原则是交易双方的竞价机制。在这样的一个机制下，市场中所见的是商品的交易，而不区分市场主体的性质。市场权力在于对商品数量控制下对价格的控制，而不是外在于价格的其他力量。

计划经济或计划体制，只能是用计划权力或国家权力对产品的生产与流向进行指派，不是通过交换，而是通过计划权力直接地实现生产与消费、分配、流通的统一，这种体制是一种权力经济体制，是一种严格控制体制。可以实现形式上的把人为的差别再人为地缩小，但实质并没有消除差别，也无法实现对经济各环节的完美结合。

按劳分配还是按要素分配的问题的根源是实行计划体制还是市场体制的问题。在实行计划体制下，为了体现平等与公平，实行以劳动（劳动时间）作为分配衡量标准就是必然的。既然人们没有私有财产，没有私有企业，没有人能够资本（人为、物质或社会）来获得收益，只能是劳动作为唯一的标准，而劳动分配的标准中首先确定的是时间，其次是根据人们的理解对劳动质量和贡献作一定区分。但是按劳分配既不是真正的对产品的按劳分配（因为还要扣除社会需要，许多劳动又是中间产品，无法衡量劳动收益），又因为无法对劳动的质与量进行社会性的客观度量，最后按劳分配只能是年资、学历、职位等一些条件产生影响。按劳分配并没有真正实现公平。但这种体制又是全面公有制下可以实行的唯一的模式。由于无法客观衡量劳动的质与量，缺乏有效的激励，按劳分配没有实现真正的公平，也就难以起到对生产的促进作用，也无法满足人们通过分配来实现消费的愿望。

社会主义市场经济中的政府与市场的矛盾说到底是社会主义如何处理公平与效率的问题。在马克思看来，作为共产主义社会低级阶段的社会主义社会要消灭人剥削人，实现所有人的平等，并逐渐走向阶级和国家消亡的大同社会。所以，其中的一个重要目标就是追求社会的公平。新中国成立后，也把社会公平作为一个重要的目标，尤其是在改革开放之前。1956年社会主义改造完成之后，我国建立了“一大二公”的生产资料所有制以及高度集中的计划经济体制，在分配领域，很长一段时间实行了平均主义。那个阶段，对公平的理解也是和平均主义联系在一起的。但是，历史的实践证明，这时的平均主义严重挫伤了老百姓的生产积极性，阻碍了生产力的发展，是以低效率为代价的。

改革开放之后，我们国家改变了“一大二公”的生产资料所有制和高度集中的计划经济体制，主张多种经济成分并存，大力发展商品经济，强调市场经济在发展社会主义生产中的作用，并以社会主义市场经济为目标。在建立社会主义市场经济的过程中，在公平与效率的问题上，我们实行的是“效率优先，兼顾公平”的原则。党的十四届三中全会通过的《中共中央关于建立社会主义市场经济体制若干问题的决定》中，我们党第一次明确了社会主义初级阶段的分配制度，是“以按劳分配为主体，效率优先、兼顾公平的收入分配制度，鼓励一部分地区和一部分人先富起来，走共同富裕的道路”。在党的十五大上，江泽民同志重申了“把按劳分配和按生产要素分配结合起来，坚持效率优先、兼顾公平，有利于优化资源配置，促进经济发展，保持社会稳定”。党的十六大报告继续提出，“坚持效率优先、兼顾公平，既要提倡奉献精神，又要落实分配政策，既要反对平均主义，又要防止收入悬殊。初次分配注重效率，发挥市场的作用，鼓励一部分人通过诚实劳动、合法经营先富起来。再分配注重公平，加强政府对收入分配的调节职能，调节差距过大的收入”。党的十六届四中全会进一步强调，要“正确处理按劳分配为主体和实行多种分配方式的关系，鼓励一部分地区、一部分人先富起来，注重社会公平，合理调整国民收入分配格局，切实采取有力措施解决地区之间和部分社会成员收入差距过大的问题，逐步实现全体人民共同富裕”。“效率优先，兼顾公平”的原则极大激发了劳动者的生产积极性，造就了中国经济三十多年的高速增长，但也造成了贫富差距的加大。

在实行社会主义市场经济过程中，坚持“效率优先，兼顾公平”的原则有其合理性。这与我们处在社会主义初级阶段、生产力水平还不高密切相关。但两极分化的现实也促使国家更加重视社会公平问题。效率与公平问题，都是社会主义的根本要求。社会主义优越于资本主义，首先体现在生产力发展水平上，这就需要社会主义提高生产效率。而社会主义是朝着消灭阶级、消灭剥削的共产主义前进的，所有的公民都是国家的主人，人人平等，这就要求社会发展要注重公平。所以，公平与效率是社会主义不可忽视的原则。从实践来看，计划经济更注重公平，市场经济更注重效率。效率与公平的把握问题也与计划和市场的结合密切相关。或者说，与政府与市场在经济发展中的定位密切相关。这也是新一届政府在深化改革中需要解决的问题。

三　市场经济之间矛盾产生的根源

其一是坚持效率优先还是公平优先问题。效率优先当然不是简单的利润优先的问题，而是在评价各种活动时是不是把资源节约和产品丰富作为衡量标准。而公平优先就是各项活动首先要考虑的是人们之间的平等获得与享有。二者确实是存在矛盾的，虽然可能存在统一的一面，但是矛盾的一面却是持久的。坚持效率优先，就是要尽量地少消耗资源，尽量地多产出产品。在这一目标下，对劳动、各种非劳动资源的使用就要尽量充分，要根本生产需要对劳动和各种资源进行分类，这必然会出现对劳动者物质化的一面。而要统一对各种资源的使用，最终又会用一种统一标准进行衡量——货币。货币（金钱）的统一，商品化一切，这些都是效率原则下的必然产物。而这正是市场经济的要求。社会主义是对资本主义的反动，是对资本主义商品化、货币化、异化社会的反动，追求的是公平优先。如果要完全实现公平优先，只有从人出发，从公平出发，而不是单从公平出发，这样必然会出现对商品经济和市场经济的抵制。

其二是控制与自由的矛盾。社会主义是要控制差别，控制不确定性，控制无政府，控制无序竞争，减少竞争引起的不必要的浪费。有计划按比例，生产与消费对接，分配与生产脱离，这些都是社会主义试图做的事，而这些事正是针对的市场。市场是放任的、自由的。价格是交易的杠杆，是交易的指南，在这一指南下，市场的供给双方不断博弈，最终实现各自利益。在市场中强调的就是交易主体的多元化，以交易主体的多元化来促进竞争，通过竞争来实现双方利益的均沾。竞争中最终胜出者必然是资源的充分利用者，成本控制最低者、技术与市场创新者，而劣汰者的资源虽然也会出现消费，但经过重组还是可以得到重新利用的。因此，在对待经济活动问题上，确实存在着两种不同的思路：一种是控制，使经济按人的（或控制者或社会）的意图运行，另一种是斯密所说的市场自由主义的市场是看不见的手实现的社会效果。市场从形式上看是混乱的，无序的，但是在内在却是有其运行的机理和规律，可以实现效率的目标，也可以在某种程度上实现社会的目标，包括社会公平的某种目标。

其三是社会优先还是个人优先问题。社会主义顾名思义是强调社会优先，在社会利益面前是可以牺牲和消灭个人利益的。这样，个人利益在社会利益面前是可有可无、可多可少的，是供社会利益满足的一种次要因素。这就要求在社会利益需要时要消灭或无视个人利益。虽然有时社会利益维护者强调的也是社会利益也是为个人利益服务的。但是首要的出发点还是社会利益优先。而市场经济则是个人（主体）利益优先的活动准则。没有个人利益优先，在市场中就没有为价格进行激烈竞争的动机，不会在内部管理中对资源使用进行严格的控制和约束，对主体利益的强调和追求正是市场经济运行的基础。在这种情况下，就会在个人利益与社会利益冲突时出现个人利益至上以致损害社会利益。在市场中，人们并没有看到社会利益，如果有社会利益，也是在整体的客观上对社会的贡献，而主观上都是为了个人利益的。这里就会使人们对市场的非人性、非社会性产生强烈的反感。社会主义与市场经济的冲突也有此种方面。

其四是坚持国内发展还是坚持国际竞争。马克思恩格斯在《共产党宣言里》就对世界市场的形成及其影响作了说明。如果只放在国内发展社会主义经济，必然是封闭的。如果转入世界市场进行竞争，市场经济的冲击也会影响国内经济活动。所以，在传统社会主义国家，往往处于封闭的经济环境中，即便存在一定的国际交往，也是在社会主义国家之间，或是偶然与资本主义国家交往。这注定了社会主义经济活动不以融入国际市场，缺乏竞争，发展动力和速度都难以实现比资本主义更快的目标。而一旦加入国际市场，在竞争推动下，国内经济保持原有的形态就不可能了。因此必然有一个选择，而选择必然会产生社会主义与市场经济之间的矛盾问题。

其五是支持理想还是面向现实的问题。社会主义总的来说是一个理想，虽然我们可以宣布我们已经实现了社会主义制度，但是社会主义目标依旧是一个理想，我们依旧说是处于社会主义初级阶段。是处处事事坚持理想，事事处处为理想而奋斗，还是接受现实的经济状况和现实经济状况下决定的经济运行规律呢？这也是一个十分重要的矛盾问题。面向现实，就得承认在现实的经济状况下，市场经济比起我们前面所做的计划经济更适合经济发展的要求，在现实产品不丰富，生产力落后，人们的生活，包括一些基本生活需要还不能完全得到保证的情况下，商品经济才是必由之路。人的思想素质，社会整体的经济水平，生产力发展的阶段，这些都决定了市场经济的道路。选择市场经济，不是说我们后退了，补资本主义的课，而是我们前进了，但过去商品经济都不发达阶段在向商品经济发达阶段迈进。当我们在政治上总是强调我们的条件不足时，在经济上更要强调实行社会主义的理想条件的不具备。

市场经济与社会主义的结合，给社会主义经济带来了活力，促进了社会主义社会的发展，但也给社会主义的发展带来了一系列问题。这些问题，将促使我们对社会主义的认识在摸索中前进。

第五节　市场经济与社会主义的统一

正是由于传统观念对社会主义的理解使社会主义制度有了一定的框框，而在实行市场经济时，社会主义与市场经济的矛盾不可避免。但是，如果从社会主义是对资本主义制度超越的角度来理解，社会主义与市场经济也有统一的一面。在相当长的时期内，社会主义与资本主义将共存，社会主义与市场经济也将共存，社会主义对市场经济不必拒绝，因为社会主义与市场经济可以在以下几个方面得到统一。市场经济与社会主义的结合，虽然给社会主义的理论研究带来了一系列理论的困境，但实践发展表明，市场经济和社会主义的结合，给社会主义带来了新的活力，推动了社会主义经济的发展。而且，根据比较发现，凡是实行市场经济改革的社会主义国家，都取得了比市场经济改革前更大的经济发展成就。例如，中国 1978 年改革开放后取得了三十多年的高速增长，越南在市场经济改革后也取得了较好的经济发展成就。反观没有进行市场经济改革的国家，经济发展相对缓慢。可见，从社会主义国家的发展现状来看，市场经济与社会主义的结合对社会主义的发展是有利的。实际上，从理论上说，社会主义与市场经济的结合，的确更有利于社会主义的发展，同时也更能发挥出市场经济的优势，避免其缺陷。市场经济与社会主义统一于社会主义市场经济中。

一　生产发展与效率提升是社会主义与市场经济的共同目标

在马克思与恩格斯关于社会主义是公有制和计划经济结合设想影响下，在“苏联模式”示范下，第一次世界大战、第二次世界大战后成立的社会主义国家普遍选择“公有制＋计划经济”的模式来发展社会主义经济，并把计划经济作为社会主义的根本特征加以坚持。但社会主义发展的困难及东欧剧变、苏联解体的现实教训让社会主义国家的领导者以及相关的研究者开始反思，并对计划经济与社会主义的关系以及市场经济与社会主义结合的问题进行探讨。我国早期的探讨可以追溯到 20 世纪 70 年代末。早在1979年，邓小平就指出："说市场经济只存在于资本主义社会，只有资本主义的市场经济，这肯定是不正确的。社会主义为什么不可以搞市场经济，这不能说是资本主义。社会主义是以计划经济为主，也结合市场经济。"① 这段时期，邓小平已经开始否定社会主义只能搞计划经济的观点，主张社会主义也可以搞市场经济。具体可以概括为：社会主义是以计划经济为主，也可以结合市场经济。1985年，邓小平又说："在某种意义上说，只搞计划经济会束缚生产力的发展。把计划经济与市场经济结合起来，就更能解放生产力。"② 这个时期，邓小平关于社会主义与市场经济观点更进了一步，他强调社会主义经济的发展应该把计划经济与市场经济结合起来，从他的字里行间看出，他已经不再强调以计划经济为主。1992年考察南方时，邓小平则更直接地讲道："计划多一点还是市场多一点，不是社会主义与资本主义的本质区别。计划经济不等于社会主义，资本主义也有计划；市场经济不等于资本主义，社会主义也有市场。计划和市场都是经济手段。"③ 这个时期，邓小平对计划经济与市场经济和社会主义的关系的认识更加清楚，他否定了计划经济与社会主义的本质联系，计划和市场都是手段，并不是社会主义与资本主义制度的本质区别。计划和市场都可以为资本主义服务，也可以为社会主义服务。不能因为社会制度而拘泥于那种经济形式，最主要的是哪一种更能促进经济的发展。邓小平南方谈话解决了中国共产党关于社会主义与市场经济的认识，大大加快了中国社会主义市场经济体制的建设进度。

市场经济与中国社会主义的结合，除了以邓小平为首的领导人的推动之外，更主要是因为市场经济本身的特征，是以市场为主要手段进行资源配置的一种经济形态。相对于计划经济，市场经济对于经济发展具有显著的优势。这种优势主要表现在它能够使经济发展具有充分的活力和动力，在客观经济规律的作用下，推动着每一个经济主体自发地高效率的发展。市场经济具有这种高效率的优势，其根本原因在于它的利益机制和竞争机制。在经济活动中，每一个经济主体都有着对利益追求的冲动，以及外在竞争的压力驱使每一个主体都去努力做好，这构成了经济高效率发展的动力基础。从根本上来说，市场经济是一种高效率的资源配置方式，我们之

① 《邓小平文选》第二卷，人民出版社1994年版，第236页。
② 《邓小平文选》第三卷，人民出版社1993年版，第148页。
③ 同上书，第373页。

所以选择市场经济，也正是看到了市场经济能够给社会主义的经济带来活力，促进社会主义经济高效率地快速发展。相比较来说，计划经济不能充分调动每一个经济主体的积极性，也不能准确把握微观的细微变化和准确信息，致使在计划经济体制下的社会主义经济普遍缺乏活力，社会主义的发展历史已经证明了这一点。

所以，计划经济不是社会主义的本质特征，社会主义的本质是效率与公平的统一，生产力发展水平是社会主义的根本标准。而要促使社会主义国家能够更快地体现社会主义的优势，促进社会主义生产力的快速发展，市场经济是我们的唯一选择。在党的十八大、十八届三中全会以及新一届政府的工作报告中，都特别强调了要深化体制改革，充分发挥市场经济在资源配置中的基础作用，加快社会主义市场经济的发展。可以说，没有市场经济，社会主义经济就缺乏活力，没有市场经济，社会主义生产力水平就难以快速赶上并超越资本主义国家，也就不能体现社会主义的优越性。

实际上，当我们衡量国与国、人与人能力与地位时，到今天依旧没有摆脱物质这一标准。生产力的发展始终是国家的基本要求，是国家竞争，社会中人与人竞争的主要领域。在这一标准下，社会主义与资本主义的竞争，要想使社会主义成为世界前进的方向，今天依旧还是要在物质生产领域得到体现。因此，要促进生产力发展作为首要任务，不仅是因为我们是落后国家，而且也是社会主义国家要战胜资本主义国家的最重要的领域。在这一竞争领域，市场的作用就不仅是对资本主义重要，而且对社会主义一样重要，因为要实现生产力的快速提升，鼓励创新，鼓励生产，市场的作用不可替代。只有在生产与创新领域给予足够的激励，这些领域才会充分地发展。而我们目前在市场之外还找不到更有效的办法。

社会主义与资本主义国家都面临着同样问题：如何使有限资源得到最充分使用，因为资源稀缺性对每一个国家，每一个生产者来说都是同样的。没有无限供给的资源，也就必须把效率作为衡量标准。效率当然不是一个单纯的经济利润问题，而是全面节约和充分使用资源的问题。社会主义要实现更快的发展，必须在效率上要高于资本主义，而在利用市场，有效发挥市场对效率的提升作用上，社会主义应该比资本主义做得更好一点。资本主义在效率问题上往往单纯地使用经济利润作为衡量标准，如果社会主义可以做到物尽其用，人尽其才，社会和谐作为效率的标准，社会主义是可以实现更高的效率的。市场在实现资源有效利用方面已经通过历史作了大量的证明，问题不在于要不要市场，而是在于如何更好发挥好市场的作用，在市场之上更好促进资源的利用，从而改善和克服市场中存在的问题，更大程度地推进社会效率的提升。在市场经济之前加上社会主义，并不是说社会主义要完全照搬资本主义的市场经济，而是将市场经济与社会主义的目标相结合，发挥二者的优势，最终达到在效率上的统一。

物质产品极大丰富，这是我们描写共产主义的一个词。可见，要想实现社会按需分配，最终摆脱物质束缚，首先是要使物质产品丰富起来。没有物质产品的丰富，就不可能消除社会的不平等，不会消除社会对物质财富的争夺，社会中和各种丑恶现象就不会杜绝。在一个还要为温饱问题操心的社会中，谈论社会主义和共产主义的实现都是空想。所以，对于社会主义来说，首先要解决物质生产问题，是如何实现产品丰富，从而更好地满足人们的需要问题。不管什么社会制度，要使产品丰富，必须将资源集中在生产领域，有效地组织，通过相应的手段来实现产品的增加。在这里就涉及如何组织资源，如何组织生产，如何保证质量，如何保证产品的销售并使下一个生产得以持续。在传统的社会主义体制下，可以通过计划组织资源，可以通过劳动者的思想积极性保证生产的组织，但是要想实现创新，并可以持续地生产，不断提高产品质量和产量则是一个难以解决的问题。现在我们能不能找到一个更好地进行生产组织并且实现产品丰富的新的组织方式呢?在促进产品丰富方面，社会主义与市场经济是可以统一的。

二　分配公平与社会协调是社会主义与市场经济的内在要求

市场经济只有与社会主义相结合，才能更好地发挥市场经济的优势，避免其缺陷。市场经济最初是和资本主义结合在一起的，因为市场经济的产生是以商品经济的高度发展为基础的。由于市场经济的驱动，资本主义经济取得了前所未有的成绩，但是，资本主义经济的发展也带来另外一个后果，那就是经济危机的频繁出现。在 19 世纪，从 1825 年资本主义世界第一次经济危机在英国爆发以来，每隔十年就会爆发一次经济危机，经济危机的范围越来越广，从一国的范围不断席卷整个资本主义世界；经济危机的程度也越来越深，从一个行业逐渐扩展到整个经济领域。马克思从对资本主义经济的分析中得出，资本主义经济危机的根源在于资本主义的内在矛盾，而这个矛盾在资本主义社会内部是没有办法解决的，即在资本主义私有制条件下，经济危机不可避免，只有以社会主义公有制取代资本主义私有制，才能真正解决经济危机的产生。

经济危机的产生和市场经济本身的特征是密切相关的。市场经济是以市场作为主要资源配置方式，市场配置资源的手段是价格这只“看不见的手”通过供求关系和价值规律起作用。正是通过这种这只“看不见的手”和竞争机制，才充分发挥了市场配置资源的高效率，但价值规律发挥作用具有一定的滞后性。经济危机的产生，表面来看，是由于产品过剩引起的，实际上是由于人们的购买能力不足以购买所需要的产品，从而导致产品过剩，而产品过剩，又会压缩生产规模，从而使失业者人数增加，引起市场购买力继续下降，从而导致产品的浪费。在资本主义社会，资本家的目的是最大可能地追求剩余价值，根据马克思对资本主义经济的分析，资本家剩余价值的实质是劳动者劳动所创造的价值与劳动力价格之间的差额。资本家要追求剩余价值，他会尽可能地提高劳动者所创造的价值，压低劳动力的价格。这种剥削导致劳动者的购买能力不断下降，当劳动者的购买能力相对于商品的供应量的均衡被打破到一定程度的时候，就会导致产品的过剩，并引起经济危机。现在资本主义国家，虽然采取了一系列手段缓和劳资矛盾，缓解劳动者的购买能力与商品的供应量之间的矛盾，但不能从根本上解决，因为资本主义社会解决不了剥削问题，解决不了资本家对剩余价值的追求。

作为一种手段，市场经济在社会主义经济中发挥作用，虽然缺陷仍然存在，但社会主义制度可以很好地避免这些缺陷的产生。这是因为，第一，社会主义社会是以公有制为主体，多种经济成分并存的经济制度，在作为主体的公有制经济中，劳动者是国家的主人，没有剥削，也没有剩余价值，劳动者和企业主是没有根本的利益冲突的，因为劳动者就是企业的主人。第二，我国是一个社会主义国家，社会主义的根本任务就是效率和公平问题。我国虽然实行市场经济，但我国实行的是社会主义市场经济，它是社会主义与市场经济的结合。社会主义市场经济一方面利用市场经济的优势来发展经济，另一方面坚持社会主义社会的公平正义。它利用市场经济解决经济发展中的效率问题，而政府通过国家计划和宏观调控解决社会分配的公平问题。社会主义国家代表全国人民利益，人民是国家的主人，它是人民的代表，因而其他原因并能够解决这个问题。所以，在社会主义社会，不会为了追求利润不断压低劳动者的工资报酬，相反，社会主义发展的目的就是为了人民的共同富裕。而当市场在资源配置中出现供求矛盾时，国家也可以通过计划来加以调节。

社会主义之所以能解决市场经济本身的不足，就在于社会主义是公平与效率的结合。市场经济之所以可以和社会主义结合，也因为社会主义也需要发展经济，也需要解决经济发展中的效率问题。社会主义和市场经济的结合，体现了社会主义与市场经济的统一性。正是由于这种统一性，我们在发展社会主义的道路上，更需要坚持完善社会主义市场经济，使之更好地为社会主义目标服务。

市场经济确实打破了传统的所谓的按劳分配，那么市场经济能不能带来分配上的公平。这里实际上还是涉及对公平的理解上。如果从结果均等来看，市场经济的分配结果永远不可能公平，因为虽然可能在一个时间点上出现均等的情况，但市场变化和竞争的结果必须使结果不均等。但是，如果我们将生产效率作为公平的标准，市场经济所实现的分配也是一种公平。资本收益并不是完全来自对工人创造剩余价值的无偿占有，而是对节约的一种奖励。而且企业实际收益并不是用工人劳动时间和劳动产品的价值可以衡量的，无偿占有还是一种金钱货币的度量，如果是创新和市场波动，则很难将这种收益归于工人创造出的价值。从效率而言，提升效率，降低损耗和成本，改进生产流程，合理配置人员，对产品品质进行改进等都可能影响产品的价值，而这一切有关效率的因素都应该在最终收益时得到回报，这样的分配才是公平的，也才是持久的。而单纯地从生产中的一个要素角度来谈论分配，社会的分配将无法持续，损害效率的分配是不持久的。分配不可能是就分配来谈，不可能是对产品结果的分配，而是生产、交换、分配与消费的结合。市场经济最大的优势是将交换纳入分配领域，从资源的买进，到技术的应用，管理的实现，产品的销售，这每一个过程都体现了社会关系，是社会交换各自资源从而整合资源进行生产的过程，这每一个过程都是一个分配过程。没有分配，这些交换不会产生。至少在将生产效率作为社会发展的首要任务的社会中，通过市场的交换来实现分配是必要的。否则，无法找到另一种交换方式可以实现交换与分配的有效结合。而没有交换直接对产品的分配，必然会陷入对经济活动的割裂，经济不能持续进行。在市场分配下出现的偶然所得和财产所得，完全可以在社会主义的目标下进行适当的调节，这种调节不是否认市场交换的价值，不是否认市场交换带来的分配，而是社会对分配的一种自觉的调节。如个人所得的调节，财产收入和遗产的调节。这些方面反映了社会的分配自觉。而单纯地在最后产品环节进行分配是一种空想的公平。

我们经常讲的是市场经济的周期性波动所带来的社会危害，认为不实行市场经济就可以避免市场经济的周期性波动。但是，这一问题是两面的。市场的价值正在于其竞争，在于多主体在市场中的博弈，没有什么人或什么力量可以左右市场，如果可以左右，那市场就没有意义了。正是因为市场无法左右，所以才会有各种机会和可能，也才会使人们去发现和寻找机会来实现自己的利益。当然，这一市场的杂乱性也给投机者有机可乘，在市场波动中投机者往往放大了波幅，使市场波动对整个经济的危害扩大了。能不能找到一个既可以利用市场竞争的优势，又可以避免市场的波动的缺点的办法？应该说，社会主义的存在就是要在某种程度上想解决这一问题。吸取别国在市场经济中犯下的错误，力求自己的市场经济道路平衡发展。应该说，中国模式正是力求来实现这一点。应该说，在某种程度上也实现了这一目标。但是，我们必须清醒地认识到，社会经济活动虽然有其规律，但其无序性和不确实性是客观存在的。人们对经济活动的把握和认识还远没有达到科学的程度。更何况经济活动是一种人的活动，人的思想和精神参与其中，加上众多主体，国内外经济一体化，对经济的充分把握和严格控制是不现实的。因此，完全不波动是不可能的，只不过是力求波动小，力求经济能按照管理者的方向发展，这是人们所要做的。而社会主义国家在经济资源的掌握上较之资本主义国家有更大的力量，对经济的控制力更大。

三　社会主义是不断发展的运动过程

当我们不把社会主义当成一种固定模式，而作为一场运动时，我们对今天中国走的有中国特色的社会主义道路，社会主义市场经济体制就有了更充分的理解。今天评价我们中国走的道路是不是社会主义道路，中国是不是一个社会主义国家，在问这个问题之前实际上都是有一个框子和模式，要用这个来套现实丰富的社会实践，这样做只会对社会主义事业有害，而不是有利。

我们传统将公有制作为社会主义的标志，认为将生产资料掌握在国家手中，对资本家和社会私人财产收归国家就是表明社会主义制度的建立。这是对社会主义制度的片面和简单的理解。今天我们还有将国有资产所占比重作为坚持社会主义制度的性质的根本指标的做法，都反映了我们对社会主义理解的程式化。从马克思恩格斯经典作家的论述可以看出，社会主义是对资本主义制度的超越，是克服了资本主义制度的缺点的一个更高更好的社会制度，这个社会中应该实行公有制。公有制只是社会主义的一个必要条件，而不是充分条件。不是说实行了公有制就是社会主义国家了。我们不能把生产力还很落后的状态，在生产力发展还不快，社会成员素质还不高的社会称为社会主义。社会主义应该是在制度上较资本主义优越，生产较资本主义发达，生活较资本主义好，社会和谐度较资本主义高，再加上我们在经济社会生活上的榜样，才能说我们已经是社会主义国家。在这之前，我们只能说是努力建成社会主义国家。因为不这样，人们对社会主义的期望很高，而现实无法实现，就会对社会主义国家感到失望，对社会主义事业是不利的。

追求社会最大多数人的幸福，这就是社会主义的理想。社会主义理想是鼓舞社会成员为之奋斗的根本目标。不管市场经济，还是计划手段；不管国有制，还是私有制；不管是何种分配体制，根本的目标应该是追求大多数人的幸福。当然，如果发展只是少数人得利了，富起来了，这不能称为社会主义。少数人得利，少数人富裕，这不过是传统社会的共同的特征，而社会主义就是要消灭这一人与人的差别。不过，要实现大多数人的幸福是一种理想，中间在经过许多的曲折，但关键在于我们是不是能坚持这一理想，是不是始终在各项工作中去努力实现这一理想，而不是被既得利益者所绑架，最终失去这一追求。要想使大多数人幸福，由于人们对幸福的理解不断变化，要求不断提高，社会主义的建设没有终结，社会主义理想始终要坚持。

社会主义初级阶段、温饱、小康、全面小康、基本现代化、现代化，即使到了现代化，我们在大多数人的幸福上是不是兑现了承诺，是不是让人民感觉到幸福，是不是超越了资本主义还不好说。因此，要看到社会主义是一个不断发展，不断追求的过程，是一个持续的运动。在这一过程和运动中，任何时候说已经实现了社会主义，已经实现了理想与目标，用一种固定的模式和标准来套都是不合适的。我们要始终把社会主义理想作为各项工作的指南，在工作上不断促进社会主义的建设事业。

第六章　对当代资本主义的再认识

长期以来，为了论证社会主义革命的必然性，在研究和宣传马克思主义理论时往往只注意马克思对资本主义制度必然灭亡的结论性论述，只注意分析资本主义社会的阶级和社会矛盾给资本主义制度带来的否定性方面，没有深入分析资本主义制度自身的演变和发展，没有注意到资本主义制度的内在调节机制可能也可以使其矛盾得到一定程度的缓解。列宁和希法亭以后形成的西方马克思主义经济理论认为垄断造成资本主义进入最高阶段即帝国主义阶段，并且得出帝国主义就要灭亡的结论。英国学者德赛认为这个结论有问题。他认为，苏联与东欧社会主义的垮台和资本主义经济的长期发展告诉我们，从马克思生产方式更迭的理论来看，资本主义并没有走到尽头。① 马克思主义理论的历史任务是通过对人类社会发展规律的揭示来证明资本主义制度必然灭亡，但是仅有这一结论是不够的，马克思在研究资本主义灭亡的必然性时，基于实事求是的科学研究态度，也对资本主义自身演进给予了充分的重视，并从多方面加以分析。

第一节　批判资本主义立场和社会主义目标的设定

当代资本主义的再认识必须从马克思恩格斯等经典作家对资本主义的基本判断和对社会主义的基本设想出发，只有对这一前提进行了解，才能对资本主义在当代变化的性质作出判断。

一　批判资本主义立场

马克思恩格斯在评价资本主义时，虽然肯定了资本主义在代替封建主

---

① 转引自朱钟棣《当代国外马克思主义经济理论研究》，人民出版社 2004 年版，第 188 页。

义方面是人类历史上的一大进步，指出了资本主义在生产力发展方面的巨大成就和历史意义，但是，总体上看，马克思恩格斯对资本主义是持否定的批判立场的。这种批判体现在：一是对资本主义产生过程的野蛮性进行的批判；二是对资本主义发展中的异化现象的批判；三是对资本主义最终走向的批判。

马克思恩格斯指出，资产阶级为了能够实现资本对劳动的自由雇佣，形成资本主义的前提条件即大批丧失生产资料的劳动者的“自由”，他们采取一切手段对国内的农民进行“圈地运动”，掠夺土地，使农民成为失去土地的城市游民，从而达到资本对工人的雇用。而在国外，则是通过最残酷的殖民手段，对殖民地人民进行虐杀和奴役。“在整个18世纪期间，由印度流入英国的财富，已经主要不是通过比较次要的贸易，而是通过对印度的直接剥削，通过在那里掠夺巨额财富然后转运英国的办法弄到手的”。[①] 资本主义正是在这样一个特殊方式下建立起来的，并不是如他们后来表现得那么文明，而是“用血和火的文字载入人类编年史的”。[②]

工业革命使资本主义生产方式的优越性得到了显著的体现，促进了社会生产力的迅猛发展，引发了深刻的社会变革，使资本主义最终战胜了封建主义而成为社会的主导生产方式。但是，资本主义带来的繁荣也使资本主义矛盾逐步暴露出来，资本主义产生的异化带来了整个社会经济和政治的危机。资本主义的生产方式就是一种社会化的大生产，不仅生产资料是从整个社会中获取，而且生产过程也是社会化，产品面向社会销售。这样的生产和经营方式使整个社会的分工日益发展，它们之间是一个相互联系相互依赖的统一体。这就要求社会对生产资料、生产成果都要实行有组织的管理，由社会全体成员来享有社会化劳动的成果。但是，资本主义的生产资料私有制使资本家决定了生产经营，占有了生产成果，最终使社会化大生产与生产资料私有制之间存在着矛盾，从而导致了劳动者不能享有劳动成果，最终导致生产相对过剩的资本主义经济危机。

资本主义在经过大约一百年自由竞争发展阶段后，到19世纪70年代，资本主义开始向垄断阶段转变。垄断是资本主义发展的必然阶段，经过第二次工业革命后，工业生产的扩大要求进一步促进资本集中，同时资

① 《马克思恩格斯全集》第12卷，人民出版社1998年版，第168页。

② 《马克思恩格斯选集》第2卷，人民出版社1995年版，第261页。

本主义越来越频繁的危机也使生产集中的步伐加快了。生产与资本的集中是资本主义生产力与生产关系两个方面因素造成的，这使垄断成为资本主义发展的新阶段。但是，垄断并没有消除资本主义的矛盾，反而是加剧了资本主义矛盾和危机。垄断资本为了自己的利益，积极谋求与国家政权的结合，资产阶级的国家机器也随之强化起来。垄断资本借助国家权力，对内加强对无产阶级争取自己权力的政治斗争的打压，对外则积极推动垄断资本的扩张，对世界上落后国家实行殖民压迫和金融控制，建立资本主义的世界体系。垄断资本主义对内压迫和对外扩张使其获得了大量的垄断利润，造成了国内出现了许多食利阶层，加剧了社会分配差距，引起了经济发展停滞。垄断并没有使资本主义摆脱其固有的困难和危机，资本主义基本矛盾没有得到解决，反而被进一步积累和扩大。

二　社会主义目标的设定

正是在批判资本主义矛盾的立场下，马克思提出了社会主义目标。社会主义在经济上的目标就是要摆脱资本主义生产资料私有制下资本家对利润的盲目追逐，这种盲目追逐导致了资本主义的生产不再是以社会需求为目标，而是以获利多少为目标，追逐利润导致了资本主义社会的分化。因此，社会主义将以生产资料所有制的变革为核心，解决私有制带来的社会财富的生产与分配问题。私有制解决后，社会生产不再以市场利润为目标，其生产只能是以社会计划的方式，由社会根据社会需要来安排，减少社会浪费和无序生产带来的过剩。同时，可以实现社会分配更加公平，按劳分配将是社会主义初期的社会分配模式。当然，社会主义的更高目标是共产主义，是实现人的全面自由的发展。

无论是马克思恩格斯，还是后来的马克思主义者，都认为社会主义是生产力高度发达的、没有剥削的公平社会。马克思从生产力与生产关系的矛盾出发，在分析资本主义内在的基本矛盾的基础上，得出社会主义取代资本主义的结论。而生产力与生产关系矛盾的推动力就在于生产力水平的不断前进，社会主义取代资本主义，首先就体现在社会主义的生产力发展水平应该超越资本主义。虽然社会主义的建立过程并没有按照马克思的设想而来，社会主义国家都是在经济发展水平比较落后的国家率先成立，但不能否认社会主义的生产力水平应该优于资本主义，这是社会主义优于资本主义的一个根本特征，也是社会主义取代资本主义的合理性所在。所以，在社会主义国家的建设过程中，如何在最短的时间里、以最快的速度在生产力发展水平上超越资本主义是摆在所有社会主义国家面前的一个根本任务。

三　资本主义与社会主义的历史矛盾

俄国十月革命胜利后，人类历史上的第一个社会主义国家建立了。社会主义国家的建立不仅对社会主义革命也对资本主义国家的存在和发展都具有重要的意义。社会主义国家与资本主义国家同时存在在一个世界上，两者不管是内部的政治、经济制度还是对外政策上都有着巨大差异，在世界的共处中存在着根本性矛盾，如何在斗争中不断发展，对社会主义和资本主义国家都是挑战，二者都不能无视对方的存在。

从十月革命到第二次世界大战结束，社会主义国家与资本主义国家的关系跌宕起伏，曲折发展。初期资本主义国家联合起来干涉苏维埃政权，企图用军事手段把新生苏维埃政权扼杀在摇篮里，但是由于资本主义国家出现的经济危机，社会主义苏联得以发展壮大，而资本主义国家只能为了自身经济稳定需要而使两者处于和平共处阶段。第二次世界大战爆发后，不同制度国家面临着决定人类历史命运的生死关头，不同社会制度的反战国家只有组成联盟进行合作才能打败法西斯集团，因此虽然二者之间存在许多分歧和斗争，但是在反对法西斯的共同需要下还是携手合作。第二次世界大战结束后，许多新的社会主义国家纷纷建立，彻底改变了国际政治格局，资本主义世界受到很大削弱，而社会主义国家则组织了一个可以和资本主义国家对立的阵营，出现了两大阵营的对峙。面对这一格局，美国把防范和削弱苏联作为其首要的遏制战略，两个军事集团进入了“冷战”状态。双方既有对抗、冲突，甚至发展到相互的核威胁，但是又没有彻底决裂和进行决战，其根本原因是军事技术发展使各方都没有信心可以彻底战胜对方。“冷战”使两大阵营开展军备竞赛和国民经济军事化，造成经济畸形发展，社会负担不断加重。两大阵营都有改善关系的需要，尤其是美国势力不断衰落使其意识到不能继续坚持遏制政策，而是应该缓和与社会主义国家的关系，尤其是与中国的关系。发展中国家开始以新的姿态出现在世界政治舞台上，世界政治格局出现了变化，即不再以政治上社会主义与资本主义作为划分阵营的标准，而是出现了发展中国家的第三世界阵营。20 世纪 80 年代后，许多社会主义国家出现了制度变革，放弃了社会主义，“冷战”结束了。有的社会主义国家则选择了改革开放，既注意吸收资本主义的发展成果，又始终坚持自己的社会主义道路。

应该说，社会主义与资本主义制度共处了近一个世纪，经历了复杂的演变和发展过程，相互有斗争也有借鉴和合作。资本主义国家在社会主义国家的挑战和影响下，虽然不断地试图打压乃至消灭社会主义，但是，也在社会主义的存在和发展下部分认识到自己存在的问题，对其社会和政策进行了调整，因此影响是相互的。

第二节 资本主义的自我扬弃

资本主义的扬弃，是资本主义制度自身调整，反映了资本主义制度的适应性。资本主义制度的有些调整和扬弃是被迫的、痛苦的；有些扬弃是主动的、适应性的；有的扬弃是内部自发的；有的扬弃是在外部推动下进行的。这些扬弃客观上推动了生产力发展，缓和了社会矛盾，促进了资本主义社会的发展。不能将资本主义制度看作是一成不变和一无是处。作为一种取代封建制度的新型社会制度，也有一个适应生产力和社会发展需要的过程，资本主义制度内的这些扬弃就反映出资本主义制度的适应性，资本主义也是在不断扬弃其制度中不适应社会变化的内容，在追求和保证资本收益前提下对资本主义制度中不适应发展要求的内容进行调整和扬弃。

一 扬弃一般与资本主义制度的扬弃

马克思主义唯物辩证法认为：世界充满矛盾，矛盾无处不在，无时不有，世界发展的根本动力是事物内部的矛盾。事物内部既存在肯定方面，也存在否定方面，肯定方面与否定方面相互斗争，当否定方面占主流时，事物由肯定方面向否定方面转变，事物性质就会发生变化，事物由一种质到另一种质，这就是否定。这种否定是事物的自我否定，既有肯定也有否定，也即是辩证否定，也称扬弃。事物变化的否定并不是一次结束，事物会继续发展，出现新的否定，即否定之否定，事物由此不断向前发展。这是马克思对世界发展演变规律的认识，不管是自然界、人的思维，还是人类社会，都有共同的发展特点。马克思在对资本主义制度的产生、变化、发展和灭亡规律研究中，运用了唯物辩证法否定之否定规律，并在对资本主义社会的具体研究中深化了对这一规律的认识。

资本主义制度的扬弃分为两种，一种是对资本主义制度的根本否定。马克思从人类社会形态的更替中指出了人类社会发展也是不断扬弃的过程，这种扬弃基于人类社会内在矛盾。从社会形态更替看，奴隶社会代替原始社会、封建社会取代奴隶社会、资本主义取代封建社会都是否定之否定的过程。生产力与生产关系之间的矛盾是推动社会发展的基本矛盾，而在阶级社会中，这种矛盾又直接表现为统治阶级和被统治阶级之间的阶级矛盾。马克思认为资本主义制度是一个历史产物，也必将成为历史，也有一个否定之否定的过程。从资本主义制度的产生看，其取代封建社会就是一个否定之否定的过程。它继承了封建社会的生产力等物质成果和精神成果，同时由于社会阶级矛盾的存在促使封建制度瓦解，最终通过一系列的革命运动，建立了资本主义制度。资本主义制度也存在着生产资料私有制与社会化大生产的基本矛盾，是生产力与生产关系矛盾在资本主义社会的表现，这个矛盾也必将促使资本主义的灭亡。“从资本主义生产方式产生的资本主义占有方式，从而资本主义的私有制，是对个人的、以自己劳动为基础的私有制的第一个否定。但资本主义生产由于自然过程的必然性，造成了对自身的否定，这是否定的否定”。①

另一种是资本主义制度内的扬弃。马克思在分析资本主义制度的演变过程中发现了资本主义制度的内在扬弃。“资产阶级除非对生产工具，对生产关系，对全部社会关系不断地进行革命，否则就不能生存下去。反之，原封不动地保持旧的生产方式，却是过去的一切工业阶级生存的首要条件。生产的不断变革，一切社会状况不停的动荡，永远的不安定和变动，这就是资产阶级时代不同于过去一切时代的地方”。② 实际上，一种制度形成后不可能一成不变，而是不断变化，变化动力来自自身的矛盾，这种变化也是扬弃表现。不过，这种否定之否定不一定促使整个社会制度的根本变化，但也从某些方面实现对过去发展形式的否定，促进了事物发展。这是事物内部矛盾斗争的结果，反映了事物内部矛盾的多样性、复杂性和斗争的长期性。

二　资本主义制度存在的内在矛盾

资本主义制度从建立开始就面临各种矛盾。这些矛盾中最基本矛盾是生产力与生产关系的矛盾，即生产资料资本家私人占有与社会化大生产之间的矛盾。基本矛盾既可以表现为最一般的个人或企业的个人劳动与社会劳动的矛盾，也有资本主义发达形态下的整个社会生产无序化导致的经济

① 《马克思恩格斯选集》第2卷，人民出版社2012年版，第299—300页。

② 《马克思恩格斯选集》第1卷，人民出版社2012年版，第403页。

周期性波动和经济危机。在这一基本矛盾的影响下，社会矛盾又可以分出两大方面：一是资本家之间竞争产生的矛盾，从宏观上表现为单个资本家生产与整个社会生产之间的矛盾；二是社会利益矛盾突出，资产阶级和工人之间越来越成为对立者，劳资双方为各自的利益不断斗争。随着资本对外扩张，劳资双方的矛盾又演变为发达资本主义国家与欠发达国家之间的矛盾。

这些矛盾在不同时期表现不同。如在资本主义早期，社会主要矛盾是阶级利益矛盾，即工人与资产阶级之间的矛盾。当时生产力低下，资本家对工人的剥削主要通过克扣工人工资、延长劳动时间、雇用童工等形式来解决自己竞争压力并获得剩余价值。但是，随着生产的发展，尤其是科技的发展，资本家找到一个新的途径，即通过科技来减少损耗、降低成本、提高产量和质量来维持利润，不再把对工人劳动的盘剥作为主要获利方法。这时更多表现为市场竞争，资本家之间竞争进一步加剧。垄断加剧竞争，出现了生产过剩和经济周期性波动来生产的矛盾。资本还通过海外市场的扩大来转移矛盾，把国内的利益矛盾转移到国外的工人头上。

这些矛盾，既不断带来各种冲突，也促使社会各个方面寻找解决办法，社会不断扬弃一些旧的体制和方法，通过新的手段和方法从某种程度上缓解矛盾。资本主义虽然不能从根本上来解决这些矛盾，但找到了化解的办法，化解了一次次的危机，实现了新旧更替，使资本主义得到了一定的发展，实现了资本主义内部的多次质变。

三　资本主义自我扬弃的类型

第一，资本集中、集聚和垄断。资本主义生产方式固有形式主要是个人资本举办的私人企业。私人资本通过自身积累和对其他资本兼并，资本逐渐突破原有量的限制，使更大规模的生产得以形成，通过规模经营，实现了更高效率。“一旦资本主义生产方式站稳脚跟，劳动的进一步社会化，土地和其他生产资料进一步转化，从而对私有者的进一步的剥夺，都会采取新的形式……这种剥夺是通过资本主义生产本身的内在规律的作用，即通过资本的积聚进行的。一个资本家打倒许多资本家。”[①]

第二，资本社会化方式更加广泛。使资本主义有了一种自我的消极扬弃。资本主义发展不断地对资本主义单个私人资本数量局限的自身矛盾提出挑战。任何单个资本在量上都有局限性，而资本主义生产对此却提出突

① 《马克思恩格斯选集》第3卷，人民出版社2012年版，第511页。

破要求：一方面，大规模生产需要大量资本；另一方面，竞争压力也使企业通过扩大规模来降低成本。这两个方面都要求突破单个资本量的局限性。同时，社会中的许多闲散资金也寻找获利途径。股份制和银行信用制度为社会资金进入生产领域提供了途径。股份制保留了资本私有属性，保留了资本收益权和最终控制权。基于获利，资本可以联合。股份制突破了单个资本量的局限性，实现了资本联合，联合起来的资本取得了更广阔、更安全的获利渠道。股份制是在资本主义生产关系内部的一次扬弃，使资本主义生产方式适应了社会化大生产的需要，但股份制没有也不可能摆脱资本私有特性，所以是一种形式上的扬弃，是一种消极的自我否定。“资本主义的股份企业，也和合作工厂一样，应当被看做是由资本主义生产方式转化为联合的生产方式的过渡形式，只不过在前者那里，对立是消极地扬弃，而在后者那里，对立是积极地扬弃”。①

第三，国家越来越参与经济的宏观调节。除了资本主义生产中资本自身的矛盾外，资本家与工人之间、资本家与资本家之间、资本家私人生产与社会需要之间都会产生矛盾。这些矛盾使资本主义制度内部不断产生各种问题，资本主义社会危机重重。单个资本家无法解决这些矛盾，也不能通过市场的交换手段来解决。出于维护自身利益的需要，资产阶级通过国家机器对社会进行一些变革，力求避免矛盾激化。从20世纪二三十年代提出而盛行于第二次世界大战后的社会福利制度，就是政府通过税收以及法律规定企业利润中拿出一部分用于社会福利，使劳动者可以分享社会发展和自身劳动创造的成果。目前，发达资本主义国家的财政收入在国民生产总值中所占的比重已从战前的10%增加到40%—50%，国家对养老保险、社会救济、医疗保险、最低工资限额、低收入补贴、失业救济、教育补贴等社会保障项目的开支一般已占到政府公共开支的60%左右和国内生产总值20%以上，有的甚至高达30%。不过这种社会福利制度是在阶级斗争尖锐下，由政府出面而采取的社会解决方法，目的是保证资本主义制度的延续和资本家利益。资本家自身并没有自觉到将自己的利益出让的做法，工人也没有找到使自己创造的价值回归自己的方法。一旦阶级斗争缓和了，资本家又会找出各种理由来减少工人的福利。如当前许多资本主义国家和企业借口全球化的竞争而减少社会福利投入就是一种典型的

① 《马克思恩格斯选集》第2卷，人民出版社2012年版，第571页。

做法。

在经济运行上，几次大的世界经济危机使资本主义制度受到冲击，传统的自由主义经济理论受到怀疑。生产社会化和生产资料资本家私有制之间的矛盾是个别资本家无法解决的，经济危机和由此产生的政治危机使资本主义制度岌岌可危。凯恩斯主义正是看到了资本主义经济危机的存在而论证了国家调控经济的必要性，迫使国家出面调控经济，力图减少私人资本的盲目性，使资本主义渡过危机，这是资本主义制度上的一次扬弃，减少了社会基本矛盾的直接冲突。

第四，资本主义国家不断调整制度形态，推动科技创新和组织创新。由于资本家认识到科技发展对其获利的重要性，大量资本投入科技研发，使资本获利领域越来越向第三产业延伸。生产力发展使交通通信手段日益发达，不再需要大规模的资本投入的生产方式，诞生了新的生产和获利模式。这样，资本离产品直接生产越来越远，资本获利手段空前增加。如知识经济出现、各种风险投资和金融信用衍生工具的形成。据一项统计表明，1994—1996 年的 3 年中，美国高新技术产业产值占国内生产总值的比重已达到 27%，相比之下，住宅和汽车业的产值分别只占国内生产总值的 14% 和 4%。1996 年，美国实际工资和薪金增长幅度的 20%—30% 源于高新技术工作和高新技术产业。传统的资本获利可能在人与机器中进行比较，但现代获利手段更加依赖于人，需要人去创造和使用科技。一方面，机器自动化生产越来越减少人的直接劳动，既有人力劳动成本的考虑，也有人力劳动与机器分工的要求。更多的人开始转向与人打交道，而不是人与自然。生产力发展使从具自然的王国中解决出来，进入解决人类社会自身的异己力量的问题上来。

以科技创新为主的中小企业的大量涌现和快速发展，使传统的大规模生产为特征的企业模式发生变化。科技创新型的中小企业反应快，创新力强，规模小，但获利空间大。目前，在当代资本主义国家的经济增长中，科技贡献率已由 20 世纪初的 5% 左右上升到 70%—80%。新科技革命创造出的巨大生产力所带来的直接后果，使得当代资本主义财富分配的蛋糕越做越大。它们可以从这块“大蛋糕”中切出一部分，建立社会保障体系和福利制度，从而大大地减少了社会广大成员生活没有保障而爆发的经济和社会危机的可能性。也就是说，当代资本主义国家有了缓和经济与社会危机的物质手段。第二次世界大战后的半个多世纪的历史证明，科学技术发展不但没有激化资本主义的基本矛盾，而且从一定意义上说还挽救了资本主义。社会分工细致化使生产、消费和交换各个领域都进一步细化，生产越来越单纯化为一种无风险、成熟型的工作，使创造的价值越来越多地转移到设计、研发和销售领域，社会分工细致化使许多服务工作分离出去。科技创新引来了风险投资，风险投资分散科技研发的高风险；风险投资和金融衍生工具还创造了虚拟经济。

马克思在分析资本主义制度时注意到资本主义的变化与发展，如他对资本积聚的研究，对股份制、信用的研究，对相对剩余价值生产占主流方式的研究，这些研究反映了马克思对资本主义制度认识的深入，也反映了资本主义制度自身的发展与完善。马克思说：资本主义制度的灭亡是在资本主义制度的完善基础上的否定之否定是一个长期的过程，扬弃促进了资本主义制度的发展与完善。

第三节　金融危机与当代资本主义的分配困境

从2008年以来，以西方发达资本主义国家为主体爆发了世界性金融危机。在金融危机中，美国发生了“占领华尔街”运动，这个运动的主要口号是“最基本的事实就是我们99%的人不能再继续容忍1%人的贪婪与腐败”，“建立一个美好的社会，我们不需要华尔街，我们不需要政治家”。参加运动的社会人士认为，在美国存在着1%的高收入者与99%的社会大众之间的对立，即美国1%的富人占有这个社会的资源和机遇，在这次危机中并没有得到应有的教训，而是将危机转嫁给占99%的社会大众。这次运动虽然没有明确行动目标，所谓取消华尔街和政治家不过是表达了一种不满，这次运动的发起者实际是一家加拿大反消费主义杂志《广告克星》。但是，加拿大的一家杂志能够在美国掀起这样的影响，鲜明地表现了美国普通民众对美国无望解决不断扩大的收入分配差距的无奈和斗争。当前，美国的贫富差距已经处于发达国家之首，贫富差距在美国这样的发达国家也引起了巨大的社会不满，这些确实需要反思资本主义制度存在的内在矛盾。如何看待这一现象，并且分析资本主义制度下美国是否有能力解决这一问题对认识资本主义制度的特性具有重要意义。

一　资本主义制度导致了1%的富人与99%的大众的对立

在“占领华尔街”运动中，不管是普通民众还是政府高官，都在道义上理解并支持这一行动，但又对这次行动的效果并不看好，因为这一运动没有具体的针对对象和解决方案。这正是当前资本主义国家收入分配中面临的一个共同问题：收入分配差距的矛盾是内生的，要解决收入分配差距这一矛盾必须与其制度与体系一起解决，而要摒弃资本主义制度又是不可能的。资本主义制度是形成当前1%的富人与99%的大众之间收入分配差距的直接根源，而在制度内解决这一矛盾又是不可能的。当前西方社会普通民众对传统社会主义解决收入分配差距的做法还没有信心，要在资本主义制度内提出具体解决方案又没有可能，因此难以找到相应可以表达的方式，人们只能在情绪上对这一矛盾现状表达不满。资本主义制度内生的收入分配差距主要表现在以下几个方面：

首先，技术进步影响就业结构并将收入向高端发展，而处于加工和服务等低端行业的人们被日渐边缘化。在生产技术自动化已经成熟且生产经营规模化、国际化的情况下，个体在整个经济中的作用不断降低，个体独立创业并实现经济独立的困难越来越大。资本、技术和市场基本控制在跨国公司手中，而面对跨国公司的竞争，个体，尤其是一般生产操作与服务行业的个人，越来越难以实现经济上的独立。这就造成了经济繁荣与个人失业，尤其是年轻人大量失业现象并存的局面。年轻人可能受过高等教育，但高等教育并不能支撑个人创业，而只能是以被跨国公司雇用为前提。在技术对劳动的替代不断加剧，跨国劳动者对本地劳动者竞争日益加剧的情况下，整个社会的就业结构将越来越固化，即能够消化和吸纳新就业者的岗位越来越少，收入分配越来越向高端集中，高层的管理者处理和控制着技术、资本、市场等，而中下层劳动者参与生产经营管理活动，必然无法获得参与高收益分配的权利。

其次，资本虚拟化使金融资本控制了收入分配格局。在社会生产日趋成熟，国际市场开拓完成的情况下，社会繁荣积累的大量资金越来越难以找到可以获得稳定收益领域。规范化、程序化和机械化使生产领域越来越缺乏获利手段，多余资本只能在金融领域寻找获利途径。金融机构垄断了资本供给与需求途径，为了给资本提供有利可图的机会，金融机构必须要创造更多可以获利的新方法和途径，而在生产领域对资金需求相对稳定甚至萎缩的情况下，金融机构只能在内部做文章。金融衍生工具创新不是为实体经济提供更多资金，而是为多余资金提供更多的获利方法和途径。在衍生工具的高收益和所谓分散风险下，资本被吸引到金融机构，而金融机构将这一部分资本通过复杂包装和多手交易，将其风险分配给不同的虚拟项目，通过长时间跨度使风险无法得到及时显示，从而在内部创造了一种新的获利方法。金融机构以此获得了对社会资本的支配权，也就获得了对资本收益的分配权。投资者对金融机构衍生品进行投资后并不了解资本的真正去向、用途和收益，而只是得到了一个高收益的信用承诺，并且是一个长期的收益信用保证。在资金进入金融机构后，金融机构又将其进行各种包装，通过不同时限和不同行业的分散，最后通过资金时间价值和风险泛化实现其收益的保证。但是，当出现系统性风险，整体经济全面下滑，金融机构资金流动性就会出现问题，此时衍生债券支付也就出现困难，衍生工具的风险将暴露无遗。在金融机构对经济和政府的绑架下，政府救市就成了救金融机构，有的金融机构可以全身而退，而有的金融机构则会“溃坝垮塌”，购买衍生产品的中小投资者在金融危机中则可能丧失其本金和收益。所以说，现代资本主义的金融机构不管其用的金融工具如何复杂，但是脱离实体经济这一创造价值的源泉，金融机构的风险必将会爆发。

最后，福利制度和片面经济增长妨碍了政府的调整。1%与99%的局面的形成是资本主义国家福利制度和片面追求经济增长的结果。在片面追求经济增长下，资金投向和收入分配主要集中在可以获得高回报的领域。对这些领域，如金融和高技术领域，政府提供了大量的优惠政策，包括税收优惠。为了鼓励投资、扩大产品出口和市场占有率，政府制定了许多产业优惠政策，这些政策与追逐利润的金融家和技术管理者目标相结合，使财富分配自然流向这些领域。而处于生产和管理低端的社会成员，其拥有的人力资本不足以在收入分配中占据强势地位，只能处于被定价状态。政府在收入分配上接受了技术、市场、资本垄断所造成的不公平结果，只对最低收入者提供非常有限的帮助。这样，只会使1%与99%的分化局面固化。1%的富人处于控制和决定的地位，而99%的大众只能成为接受和被施舍的地位，哪怕有工作岗位，也是在富人的施舍下才获得的岗位，而不是可以由自己决定的。在这种格局下，政府只能在税收上对1%的人进行非常有限的调节，而根本不能也不愿对整个社会的生产与分配结构进行调整。政府运行和福利开支越来越依赖1%富人的生产经营，这样，整个社会分配调整的可能性十分有限。

二 资本主义国家对收入分配差距调整的局限性

正如在“占领华尔街”运动中既有许多参与者也有更多旁观者一样，人们对资本主义国家目前的分配结构表现出一种巨大的无奈情绪。因为这种分配格局正是他们所生活和追求的资本主义制度内在的，除非完全放弃这一制度，否则要在这一制度内进行收入分配差距的调整十分困难。

首先，资本主义国家不可能对市场机制作根本性调整。市场机制是资本主义制度的根本性制度，市场与自由、平等等资产阶级宣扬的价值观直接相连。在这种情况下，虽然人们对资本主义市场体制的这一方面或那一方面不满意，但要从根本上否定市场存在和作用还难以实现。

其次，金融与技术控制是资本主义竞争的必然结果。1%的出现并不是由对其财富的结果进行再分配就可以解决的。1%是一个结构性的结果而不是单纯的财富占有上的差距。正如马克思所说，生产方式与交换方式决定分配方式，收入分配差距的结果并不是分配领域可以解决的，而是在生产与经营领域形成的，生产领域中的技术创新、经营领域的市场垄断和金融机构对资本的垄断决定收入分配差距。技术、市场与资本垄断是资本主义竞争的必然结果，垄断使任何其他竞争者进入更加困难，保证了这些垄断领域的控制者对收入分配的控制。垄断资本主义是资本主义发展的必然结果，只不过垄断的形式和领域会有所变化。

对富人征税的困难。资本主义国家性质决定了对资产阶级，尤其是大资产阶级进行收入调整十分困难。富人不仅有各种收入的渠道，而且有能力通过各种专业人士的帮助而达到合法逃避税收，减轻自己的社会责任。资本主义国家对富人规避税收心知肚明，但很难采取有效行动。他们既在经济上有求于富人，又在政治上要维护富人。在表面税收上可能对富人要求承担社会责任多点，但在国家的政策上和收入源头上却对富人网开一面。

福利分配只能是资本主义国家调整收入分配差距的最有效方式。一直到今天，资本主义国家能够解决分配问题的主要手段还是福利分配，即由国家通过税收将富人收入的一部分转移支付给穷人。这种福利分配，没有从根本上触动富人的收入源头，保证了富人收入的大头依旧归自己，而同时通过国家层面来对穷人进行补贴，以体现国家的公正性，从而将矛盾转化为不再是富人与穷人，而是国家如何对穷人提供有效补贴的技术性问题。

三 金融危机引发的社会分裂与对立的后果

金融危机强化了资本的强势地位，而社会弱势群体则在危机中陷入更大困境。占领华尔街的人说是因为金融家和高管们的贪婪才有了这样的结果，在危机中这些金融家们考虑的只是自己，而没有整个社会利益。实际上这样的指责并没有意义，因为资本主义从来都是这样。只不过在繁荣时期，社会的大部分阶层都能从繁荣中得到收益，因此人们对这些制度存在的差距扩大并没有真正在意。但当危机到来时，总是强者越显示其在风险中的抵抗力，而且在这样的危机中更会利用其强势地位来寻求国家对自己的保护。因此，金融危机造成的是贫富双方更大的对立，富人的自私性在此情况下更加突出罢了。这种做法并不是起自今天，也不会在今天的运动面前就会减少，而是会继续持续。因为资本主义的制度为这种自私、贪婪提供了直接的诠释。在危机面前，人人求自保，强势者当然会利用自己的地位为自己寻求更安全的方式，而弱势者则更难在危机中得到有效保障。

金融危机加剧了社会政治分裂和危机，不断演化为国内或国际上的纷争。在危机中，人们对资本主义制度的优越性表示越来越大的怀疑，对现有执政者的能力也不再认同，在整体的不满意和社会对未来不确定性的恐慌下，社会政治矛盾将不断产生并发酵。政权垮台、社会动荡、国际纷争不断，统治者一定会将矛盾视线转移。危机的世界性传播也会使世界矛盾更加突出，在这之中就会出现新的世界性的冲突。

对资本主义制度的普遍怀疑使经济危机的社会影响更加明显。也许对于资本主义世界，世界金融危机最大的问题不仅是经济上的问题，更多的是政治上加深了对资本主义制度的不信任，这才是真正的危机。美国哈佛大学教授劳伦斯·萨默斯就撰文说："英国《金融时报》征集一组以'危机中的资本主义'（Capitalism in Crisis）为主题的文章，这在5年前简直不可想象。现在FT这么做，反映了两点：一是舆论的恶化程度，二是大部分工业国家实际状况都令人苦恼。美国人向来是资本主义最热切的拥护者。然而，最近的一项民意调查发现，目前仅有50%的美国人对资本主义持肯定看法，而40%的人则不然。这种幻灭感在18—29岁的年轻人、非裔和拉美裔美国人、年收入3万美元以下的低收入人群，以及自诩的民主党人士中间表现得尤其明显。"①

四　市场经济下社会收入分配改革的主要出路

世界金融危机和美国占领华尔街运动给市场经济国家进行社会收入分

① 美国哈佛大学教授劳伦斯·萨默斯：《资本主义哪里出了毛病?》，http：//www.ftchinese.com/story/001042642。

配改革带来许多启示，揭示了在市场经济国家解决社会收入分配差距必须从经济结构和权力结构角度加以解决。

一方面，市场经济可以使经济得到快速发展，但是，由于片面追求经济增长速度，强化了市场作用，对市场的消极影响注意不够。在具体问题上表现为许多领域市场化程度过高，不应该放任市场的放任了，不应该市场化的市场化了，对市场引起的垄断应该进行管理的没有管理，形成了整个社会的盲目拜金主义和对市场的盲目信仰。放弃政府对市场秩序管理和社会分配职责必然导致社会市场秩序混乱，公共资产流失严重，弱势群体权益得不到保证。政府不作为和乱作为，环境污染严重，资源开采和利用得不到有效的监管。许多人利用政府放弃的职责而获得了暴利，成为这一社会中的获利者，而众多的民众并没有在其中分享到社会发展的成果。因此，政府虽然要坚持市场对资源配置的决定作用，但是政府应该对市场可能引发社会弱势群体面临的权力剥夺给予关注和克服，要支持弱势群体从国家和社会获得相应的帮助，解决其在市场中存在的分配力量。

另一方面，在贫富差距这一问题上，西方资本主义国家运用经济手段方式，主要是以福利手段方式来解决，通过转移支付的方式向贫困人口发放补助，最低工资标准的提升、最低生活保障等，这些做法是将政府公共税收中的一部分通过这种转移支付来进行再分配。但是，这种再分配的方法只不过是一种资金上的救济，需要依靠政府的财政收入水平来保证，而且这种资金救济并不能带来被资助群体在现实中困境的真正解除。因此，西方资本主义福利国家最终出现的福利困境是这种依赖转移支付解决社会收入分配差距的必然结果。当经济不景气时，财政收入的减少必然引起福利支出的削减，而这会带来社会的动荡。而且，通过财政赤字维持这一福利支出，更会给整个财政的正常运行带来更大的困难。福利国家是不可持续的，就因为这种解决贫富差距的办法不是根本的。即便有严格的累进个人所得税，富人所承担的税负要远远小于穷人，而且富人有更多的办法来规避其所应该承担的税负。政府不仅要坚持转移支付，还要大力开展经济扶贫开发，增强社会弱势群体的经济自助能力，使弱势群体能够在市场中获得成长的环境和条件，避免在大资本垄断下难以为继其基本的生存条件。

在市场经济中，金融作为整个经济运行的血液循环系统，对整个经济的作用越来越重要。这不仅是资本主义发达国家的体现，也是所有市场经济国家的必然。在资金寻求获利，而金融控制资金分配途径和获利渠道时，金融对整个经济，乃至对整个社会分配体制的影响就越加突出。市场经济国家如果放任银行金融机构对利润追逐的创新，也必将陷入被金融资本控制的局面。在这样的局面中，社会分配的决定权完全由资本所有者决定，此时再想要解决这一领域的分配问题就十分困难。控制金融活动，约束金融逐利性，使金融始终成为服务社会经济的一个从属地位，而不是主宰，才可能实现金融服务经济的真正价值。坚持金融机构各有分工，相互合作，与实体经济共同发展的理念是发展和改革金融业必须始终坚持的目标。

市场化发展确实有向强势高端集中的趋势，解决1%高收入者与一般群体之间的收入差距问题，不能仅靠累进的个人所得税，更何况这一个人所得税在征管方面，尤其是对高收入者征管方面漏洞很多。实际上，许多高收入人群的高收入并不是市场中得来，而恰恰是得自于政府的政策和扶持资金。从事国家扶持产业的企业利用政府扶持政策和发展经济的迫切要求，通过政策空间和漏洞而致富。这些高端收入的存在，加剧了社会的分配差距，并且由于政府政策鼓励而形成一种固化的贫富差距形态。因此，对高端收入不能仅从事后征税的角度来解决，而是要从收入形成来源进行分析和管理，避免政策中的空子，使这种高端收入的解决在起始阶段就可以得到相当的控制。

第四节　社会主义取代资本主义的途径和手段

一　传统对社会主义取代资本主义途径和手段认识

传统认为，社会主义取代资本主义是历史的必然，是历史的规律，主要来源于三个方面：一是生产力发展导致的生产关系的不适应，最终由新的制度取代旧的制度，这是所有社会制度变革的基本动力，是客观物质力量推动下的社会制度变革的基本模式。而是资本主义向社会主义过渡，同样首先受到这一基本规律的决定和影响。资本主义要灭亡，根本在于资本主义制度中的生产关系难以适应生产力高度发展的需要，资本主义生产资料私有制不能适应现代化大生产对生产资料进行全面协调的需要。这样必然造成资本主义生产关系对经济和社会发展的阻碍，最终资本主义要被更高的社会制度所取代。同时，在资本主义社会，其内在的否定因素也导致其必然灭亡，经济危机是其内在矛盾的必然表现。在外部，资本主义制度形成了两个对立的阶级，在产生资产阶级的同时还会产生其掘墓人——无产阶级，最终通过暴力革命来实现社会制度的变革。

因此，由资本主义向社会主义制度的发展，既有经济上的因素和要求，即经济危机下的资本主义经济难以维系，又有政治因素的推动，即无产阶级革命的兴起。

马克思恩格斯论证了无产阶级革命的理论依据和现实可能性，这是共产主义学说的主要组成内容，是国际工人运动唯一的科学指导思想。无产阶级革命目标就是要推翻资本主义社会制度，从根本上解决资本主义基本矛盾，建立共产主义制度，这是无产阶级的历史使命。马克思主义理论揭示了资本家剥削和压迫劳动者的真正秘密，只有通过马克思主义理论工人阶级才能真正明白自己所处的地位，对自己经济上受剥削和政治上受压迫的根源才会真正了解。马克思主义理论为无产阶级通过革命推翻资本主义制度的必要性和合理性提供了理论解释。正是马克思在《资本论》中所阐发的剩余价值理论为工人阶级找到了革命的理论依据，因此恩格斯评论这本书时才会说："自从世界上有资本家和工人以来，没有一本书像我们面前这本书那样，对于工人具有如此重要的意义。"①

劳资对立是资本主义生产关系中的矛盾的集中体现。在资本主义制度内，虽然通过市场博弈，在劳方联合和资方的有所退让上可以在某些阶段和某种程度上实现劳资矛盾关系的缓和，但是劳资对立的矛盾是无法在资本主义制度内得到根本解决的，因为劳资双方的利益从根本上是对立的，而且在市场中也是矛盾的。首先，资本主义只可能强化这种对立与矛盾而不可能在其制度内加以解决，因为在资本主义生产方式下劳动条件作为资本的财产而与劳动相分离的局面越来越固化，从而使工人被雇用的地位被永恒化；其次，资本积累使资本家与一般工人之间的财富差距越来越扩大；最后，现代科技在资本的驱使下越来越服从于资本的力量，也就越来越难以为个人所拥有和掌握，从而使工人不可能再像过去的小生产一样掌握自己的劳动条件。这些都说明，劳资双方的经济利益上的差距和对立必然使劳资形成两大阶级，而工人阶级要想改变自己的处境，必须通过暴力的方式来消灭资本主义的生产方式，消灭私有制和雇佣劳动制度。"劳动

① 《马克思恩格斯全集》第21卷，人民出版社2003年版，第362页。

和资本的这种对立一达到极端，就必然是整个关系的顶点、最高阶段和灭亡”。[①]

无产阶级要进行社会主义革命，推翻资本主义制度的理由在于：首先，资本主义制度的必然灭亡是社会发展规律所揭示的。社会革命的根源在于社会基本矛盾——生产力和生产关系、经济基础和上层建筑之间的矛盾。资本主义制度建立时也有适应生产力的一面，但是随着资本主义的发展，其适应面逐渐为阻碍生产力发展的一面所替代，需要进行社会革命加以推翻。“社会的物质生产力发展到一定阶段，便同它们一直在其中运动的现存生产关系或财产关系（这只是生产关系的法律用语）发生矛盾。于是这些关系便由生产力的发展形式变成生产力的桎梏。那时社会革命的时代就到来了”。[②] 资本主义生产关系最终不能容纳社会生产力发展的需要，此时无产阶级革命的条件日益成熟，形成推翻资本主义制度的真正力量，在制度层面来从根本上解决资本主义矛盾。

其次，资本主义制度使无产阶级日益贫困化，无产阶级与资产阶级之间的矛盾不断加深。资产阶级对无产阶级的残酷剥削和压迫使无产阶级要从根本上推翻资本主义，这是资本主义社会矛盾尖锐冲突的必然结局。而无产阶级与机器大工业有着直接的联系，是现代先进生产力的代表，是最先进、最有前途的阶级。无产阶级的经济地位决定它大公无私、最有远见、富有组织性和纪律性。他们在革命斗争中，比任何别的阶级都要坚决和彻底。无产阶级始终是工人运动的核心，是“革命社会主义的天然代表”。[③] 他们的伟大历史使命就是埋葬资本主义制度并建立共产主义社会。无产阶级只有解放全人类，才能最后解放自己。

最后，建立社会主义和共产主义制度是无产阶级革命根本目标。社会主义和共产主义制度不同于以前一切的制度，他是建立在公有制基础上的社会制度，必须要推翻过去的私有制为基础的社会制度，而这一过程必然要通过暴力革命的方式来进行。“迄今的一切革命，都是为了保护一种所有制以反对另一种所有制的革命。它们如果不侵犯另一种所有制，便不能保护这一种所有制。……一切所谓政治革命，从头一个起到末一个止，都是为了保护一种财产而实行的，都是通过没收（或者也叫作盗窃）另一

① 《马克思恩格斯全集》第 3 卷，人民出版社 2002 年版，第 283 页。
② 《马克思恩格斯全集》第 31 卷，人民出版社 1998 年版，第 412 页。
③ 《马克思恩格斯全集》第 35 卷，人民出版社 1971 年版，第 229 页。

种财产而进行的”。[①]“为了把社会生产变为一个由合作的自由劳动构成的和谐的大整体，必须进行全面的社会变革，也就是社会的全面状况的变革。除非把社会的有组织的力量即国家政权从资本家和地主手中转移到生产者自己手中。”[②]

二 资本主义新变化带来的社会主义革命问题

无产阶级革命主要方式是通过暴力手段夺取政权，这是经典作家的基本认识，“在大陆上的大多数国家中，暴力应当是我们革命的杠杆；为了最终建立劳动的统治，总有一天正是必须采取暴力”。[③] 但是，经典作家也没有把暴力革命的方式绝对化，他们并不否认无产阶级政党在一定条件下通过和平方式也有获得政权的可能性。恩格斯在晚年曾提出，共产党人可以从实际情况出发，利用一切可能的合法手段与资产阶级进行斗争，最终根据各个国家不同时期的不同情况决定是采用暴力还是和平方式夺取政权。各国革命中最终用什么方式实现目标要由这些国家的工人阶级在革命斗争中自己选择决定。“我们从来没有断言，为了达到这一目的，到处都应该采取同样的手段。我们知道，必须考虑到各国的制度、风俗和传统；我们也不否认，有些国家，像美国、英国……工人可能用和平手段达到自己的目的。”[④]

恩格斯的这一设想就是面对了资本主义新变化而提出的。这种新变化就在于资本主义并没有在一次次危机中马上灭亡，而是在不断地进行调整。而且资产阶级对待无产阶级也不是完全地漠视，而是在工人阶级的斗争中有所让步。尤其是随着资本主义国家民主政治的发展，工人阶级团结的力量在整个社会政治生活中的影响越来越大，工人阶级政党的活动空间也有所有扩大。这些活动首先使工人阶级提出的一些经济利益主张得到了部分的实现。虽然马克思恩格斯等人对单纯改善工人阶级的生活条件并不完全认同，还是认为改善工人阶级的生活条件也是工人阶级斗争的一部分。工人阶级的利益不是空泛的，也不是单纯的政治权力所能概括的。在利益斗争上，马克思主义历来强调抛弃空头的政治口号，从实质上来解决工人的利益问题。在不断谋求从政治上全面解放无产阶级，实现无产阶级

---

① 《马克思恩格斯选集》第4卷，人民出版社1995年版，第113页。

② 《马克思恩格斯全集》第21卷，人民出版社2003年版，第271页。

③ 《马克思恩格斯全集》第18卷，人民出版社1964年版，第179页。

④ 同上书，第179页。

政党执政，实现社会制度的根本转变的同时，还必须充分认识到这一过程的长期性、艰巨性和复杂性。要取得社会统治权，需要在政治和经济上作出大量努力，既有政治上的斗争，也需要经济上的条件。因此，在与资产阶级斗争中必须看到，与资产阶级共存可能是一个长期的现实。也就是说，在斗争中可能长期还处在资本主义制度下，需要经过较长的时间才能实现对资本主义生产关系的根本性变革。在资本主义生产关系存续的情况下，劳资矛盾的存在是客观的，但也并不是完全的零和博弈。工人阶级在与资产阶级斗争中并不是每一次行动和每一步骤都要指向推翻资产阶级统治权。在实现推翻资产阶级统治权的最终目标下，无产阶级还要学会如何在日常的经济利益上与资本家进行细致深入的斗争。在资本主义生产关系还无法根本改变的情况下，如何维护和提高无产阶级的经济利益与政治地位也是无产阶级斗争的重要内容。

正是在与资产阶级的斗争中所展现的力量及工人阶级生活条件的改善，说明了在资本主义制度下革命斗争并不只有暴力革命这一条途径。夺取政权的方式和途径也是多样的，要根据不同的历史条件和革命形势、力量对比来决定革命的方式，而不是单一的为一种方式所左右。当然，承认存在着和平议会方式夺取政权的可能性，不等于就是要认为这是唯一的方式，不是认为恩格斯已经转变了革命策略，把暴力革命完全排除在无产阶级革命方式之外。① 实际上，恩格斯即便看到了在资本主义国家中由于所谓民主方式发展而使工人阶级政党有可能通过议会的和平方式获得政权，也认为这种方式并不是可以作为唯一的方式。恩格斯实际上始终坚持暴力革命是无产阶级革命的基本原则，这是由于“我根本没有说过什么‘社会党将取得多数，然后就将取得政权’”；“相反，我强调过，十有八九的前景是，统治者早在这个时候到来以前，就会使用暴力来对付我们了；而

---

① 国内对恩格斯晚年关于议会和平斗争的思想多有争议，有的认为议会斗争只是恩格斯提出的一种革命策略，而有的认为是恩格斯革命斗争思想的重大转折，是主张不再通过暴力方式而是通过合法的议会方式进行社会主义革命。（参见王越《恩格斯晚年“革命策略”基本思想研究回眸》，《湖北社会科学》2008 年第 7 期）。实际上理解恩格斯晚年这一观点，既要看到恩格斯思想的发展，这一发展是和资本主义社会变化相关；另外也要和马克思恩格斯长期以来的基本思想观点和原则相结合，要看到由私有制的资本主义转变为公有制的社会主义必然是一个彻底的社会变革过程，没有暴力革命作为基本原则是难以实现的。但是，不等于说暴力革命是随时的，不分条件都要坚持的。社会主义是长期的人类事业，必须在此中坚持不断探索各种途径和方式。

这将使我们从议会斗争的舞台转到革命的舞台”。①

议会斗争所以需要，至少有以下几个理由：一是通过议会斗争扩大工人阶级及其政党的影响力，提出工人阶级的主张，为社会更多的人所了解和支持；二是可以改善工人阶级的生产生活条件和政治地位，在一定时期和一定水平解决工人的困难，提升工人的生活质量；三是可以教育工人如何进行政治斗争，引导工人向无产阶级革命最终目标奋斗。

三　取代资本主义的新思路

在新的历史阶段，资本主义确实出现了新变化，由此需要探索和探讨取代资本主义是否有新的途径和方式。

资本主义可以变化，一方面，来自资本主义本身的发展要求：如资本的社会化并不是外部压力形成的，而是资本自身发展的要求。资本主义企业管理的变化也是经济发展的需要，而生产技术的变化也引起了资本获利方式和管理方式的变化，这些都是资本主义的自身发展的结果。另一方面，资本主义在外部压力下也被迫不断调整。由于社会民主发展，工人阶级在社会政治上地位的提高，迫使资本在获利过程中越来越要照顾工人的利益，在利益分配方面通过国家和企业提供的福利不断提高，这些确实改善了资本家与工人之间的矛盾，使工人要通过有组织的暴力方式来推翻资本主义制度的积极性有所降低。在这种情况下，继续坚守传统的革命模式将难以面对变化的革命形势。

资本主义有没有可能越来越变化像社会主义，或者说其自身发展越来越趋向于社会主义要求，从而有可能在其内在地产生向社会主义过渡的可能性或条件？在外部压力下，资本主义能够不通过暴力方式而是和平的方式向社会主义转化吗？

在资本主义制度内的这些扬弃，一方面巩固了资本主义制度；另一方面也使其矛盾不断加深。资产阶级统治者为了更好地适应社会变化，减少矛盾冲突的破坏性，对资本主义制度的自身扬弃也由自发逐渐向自觉转变。这主要体现在：资本主义制度早期的扬弃形式不过是资产阶级为了获利而采取的被迫行为，没有充分研究矛盾产生的根源和矛盾冲突的影响，也没有能力避免矛盾冲突带来的危机。在强烈的矛盾的冲突下，资产阶级不得不采取一些新形式。尤其是资产阶级和无产阶级之间的阶级利益冲

---

① 《马克思恩格斯文集》第4卷，人民出版社2009年版，第443页。

突，资产阶级采取的措施往往是被迫的，既不可能对矛盾出现做出预测与防范，也不愿主动地对自己所获得的利益进行调整。随着资本主义制度进一步的巩固和发展，资本主义社会中的统治阶级，包括资本家和资产阶级学者，开始认识到必须自觉主动地对其制度中不适应生产力发展，尤其是不利于社会保持稳定的因素进行调整，因此对社会中存在的各种矛盾和出现的问题进行自觉的研究，力求通过体制创新来解决社会矛盾。这种自觉调整使资本主义制度有了弹性，使这种制度有了一定的应变性。社会矛盾的冲突使资产阶级认识到社会协调发展的重要性，通过资产阶级学者对经济和社会发展规律的深入研究，加上资本主义国家有了相当经济实力，资产阶级能够较为充分地实施一些措施，通过社会形式调整一定程度化解社会矛盾和冲突，促进了资本主义社会的发展。

资本主义的扬弃也产生了新的生产形式，为向新社会过渡创造了条件。资本主义制度下的合作制、股份制等，都是资本主义制度扬弃产生的新的生产形式，这些形式为向新的社会转变创造了条件。在新的社会中可以直接剥夺这些所有者，这些资本形式向公有制转变就更加容易，因为这些资本形式反映了社会化大生产的需要，可以直接在新的社会中得到利用。工人合作制在“工人自己的合作工厂，是在旧形式内对旧形式打开的第一个缺口，虽然它在自己的实际组织中，当然到处都再生产出并且必然会再生产出现存制度的一切缺点。但是，资本和劳动之间的对立在这种工厂内已经被扬弃，虽然起初只是在下述形式上被扬弃，即工人作为联合体是他们自己的资本家。也就是说，他们利用生产资料来使他们自己的劳动增值。这种工厂表明，在物质生产力和与之相适应的社会生产形式的一定的发展阶段上，一种新的生产方式怎样会自然而然地从一种生产方式中发展并形成起来”。[①] 合作制已经在资本主义制度内实现了生产资料与劳动者的直接结合，使工人充分体会到合作生产的意义，体会到作为生产资料所有者的价值和意义。“资本主义的股份企业，也和合作工厂一样，应当被看作是由资本主义生产方式转化为联合的生产方式的过渡形式，只不过在前者那里，对立是消极地扬弃，而在后者那里，对立是积极地扬弃”。[②] 这些扬弃使人们充分认识到资本主义的生产资料所有制的局限性，

① 《马克思恩格斯全集》第46卷，人民出版社2003年版，第499页。

② 同上书，第499页。

认识到由社会占有生产资料，实现劳动者与生产资料直接结合的意义。

当然，资本主义制度的内在扬弃不可能直接导致资本主义向社会主义转变，变化不过是使资本主义制度更加完善了，更资本主义了。扬弃是资本主义制度内部的变化，没有从根本上解决资本主义的基本矛盾。这些扬弃的形式依旧是在资本主义私有制基础上的，是在私有制许可下的变化，不是真正的革命，带有旧制度的一切缺点。[①] 在资本主义社会中最具有新社会形式的合作制和股份制等形式，虽然含有新社会的内容，却不能直接在新社会下使用。工人合作制与公有制有着本质的区别，只是在个别企业的范围内实现了生产资料与劳动者的直接结合，如何在整个社会的范围内使产品直接成为社会产品，这还需要整个社会体制的变革。在新的社会体制下，工人合作制如何存在和运行还有待进一步的分析与考察。股份制也只是资本的一种组织形式，虽然突破了单个资本的局限性，但没有从根本上改变资本的私有性和获取剩余价值的目的。“这是资本主义生产方式在资本主义生产方式本身范围内的扬弃，因而是一个自行扬弃的矛盾，这个矛盾明显地表现为通向一种新的生产形式的单纯过渡点。……这是一种没有私有财产控制的私人生产”。[②] 股份制企业虽然形式与社会主义社会公有制企业有相似之处，都是社会化大生产的一种生产组织形式，但是股份制企业与资本家的私人企业一样，也是一种私人生产，只不过私有财产的控制权不过是通过资本家直接控制，而是通过股票市场的“用脚投票”和股东大会的“用手投票”来表达。不管企业的员工是否持有企业的股票，企业的所有者与工人之间依旧是雇佣关系，在社会化大生产中股份制企业依旧存在着自我发展的盲目性，不可能解决生产力与生产关系之间的矛盾。所以马克思只说是“这个矛盾显然表现为通往一种新的生产形式的单纯过渡点”[③]，新的社会制度中公有制不可能以合作制或股份制作为

① 杜光教授提出的资本扬弃就是“资本在它的发展过程中不断弘扬其作为生产杠杆的特性，而不断摒弃作为剥削工具的特性”。这是把私有性或逐利性定义为资本的肯定方面，把社会性或生产性定义为资本的否定方面。这种对资本自身矛盾的界定是主观的，肯定方面与否定方面都应该是资本自身具有的，生产性并不是资本本身具有的，而是资本作用的社会结果体现。资本扬弃既然是资本的自我否定，必然是资本为了获利而不断调整其实现形式和获利手段的一种自我否定，资本扬弃不可能否定其追逐剩余价值的本质。如果自我否定到资本逐渐放弃了对剩余价值的追逐，此时的这种资本也就不能称为资本了。（杜光：《从资本扬弃看当代资本主义》，《理论导刊》2003 年第 4 期。）

② 《马克思恩格斯全集》第 46 卷，人民出版社 2003 年版，第 497 页。

③ 同上书，第 497 页。

主要形式，并不是社会中人人是股东就说明是公有制社会了。新的社会制度所追求的生产资料公有制必须有新的经济形式，包括企业的组织形式和经济运行机制，要实现劳动与生产资料的直接结合以及全体社会私人产品与社会产品的统一。资本主义制度的内在扬弃只能说有利于向新的社会过渡，不能简单说这种形式就是新社会的形式。新的社会形式是在生产力相当发达的基础上，通过政治革命实现的。马克思在 1859 年出版的《政治经济学批判》序言中指出："无论哪一个社会形态，在它所能容纳的全部生产力发挥出来以前，是绝不会灭亡的；而新的更高的生产关系，在它的物质存在条件在旧社会的胎胞里成熟以前，是绝不会出现的。"①

① 《马克思恩格斯全集》第 31 卷，人民出版社 1998 年版，第 413 页。

第七章　经济学研究方法

马克思主义经济学与西方经济学不仅存在观点分歧，更存在研究方法的差异。马克思主义经济学的研究方法主要集中在《资本论》这一经典著作中，《资本论》不仅明确表明了无产阶级的世界观和价值追求，还通过对资本主义制度的矛盾揭示和科学方法的运用，为马克思主义经济学研究社会经济现象树立了典范。马克思主义经济学的研究有着鲜明的阶级立场，“因为马克思首先是一个革命家。他毕生的真正使命，就是以这种或那种方式参加推翻资本主义社会及其所建立的国家设施的事业，参加现代无产阶级的解放事业，正是他第一次使现代无产阶级意识到自身的地位和需要，意识到自身解放的条件。斗争是他的生命要素。很少有人像他那样满腔热情、坚韧不拔和卓有成效地进行斗争”。① 马克思运用逻辑与历史统一的方法对资本主义制度进行了批判，深刻揭示了资本主义制度对人性的背离和资本主义制度的金钱拜物教性质，为创立新的社会制度提供了理论支撑。马克思主义经济学在研究立场、逻辑起点与技术方法都与西方经济学有着根本的区别，最终得出了不同的研究结论。当然，西方经济学在经济研究的技术方法上也有值得借鉴之处，西方制度与演化经济学的发展也给马克思主义经济学的发展带来了新的研究领域和方法。因此，作为马克思主义经济学在当代中国最重要的理论成果的社会主义市场经济理论也要超越和突破传统思维的束缚，学习借鉴西方经济学的方法和成果，在实践中谋求创新，在传播中扩大影响，使马克思主义经济学在中国的经济建设中发挥更大的作用。

---

① 《马克思恩格斯选集》第3卷，人民出版社2012年版，第1003页。

第一节　逻辑与历史统一的经济学研究方法

逻辑与历史统一的批判方法是马克思在《资本论》中进行经济研究的一个主要方法，《资本论》的副标题即是《政治经济学批判》。这一方面是由马克思《资本论》写作背景和历史使命决定的，另一方面也是由于资本主义的社会经济生活需要批判才能揭示其存在的问题并对未来发展做出新的认识和判断。马克思在《资本论》中所体现的逻辑与历史的统一方法是最具价值的经济学研究方法，在今天的经济学研究中依旧具有重要意义。

一　传统经济研究方式与历史实践的背离

马克思之前，传统的经济学研究主要运用的方法有两个方面：一是传统的哲学抽象思维方式，即运用哲学思辨方式来研究现实经济问题。二是实践经验的总结。古典政治经济学之所以有科学性，就在于其能够做到哲学的抽象与实践经验相结合。在其初期，以批判封建经济制度为己任，分析了封建经济的非理性、剥削性和不经济性，对封建经济制度的批判使人们对经济规律有了初步认识。虽然古典政治经济学注意到资本主义生产方式带来的社会经济变化，观察到资本主义与封建经济的差别，但是其主要的研究方法还是传统的哲学思辨方式。配第的经济表和斯密的分工学说、劳动价值学说，既有观察经济现象的结果，更有思维抽象的结果。古典政治经济学之所以能达到对经济规律的初步认识，就因为他们的研究试图深入事物本质，达到对“自在之物”的全面认识，他们心目中有个经济的“理想状态”，以这种理想经济状态来批判现实经济的不足。这种批判突破了常人思维的认知特性：注重表象而忽视内在，注重直接表现而忽视隐藏，注重正面而忽视反面。因此，通过对现实的批判可以全面而深刻地展现事物丰富的内涵，有利于充分认识事物的全部。

应该说，马克思在《资本论》的研究中也使用了哲学的抽象思辨方式。如他对劳动的二重性和价值、使用价值的区分，这构成了劳动价值论的基础，而这些只能是通过抽象的方式得到的，不过是科学的抽象。

但是，完全依赖抽象思维方式研究经济现象，把抽象思维方式作为独立的思维形式和唯一的思维认识工具，这种抽象思辨的认识方式存在巨大局限。古典政治经济学批判了封建经济制度，揭示了资本主义经济制度的先进性和合理性。但是，古典政治经济学家们往往没有看到，资本主义经济制度的合理性也是历史的，当资本主义制度成为社会制度时，古典政治经济学家们就忘记了自己批判封建制度时所使用的批判逻辑，反而把资本主义当作是一个永恒的社会制度。这些过去的批判者在对对象进行批判时，揭示了事物消亡的一面，但往往忽视了事物否定面与肯定面的共存与依赖。

从经济思想史演进看，深刻的经济思想家总是批判性的思想家，思想确实体现了他的超越与反面的揭示。经济学家运用哲学批判的方式来领悟经济运行规律，对经济现实表象进行反思与批判，经济思想家是现实的批判者，这是经济思想的价值，也是经济思想的局限。坚持用哲学思辨的批判方式进行经济学研究可能追求是逻辑圆满，愿意舍弃现实社会复杂矛盾的内容。这样，抽象思辨的经济思想具有超越性，对人类认识纷繁复杂的经济活动有一定的帮助，但是思想抽象思辨式研究与历史现实之间不能完全重合。历史现实有着自身发展变化的过程与规律，思想虽然可以实现对历史规律的把握与认识，却不能代替或取消历史进程的发展。当古典经济学设想的自由竞争的市场成为现实时，资本主义所带来的社会分化和经济问题使资本主义包括古典经济学也成为被批判的对象，这时，西方经济学再也没有了过去思想批判的精神，过去的批判者成了自身批判的否定对象，批判者失去了批判的对象和批判的武器而消亡，批判者暴露出的问题与批判者揭露他人的问题一样多。反面转化为正面，此时正面的内容中依旧有反面的存在，正面对反面的抑制、控制和排斥必然使正面成为反面的对立而经受批判。当批判者的思想成为社会主流意识形态，成为人类历史活动的主导时，社会历史的运动变化使思想批判难以实现思想批判所追求的圆满目标。由古典经济学转向资产阶级庸俗经济学，再转向新古典经济学，西方主流经济学越来越成为西方资本主义经济制度的辩护者而不是批判者。

新古典经济学自称自己是坚持了古典经济学对自由市场的追求，主张在当代也要继续实行自由主义的经济。但是，在自由主义经济学家试图用自由竞争解构社会政府的管制时，把自由作为终极目标的经济理想实际已经站到了结构性社会的永恒对立面。如果社会经济活动真如自由主义者设想的那样自由，最终成为社会统治者的一定不是抽象的民众所享有的公平自治，而是自由主义者所代表的资本所有者的自由统治。而此时，对资本自由的社会经济将是对社会民众更大的限制与干涉，因为在社会存在中依旧存在社会与个人的冲突与矛盾问题，存在着资本数量结构的差异，这是自由主义者自身逻辑存在的问题。如号称当今世界崇尚自由的美国，社会贫富分化严重，大部分人并不能因为财富占有有限而实现自己的自由。

二　马克思经济分析方式对传统方式的突破

传统经济学所使用的批判方式基本是哲学思辨式批判，这种批判追求逻辑圆满，通过对整体把握来揭示现实存在的不完善；当然，经济学的研究还存在着另一种研究方式，即历史经验研究，这是通过历史和现实经济现象和资料来分析和总结经济运行规律。但是，在传统经济学的研究中，哲学思辨的批判方式与历史经验分析方式是分离的。哲学思辨式的批判研究在经济思想家的头脑中形成和完善，而历史经验的研究则要从现实经济现象和历史资料中去总结和提炼，并且受到现实需要和相关利益的影响。马克思在经济理论形成和发展过程中，即使用了哲学批判方式，清算了之前的各种错误经济理论的影响，在思想批判中寻找到自己与其他经济思想之间的不同之处。同时，马克思又在革命实践与现实斗争中发现了历史实践的原则和方法，把自己的经济分析方式与纯粹的哲学思辨批判加以区分，主张历史实践的自身规律和合目的性。“在思辨终止的地方，在现实生活面前，正是描述人们的实践活动和实际发展过程的真正的实证科学开始的地方。关于意识的空话将终止，他们一定会被真正的知识所代替，对现实的描述会使独立的哲学失去生存环境，能够取而代之的充其量不过是从对人类历史发展的考察中抽象出来的最一般的结果的概括。这些抽象本身离开了现实的历史就没有任何价值，他们只能对整理历史资料提供某些方便，指出历史资料的各个层次的顺序。但是这些抽象与哲学不同，他们绝不提供可以适用于各时代的药方和公式”。① 马克思的经济分析方式突破了传统批判方式片面性，将逻辑与历史相统一。马克思的经济研究方式来源于两个方面：一是辩证法中的对立统一方法；二是历史现实的规律性揭示。对立统一方法，就是力图揭示事物矛盾双方，尤其是否定面的存在，揭示肯定面的消亡和肯定与否定的相互作用，发现一切事物共同的历史性与非永恒性。社会历史规律的发现，也就是唯物史观的发现，使历史

① 《马克思恩格斯选集》第1卷，人民出版社1995年版，第73—74页。

的解释与认识摆脱了完全依赖思想的状况，而是在历史演变中说明现存经济现象灭亡的必然性和规律的不可抗性。所以，马克思主义的经济研究不同于传统经济研究中的某些单纯思维批判，而是将思想批判与历史规律揭示结合起来。马克思的研究方式超越了对现存经济现象静态存在的分析，使自己的经济理论具有批判彻底性和历史发展的不可抗拒力量。

在马克思经济思想发展过程中，劳动异化理论依旧停留在哲学思辨的批判领域，不能全面反映马克思经济研究方式的变革。当前，许多马克思主义研究者重视马克思的劳动异化理论，认为劳动异化理论的批判深刻性与丰富性远远高于后来的资本批判性。劳动异化思想确实是对经济现象的超越，把人类个性生存与社会存在之间矛盾进行了一般性批判，使劳动主体与客体矛盾体现在目标与手段的背离、所得与所付出不对应、精神的社会需要与身体的个体欲求的矛盾。劳动异化理论把对社会经济现象的批判上升到本体性的哲学高度，揭示的是人类社会生活中普遍存在的矛盾现象，劳动异化理论成为人们批判资本主义的重要内容。与矛盾概念相比，异化概念推进了对人生存状态矛盾的描述，对现代性的社会发展与个人生存状况恶化进行了深刻剖析。马克思对资本主义的批判正是建立在这样一种社会劳动背离的具体批判上。在资本主义社会中，资本是人格化的，人反而成为资本左右的对象。社会求的不是人的价值，而是资本的增殖，物的增殖，这严重背离了人所追求的生存价值和社会存在的根本目标。社会应该是人的社会，属人与为人的，而资本主义社会却是非人、物化和背离的。所以，与其说劳动异化理论是马克思对资本主义社会制度的经济批判，不如说是对资本主义所代表社会的现代性批判，是对社会发展导致的社会价值与人的目标背离的批判。马克思在劳动异化理论中体现出的批判思想的深刻性正在于此，把对具体社会的经济批判归于对人类社会目标与发展价值的批判，把对经济的批判上升到对时代价值和人的生存状态的批判。他反复强调，他的批判不针对个人，不针对其中某一个资本家，而是对社会制度和结构的批判，最终是对社会价值的批判。

但是，马克思的经济理论及其研究方法并不是劳动异化理论所能够全部概括的，劳动异化理论至多只是一种逻辑思辨式的批判方式，这种批判方式虽具有逻辑的超越力量，但是依旧停留在思维领域；可以实现自身逻辑的圆满，指出社会发展的方向，但无法改变社会历史演进的过程和发展步骤。马克思思想中真正成熟的经济分析方式是逻辑与历史的统一，是要实现思想与实践统一的批判，是理论揭示与实践改造的结合与统一。唯物史观，或历史唯物主义所揭示的正是现实社会中人的历史（社会）演变的规律，在现实物质力量推动下人的社会的历史过程与演化趋势。历史发展的客观规律性思想是对现存状态永恒性的批判，揭示历史客观规律就是要用历史自身的发展来批判现实。马克思的经济研究没有停留在对现存社会矛盾的批判，仅仅揭示现实社会（他所处的资本主义社会）的否定面、丑恶面、非人性面是不够的，也是不科学和不彻底的。马克思要在历史规律中揭示现存经济制度的暂时性和消亡性，马克思所提出的新社会是作为旧社会的对立面，是作为规律体现出的未来发展方向。他要使现实的实践改造成为经济研究的一种目标和态度，从而使经济研究既不是单纯的思维活动，也不是经验总结，而是成为不可抗拒的物质力量，这是马克思超越一般经济思想家的重要体现，他不仅仅要作为资本主义经济制度批判者，还要成为社会主义经济制度的建立者。

在经济领域，马克思运用逻辑与历史统一的研究方法，实现了经济思想的革命性飞跃，成功超越了古典政治经济学，形成自己独特而完整的经济理论体系。马克思的《1844 年哲学与经济学手稿》是马克思劳动异化理论的集中论述，同时这部著作也说明马克思从哲学批判走向现实社会经济批判的转变。在对资本主义经济制度的批判之后，马克思还提出了未来社会的蓝图，要用新事物以取代旧事物。马克思不仅是批判资本主义现实的批判家，还是构建未来的战略家。建立在逻辑与历史统一基础上的批判性建构不仅是从否定面提出了一种新的肯定，而且充分考虑了现存事物存在的合理性与历史更替性，提出了在更高层次上如何发展的问题。如在公有制对私有制的取代、无产阶级对资产阶级的取代、按劳分配对要素分配的取代、产品经济或计划经济对市场经济的取代等方面，这些取代只是体现了马克思对社会发展必然趋势的认识，既是逻辑批判的产物，也是历史现实研究的成果。但是，提出这些取代不等于马克思要在未来社会的某个阶段或时期就可以彻底抛弃过去，实现与过去完全不同的另一种社会模式。马克思不是在提出一种全新的社会模式，而是看到了社会演进的新方向。要实现这一目标必然是长期的历史演进过程，其中新旧交杂、各种模式并存是社会自然状态，也是历史规律体现的基础。马克思还提出了在未来社会“重建个人所有制”的问题，就引起了许多具有单一思维习惯的研究者的思想混乱，认为未来社会已经实现了用社会所有制取代资本家私人占有制，社会全面实行公有制，又如何体现个人所有制，个人所有制与社会所有制或公有制是矛盾的。这种形而上学的单一的思维方式认为，马克思提出的未来社会是与资本主义社会完全不同的社会，克服了资本主义的一切矛盾和弊病，马克思既然否定批判了资本主义的方方面面，因此资本主义有的我们都要反对，新的社会是全面彻底地体现马克思对新社会设想的社会模式。线性的思维逻辑完全可以设想一种完美的社会模式，现实与历史却不可能这样。马克思正是在逻辑与历史的统一上把握了历史的进程与规律，反对将逻辑强加于历史，将思维的自由等同于现实的自由。历史必然是丰富、曲折、多样的，虽然历史发展有着根本规律，但规律是自身演化的过程体现，而不是外在强加的逻辑体现。

三　逻辑与历史统一的建设性经济分析方式

如果一味固守批判立场，马克思经济学就难以为社会所接受，马克思经济学的边缘化将越来越严重。社会主义建设需要的是建构和创新，而不是纯粹的批判和革命，马克思经济学在社会主义市场经济条件下需要重塑资本，不能再对资本加以完全的否定和批判，而是力求认识、理解资本，学会驾驭和利用资本。认识和理解资本，就是要认识资本的特点和作用，认识资本在当前经济发展中的必要性和重要性，对其合理收益给予承认。而利用和驾驭资本，就是要用资本之利，除资本之弊，不能为资本所左右。在社会主义初级阶段，资本存在是客观和必要的，需要进一步发挥资本作用。我们能采取的态度是："一个社会即使探索到了本身运动的自然规律……它还是既不能跳过也不能用法令取消自然的发展阶段。但是它能缩短和减轻分娩的痛苦。"① 马克思经济学需要研究在社会主义市场经济条件下如何重塑资本，构建基于马克思主义基本立场和观点，同时吸纳现代资本主义发展成果的可以指导社会主义市场经济的思想理论体系。

出于革命需要，马克思经济学对资本问题基本持否定与批判的态度，对资本的历史作用叙述不多，语焉不详，未作详尽论述。但是，马克思主义理论并没有简单地否定资本。从唯物辩证法看，马克思对资本的评价也必然是全面的和辩证的。虽然马克思从根本上否定资本，但也肯定了资本在历史上的作用。马克思经济学的使命使其对资本的历史作用没有充分加以论述，在当时也不需要论述，因为他所处的时代和社会就是资本主义社

---

① 《马克思恩格斯选集》第2卷，人民出版社1995年版，第101页。

会，资本的作用和影响是不言而喻的。但是在社会主义社会，在构建适应社会主义市场经济需要的马克思经济学体系下，需要挖掘在马克思批判性语言下对批判对象的辩证认识。这需要角度转换，从正面来看待资本存在的必然性、必要性和合理性，科学地看待资本的历史价值与作用。

以马克思在《共产党宣言》中对资本作用的论述为例。马克思说，"资产阶级在它的不到一百年的阶级统治中所创造的生产力，比过去一切世代创造的全部生产力还要多、还要大。自然力的征服，机器的采用，化学在工业和农业中的应用，轮船的行驶，铁路的通行，电报的使用，整个大陆的开垦，河川的通航，仿佛用法术从地下呼唤出来的大量人口，——过去哪一个世纪料想到在社会劳动里蕴藏有这样的生产力呢?"[①] 马克思在这里指出了资本主义制度相对于过去社会制度对生产力发展的巨大推动作用，具有历史进步性。"资产阶级在历史上曾经起过非常革命的作用"。[②] 而"封建的社会主义，半是挽歌，半是谤文；半是过去的回音，半是未来的恫吓；它有时也能用辛辣、俏皮而尖刻的评论刺中资产阶级的心，但是它由于完全不能理解现代历史的进程而总是令人感到可笑"。[③] 从这些论述中可以看出，马克思对资本主义的历史进步作用是充分肯定的。我们所要避免的正是马克思所批评的德国"真正"的社会主义者"用诅咒异端邪说的传统办法诅咒自由主义，诅咒代议制国家，诅咒资产阶级的竞争、资产阶级的新闻出版自由、资产阶级的法、资产阶级的自由和平等，并且向人民群众大肆宣扬，说什么在这个资产阶级运动中，人民群众非但一无所得，反而会失去一切。德国的社会主义恰好忘记了，法国的批判（德国的社会主义是这种批判的可怜的回声）是以现代的资产阶级社会以及相应的物质生活条件和相当的政治制度为前提的，而这一切前提当时在德国正是尚待争取的"。[④] 马克思对待资本主义的辩证态度也正是马克思主义者对待现实社会主义社会的科学态度，要用发展的眼光来看待现实社会，对问题进行分析和批判，但也应该看到社会的发展趋向。

建设性的经济研究是逻辑与历史的统一，就是把社会的经济研究从单纯对资本主义的批判转向研究如何开展社会主义经济建设。所谓建设性研

---

① 《马克思恩格斯选集》第 1 卷，人民出版社 1995 年版，第 227 页。

② 同上书，第 274 页。

③ 同上书，第 295 页。

④ 同上书，第 300 页。

究，就是虽然也含有对现实包括资本主义现实的批判，但是批判的目标不是基于解构而是建构。对资本主义制度以及自身经济中存在的问题进行的分析批判本身虽然都会有解构的作用，而不能直接达成建构，但是其目标是把这种分析批判作为推动事物进步的力量，作为建构社会主义经济制度的一部分，从而实现人类社会发展的共同难题。使分析批判实现建设性的目标而不是彻底否定的目标，这既需要批判者认识到事物正面存在的合理性和价值性，又看到不足与前进方向，力求促进事物发展而不是消亡，从而提出意见与建议。同时，也需要建设者真正把批判作为社会发展的动力而不是异己力量加以消除，真正清醒地看到自身存在的矛盾与问题，虚心接受和诚恳改进，采纳社会建设性的批判意见，真正把促进社会进步与事物发展作为己任，才能促进事物前进，使批判成为社会进步的力量而不是消亡的动力。这实际上是在社会中设置了一个自我批判的功能，使社会始终处于警觉状态，而不是置之不理，只寻求权力的维持，最终走向彻底的消亡。

建设性经济分析也是批判与自我批判的统一。批判是马克思的武器，但不是马克思的归宿。马克思是一位批判家，但不仅仅是批判家，或者说用批判家来形容马克思是对马克思的误解。马克思批判了许多错误思想，但是马克思在批判中要实现的是人，尤其是无产阶级的自觉，而不是代替无产阶级进行思考。马克思是要揭示规律，而不是“神启”天意。当他人批判马克思时，马克思有的会给予回击，有的只是真诚的接受。在马克思的思想没有成为社会主导思想时，马克思所作的回击局限在思想上，是从维护自己思想的完整性、科学性与统一性的角度来对他人的批判给予回应。通过这样的回应，也丰富了马克思对自己思想的认识，甚至提供了一个全面阐述自己思想的机会，体现了思想是在斗争中形成与完善的发展规律。对他人的错误思想，虽然有时用语尖刻，但都是建立在思想上的批判，而不是人格上的斗争。另外，对于一些涉及自己研究问题的要害，确实没有充分考虑的内容，马克思坚持了科学的态度，服从真理，敢于修正自己，勇于批判自己，在研究中没有人比马克思自己对自己的批判更严厉了。当批判者自身角色变换后要自觉发觉自身的变化，对批判进行转换。这当然首先需要批判者在传统批判下的一种自觉，不能只看到对象的否定面而忽视事物的肯定面，以免自己也处于别人同样的批判下而自己打自己的耳光。在肯定自身角色变换后更要自觉接受批判，欢迎建设性批判的存在，改进自身，努力促进社会变化，只有这样才能既促进自身建设也促进社会的进步，而不是一心只维护自己的地位而以排除异己的方式对待他人的批判，如果这样最后得到的必然是武器的批判。

第二节　马克思主义经济学与西方经济学方法的差异

马克思主义经济学与西方经济学在研究方法上有很大不同。马克思主义经济学使用了唯物史观的研究方法，注重从历史和社会制度的演进角度来研究社会发展变化的规律，而西方经济学注重从经济现象的变化来总结经济规律。西方经济学与马克思主义经济学在研究立场、逻辑起点和技术手段方面都存在差异，这些差异使两者对经济规律有着不同的认识。

一　研究立场不同

以马歇尔《经济学原理》为代表的新古典主义（微观经济学）和以萨缪尔森为代表的新古典综合派的微观部分是20世纪30年代以来流行于西方国家并成为这些国家经济政策的理论根据，在西方被称为主流经济学。马克思主义经济理论与西方经济理论都以资本主义经济运行规律为研究对象，却得出相反的结论，这首先是由于阶级立场不同造成的。西方经济学的学者们竭力掩盖自己的阶级属性，认为自己是出于无主观偏见的理性态度来研究现实社会的。而马克思则明确表明自己的阶级属性，把自己的研究作为是为无产阶级革命提供理论基础。马克思研究的阶级立场受到资产阶级学者的攻击，认为马克思经济理论出于他的政治需要，因此研究的主观性太强、科学性欠缺。不过，分析一种理论学说是否正确，其标准有两个方面：一是逻辑上、体系上是否完善；二是实践中是否行得通。虽然西方经济学极力通过数学模型与公式来表明其科学性，但经济学到今天为止还是不能称为是科学。经济学不能称为是一门科学，不是经济学的数学应用少了，而是经济学研究的对象是人的复杂活动。人的活动是人在意识支配下的有目的的行为，这些行为虽然也有规律，但永远不可能用数字进行精确描述。经济学以人的经济行为作为研究对象，在认识人的经济行为的动机和行动后果时必须对人有个全面的认识和判断。西方经济学首先将人描述为一个经济人或理性人，认为人是一个经济动物，追求自身利益最大化，这是西方经济理论的所有推论设定的“公理”。但正可以用这一“公理”说明马克思主义是科学的，马克思正是基于每个人对自身利益的追求来说明社会矛盾和社会发展的动力。不过，他选择的利益出发点是无产阶级利益，是社会中被压迫阶级的利益。西方经济学的研究者的出发点则是现实制度的既得利益者，这样必然导致二者的出发点不同，最终的结论也不同。

研究立场决定研究方法的选取和研究结果的诠释。在对待资本主义态度上，西方经济学采取了现实态度，即承认存在的即是合理的，肯定资本主义经济制度存在的价值和合理性，力求解释这一制度存在的原因和发展规律。虽然有时也会对资本主义存在的问题和缺陷有所揭露，但是，总体上是以肯定和促进资本主义制度完善的角度来研究经济问题的。而马克思主义经济学则从一开始就持批判与否定的立场来研究资本主义。综观马克思经济学的理论体系，从价值理论到资本理论、剩余价值理论（分配理论），其核心是围绕批判资本这一命题展开的。劳动价值论是马克思经济学的理论基础，劳动价值论主要是作为一种理论分析工具，为剩余价值理论提供了一个科学有效的分析工具。价值理论要说明商品价值是由劳动创造的，与资本无关。而资本理论说明资本不是物，不是生产要素，资本是历史产物，是一定历史阶段中社会关系的体现。剩余价值理论（分配理论）揭示了资本家无偿占有了工人劳动创造的剩余价值，资本家、土地所有者、商业资本家和借贷资本家对剩余价值进行分割的秘密。马克思通过洋洋大观的《资本论》都是要论证这一命题，要说明资本的历史性，资本存续的不合理性和必然灭亡。批判资本是马克思经济学的特征，也是马克思经济学的使命。通过这一命题，才能为无产阶级革命的必要性、必然性和合法性提供理论依据。“《资本论》在大陆上常常被称为‘工人阶级的圣经’。任何一个熟悉工人运动的人都不会否认：本书所作的结论日益成为伟大的工人阶级运动的基本原则，不仅在德国和瑞士是这样，而且在法国、荷兰、比利时、美国，甚至在意大利和西班牙也是这样；各地的工人阶级都越来越把这些结论看成是对自己的状况和自己的期望所作的最真切的表述”。[①] 马克思主义经济学的研究自然不会关注资本主义的合理一面，而是关注资本主义矛盾和危机的一面，力求论证其存在矛盾导致的

① 《马克思恩格斯全集》第 44 卷，人民出版社 2001 年版，第 34 页。

经济危机及其最终灭亡的规律。这样的立场也就决定了马克思主义经济学不会去研究资本主义经济具体的运行规律，而是会研究其结构性矛盾和系统溃散因素。

正是因为立场不同，面对同样现象，两种理论的解释也就不同。资本主义是一个商品经济的社会，商品生产、交换、市场、竞争等经济现象是资本主义社会中的基本经济活动，对于这些活动，西方经济学从解释这些经济现象的存在的合理性和规律性出发，力图揭示市场中的商品交换各种现象变化规律，为资本主义的发展提供理论支撑。如对资本主义中的竞争，西方经济学会从竞争对经济效率的提升、优胜劣汰和创新等角度论证资本主义竞争的不可或缺性；而马克思主义经济学则会认为，资本主义竞争导致了资源浪费，使资本家在竞争中为了占据优势而不断压低工资，延长劳动时间，强化了资本主义的经济结构。正是因为竞争，使社会化大生产在资本家个体利益的驱使下处于无序状态。

再如对劳动的态度，西方经济学把劳动作为一种普通的生产要素，虽然也承认劳动要素在使用上的特殊性，但依旧把劳动作为生产要素的一种，从生产发展角度来理解。劳动市场中劳动的供给与使用要求遵循市场要求，反对违反市场规律对劳动的供求进行干预。即便劳动力市场中出现了劳动严重受到资本的压迫而出现不公平现象，西方经济学也依旧要求劳动者遵从市场规律。而马克思主义经济学则从劳动作为生产中唯一创造价值的立场出发，论证了资本对劳动创造的剩余价值的无偿占有，认为劳动与资本在市场中根本不可能公平，要想解决这一问题的根本出路只有消灭私有制。

当代的马克思主义经济学虽然对资本的立场上有所变化，不再把资本看作只在资本主义社会中才存在的经济因素，也不再以研究资本主义的矛盾和消亡作为自己的主要任务，开始深入研究市场经济的运行规律。但是，与西方经济学在立场上的差异依旧是马克思主义经济学的主要特色，去发现资本主义存续发展中的矛盾仍然是马克思主义经济学的任务之一。当然，这样一来，马克思主义经济学不会如西方经济学那样可以直接用于企业获利或政府宏观调控，但是对于警惕资本主义发展中的问题，为经济政策制定提供参考与指导也是不可或缺的。

从马克思主义经济学来看，主要集中的内容不是市场经济的运行，在市场主体——个人和企业方面没有全面的分析其在市场中的表现，而是集中在价值形成和分配上，这就决定了马克思主义经济学不是用来指导市场运行的，而是为了说明社会分配不合理。马克思主义经济学没有微观与宏观经济学的区分，而是侧重在经济制度造成的经济运行的离散性。由于方法上的差异和立场上的差异，使马克思经济学与西方经济学的差别越来越大，最终形成了不同的历史观。马克思从历史唯物主义出发，揭示了资本主义从起源、发展到消亡的必然趋势。西方经济学以实证主义为方法，将资本主义制度视为永恒的制度，因此把资本主义制度中人与人的经济关系看成是凝固不变的。西方经济学把“自由竞争、信息完全”等假定作为研究的起点，把原始人打猎所使用的棍棒也视为“资本”，试图把资本主义制度看作是与人类相伴而生、相伴而亡的千古不变的制度，并且构建了一个理想的完全竞争市场模型，把封建社会和奴隶社会的私有制看作是不完善的资本主义制度，把社会主义或共产主义制度看作是违背人性的社会制度。到了凯恩斯之后，他从“工资刚性”出发，论证了宏观上不可能实现充分就业的均衡，西方经济学才开始研究所谓的“非均衡微观经济学”，才认识到完全竞争市场并不是“理想的市场经济”，而是从未有过的幻想经济。不过，他们并没有也不可能从“非均衡”导出资本主义必然灭亡的历史趋势，只有马克思的唯物史观才能正确认识这一规律，并得出推翻资本主义制度的革命结论。

二　逻辑起点不同

从《资本论》的逻辑起点看，马克思是从商品开始研究资本主义经济的。但马克思研究商品不是研究商品交换规律，而是研究商品价值的形成，从而说明劳动才是价值的创造来源，而资本则在生产中利用其地位最终无偿占有了剩余价值。因此，劳动价值论是马克思主义经济学的逻辑起点，剩余价值理论和经济危机理论等都是建立在这一理论基础上的。可见，商品价值的形成和分割是马克思主义经济学研究的起点，而对商品交换中的价格与市场波动则较少涉及。

西方经济学则以市场中商品价格的形成和波动为研究起点。虽然他们也会因价格的形成而追溯到价值问题，但是在经历了效用价值论中基数与序数效用价值的研究后，效用价值论虽然还是作为价格形成的基础加以论述，但是其作用和地位已经下降。均衡价格理论作为西方经济学的基础，成为其研究的逻辑起点，这正反映了西方经济学着力研究市场运行机制，探求把握价格波动规律，为企业和政府决策提供服务的出发点。当然，为了探究市场价格的形成机制，必须对市场供需双方的特点和追求进行分析，寻求市场价格在供需双方相互作用下的价格变动和均衡的条件。正是为了说明市场运作的力量，西方经济学对市场中的供需双方都作了假设，认为需求者和供给方都是“经济人”，即是追求自身利益最大化的主体。只有这样的“经济人”或“理性人”的存在，才会对市场价格做出反应，价格对资源配置的影响才会起作用。

西方经济学以个人理性主义为基础，以市场价格形成机制为主体的研究思路，使西方经济学成为资本主义市场经济的论证者和维护者。新古典经济学以继承斯密的古典自由主义为己任，强调的正是市场的自适性，即市场可以通过自身力量来解决存在的矛盾。而市场自适性正是依靠市场主体对自己利益的追逐而实现的。所以，西方主流经济学再大的理论体系和再反复的论证，都是在说明不用政府，市场也可以通过主体的自身利益的追求来实现。

因此，批判西方经济学的错误，指出其逻辑问题和为资产阶级的利益辩护性，需要从其逻辑起点开始，只要证明西方经济学的“经济人”和市场自适性的问题，自然解决了西方经济学的所谓逻辑圆满和现实指导意义。马克思主义经济学的研究起点也是商品，但是首先是把商品作为劳动产品，作为是价值的载体而开始的。马克思主义经济学对市场的研究关注的是市场中的交换基础，而不是价格变动规律，是剥去价格变动现象背后的交换基础的价值规律。在马克思主义经济学中没有“经济人”的概念，因为在资本主义的经济活动中的个体并不是平等的。虽然劳动者出卖劳动力也是出于所谓的经济利益最大化考虑，也谋求能使自己有个较高的收入，面对市场也只能是竞争者中的一员。在消费活动中，劳动者当然也会考虑市场价格，但是，面对丰富的商品市场而自己受制于资本家的剥削而不断贫困化，劳动者的所谓理性消费就难以达到真正的“理性经济”。马克思主义经济学中只有劳动者与资本家，没有消费者与供给者，西方经济学对经济活动主体抽象的“经济人”抹杀了实际生活中人与人的不平等，这种抽象看似合理，实际上掩盖了经济活动是一种利益交换和矛盾冲突的本质。

马克思主义经济学的生产相对过剩和经济危机理论揭示了西方经济学的市场自适性不可能。资本主义经济虽然在市场作用下推动了生产的发展，但是大量生产商品而实际的生产者没有能力消费，必然导致生产的相对过剩，生产过剩最终引发资本主义经济周期性危机。因此，西方主流经济学对市场神奇吹捧掩盖了市场中存在的矛盾，而资本主义的经济危机证明了市场的这种神话是不存在的。

三 技术方法不同

从现象来研究规律，必须重视现象的变化，即研究不同现象之间的联系。把起因的变化与结果的变化进行比较。在西方经济学的发展中有两个阶段称为革命，其中之一就是边际革命，把现象分析的方法和手段运用到经济学中，从而促进了经济学的数理化。西方经济学长期以来集中在市场机制的研究，对市场中的价格形成、变化、市场供需主体的关系、作用与机制，生产机制等不同生产要素的市场运行规律等作了大量的研究，这些研究早期都集中在微观领域，试图分析市场的运行机制和规律，这既是为了说明市场经济的合理性作论证，也是为了帮助企业和市场主体更好地把握市场变化服务。在宏观经济方面，长期来西方经济学坚持了斯密的“看不见的手”理论，对政府的干预经济持否定态度，所以很少研究宏观经济的调控问题，认为市场可以达到总体宏观上的自发调控。

但是，20 世纪二三十年代的世界经济大危机则对西方经济学理论提出了挑战，西方经济并没有在市场作用下得到自发的调整，而是陷入整个世界性的经济危机之中，政府如何做？政府采取手段的依据是什么？正是这些问题，使所谓的凯恩斯革命得以出现。凯恩斯革命建立了西方宏观经济学，并且把微观经济学与宏观经济学沟通，树立了西方经济学从宏观调控角度对整个经济的把握，从而为经济政策的制定提供了思路和方法，建立了一个相对完整的理论体系。

西方经济学在承认现实的基础上对社会经济现象进行分析与研究，他首先强调理论要能解释现象。所谓理论就是找出现象之间的联系，但否认在现象背后还存在本质问题。因此对于资本主义社会的各种经济问题，西方经济学总是力求解释现象，而不是去否定现象。他们不容许对现象进行深入剖析，而是就事论事，认为这样就能保证研究的客观性和科学性。如在商品价值的决定上，他们看到了人在购买商品中出于自己对商品的需要程度来决定对商品价格的承认程度，由此提出了效用价值的思想。为了使效用价值思想得到更好的解释力，又提出了基数效用和序数效用论。在西方经济学中最常用的方法是边际分析法，这一方法在西方经济学发展史上又被称为“边际革命”。边际方法确实较好地解决了现象变量之间的关系，只要研究自变量变化与因变量变化之间的关系，就可以揭示自变量与因变量之间的对应关系。边际方法被运用于西方经济学的各个方面，如消费者边际效用递减理论，生产厂商的边际成本理论等。但是这一方法也使西方经济学更加注重现象分析，放弃了对经济实体的价值度量和内在性质的考察。

而马克思主义经济学是以唯物史观作为自己的方法论基础。从物质的社会关系，而不是现象的数量关系出发，来考察社会经济现象和发展过程，摒弃了现象波动的各种偶然的非本质因素，而是揭示事物，尤其是经济现象的本质联系，把社会关系归结于生产关系，把生产关系归结于生产力，由此揭示社会形态的物质运行规律即经济规律。马克思坚持用逻辑与历史统一的分析方法，按照由抽象经济范畴到具体经济范畴的思维进程，从理论上再现经济关系的方法。马克思首先把经济归结为人的一种活动，把劳动作为人类社会最基本的活动，从而发现商品交换不过是人类的劳动交换，商品价值就由人类劳动的社会必要劳动时间决定的。资本与劳动之间的关系不是人与物的关系，而是人与人的关系。由于研究方法的不同，必然导致西方经济学与马克思主义经济学渐行渐远。

第三节　西方经济学方法的借鉴与批判

马克思主义经济学与西方经济学有着巨大不同，马克思主义与西方主流思想格格不入。在主张学术与国际接轨的今天如何看待这种差异呢？许多研究者认为，既然马克思主义所使用的研究方法与得出的结论与主流思想有如此差别，只能说明马克思主义是学术边缘的思想，学术研究应该用主流的术语和观点。用这种主流观来看，马克思主义只能在经济或政治思想史的研究中才应该提及，而在现实经济社会研究中应该使用西方学术规范所强调的实证方法。需不需要对马克思主义经济学用“主流”的西方经济学的研究方法和概念术语进行改造呢？学术发展是在交锋和斗争中前进的，马克思也是在批判和吸收前人思想的基础上创立了自己的思想，马克思主义不怕别人批评。但是，面对批评就改头换面，力求和别人一致的做法并不是对马克思主义经济学的发展，而是怯弱和退缩的表现。马克思主义经济学需要发展，可以吸收和借鉴西方经济学研究中的合理内容，但不等于必须将马克思主义经济学改造成与西方经济学一样风格才是发展，马克思主义经济学不可能也没有必要回答所有西方经济学研究的领域和问题。要明确马克思主义经济学解决的核心问题是什么，马克思主义经济学今天能否依旧科学地对这些问题加以解决。至于其他问题，可以用马克思主义经济学方法和观点去分析和评价，但没有必要建立对应的马克思主义经济学相关内容。在建构马克思主义经济学新体系时首先需要明确的是马克思主义经济学坚持什么、发展什么以及如何发展等问题。

一 边际分析方法与边际革命

边际分析方法为西方经济学带来了革命，也为整个经济学研究提供了一个新的方法和视角。边际方法的引入在西方经济学发展中发挥了所谓边际革命的作用，从而使西方经济学在经济数量的变量研究方面有了更加有效的方法。边际方法由不同的学者在大致相同的时期共同发现，这似乎就印证了边际方法是一种科学的方法，否则不会有不同的人在相同的时期共同发现了这一方法。但是，这一方法的出现也可以说明，当人类在一个领域进行了相当时期的研究，积累了大量成果，在方法和研究的成果方面会有所突破是正常的现象。政治经济学的研究在经历了斯密等对宏观的制度分析之后，已经进入到微观的价格变动和决定因素的研究，因此，注意到变量变动的因素从而分析这一因素成为寻找价格变量原因的主要努力，这是价格理论并进而是价值理论研究的焦点。实际上，如果只关注事物数量变化，从而对数量变化原因进行分析，边际方法的使用是必然的。只不过这种方法是在何时被何人发现和使用而已。

马克思在研究中也注意到了边际问题，但在当时还没有具体运用。首先，这一方法在当时并没有得到清晰的提出；其次，马克思当时并不关注价格变动的因素，而是关心价值的决定因素，不是去研究价格的变动成因从而实现市场的变动的掌握，为自己获利服务，而是要寻求商品交换的基础。因此，这一方法没有在马克思经济学里得到有效的使用并不奇怪。但是，即便如此，也不能说这一方法就是资产阶级的研究方法，而是更多地把其作为一种经济变量研究的方法，只要我们也注意研究经济变量这一问题，边际方法就是不可回避的一种有效的方法。

不过，西方经济学以边际方法作为核心构建一个相对完整的经济理论体系，包括微观和宏观，这是西方经济学长期努力的结果，其中还有许多值得怀疑的内容。仅有现象的分析，缺乏对经济内在结构和运行机制的关注，这样的经济学理论从逻辑体系看似乎严密，却是没有坚实基础的主观演绎，不可能真正解决社会经济问题。这也是西方经济学虽然建立了所谓严密体系，但是始终受到社会怀疑以及在实践中难以解决问题的根源。

马克思主义经济学要向应用化方向发展，需要学习借鉴西方经济学的方法，包括边际分析方法。不过，不是以此建立与西方经济学体系相对应的马克思主义经济理论体系，如马克思主义微观经济学、宏观经济学和应用经济学的理论框架。这样做的动机实际还是以西方经济学为主导的思想意识，是以西方经济学的范式来规范和要求马克思主义经济学。马克思主义经济学对微观经济学和宏观经济学确实有自己的认识，但是并没有必要构建一个完整的理论框架，更不可能要求马克思主义经济学彻底解决社会主义市场经济的所有问题。因为依据马克思主义研究方法，这些研究领域都是基于现实经济关系所作的研究，不一定能够归纳出一个完整的经济理论体系。只要在应用经济学的研究领域坚持马克思主义经济学的研究方法和立场，就可以说这一领域的研究成果是马克思主义经济学的一个组成部分，没有必要用一套概念体系来束缚这些具体领域的研究。正如马克思主义哲学与具体科学的关系一样，没有必要在每一个具体科学学科里都套用马克思主义哲学的概念和逻辑体系。

二 数学方法和模型

现代科学越来越重视数学的运用，这主要是由于随着研究的深入，研究从整体逐步转入细节的研究。细节的研究可以更好地反映经济变化的具体形态。而且为了准确地把握相对短期的经济变化，必须要对短期的经济变化规律进行研究，才能为短期的经济决策作参考。

从传播与研究需要来看，数学也为此提供了有力的工具。经济学的教学是传播的主要手段，教学要求是清晰明了，原理和观点与实际结合紧密，学生易于了解与接受。而数学工具的运用就具有既可以把复杂事物抽象简单明了，又便于记忆和运用的优点。社会科学的许多研究结论之所以长期以来难以得到广泛的共识，就因为这些理论观点所描述的社会对象的复杂性而理论又不能以相对清晰明了的手段来表达。而经济学研究的经济现象具有量化和相对精确描绘的特点，虽然个人的经济行为受到各种心理和社会因素的影响，但是社会群体的经济活动却具有可量化的规律，因此，数学在经济学的传播和研究中的运用就具有独特的效果和意义。不仅是数学渗透到经济学的研究之中，而且是经济学的研究需要数学的精确和概述。

从理论的逻辑严密来看，数学的运用也提供了很大的帮助。无论是马克思主义经济学，还是西方主流经济学，都需要在理论上实现逻辑严密。要用理论去更准确地描述现象及其发展的规律。数学就是对不同变量之间的关系的一种分析方法，而经济现象中的不同因素之间的变量关系用数学来描述就是必要的。马克思经济研究中也十分重视运用数学方法，只不过当时不管是经济学的研究还是数学相应分支学科的发展都还处于起步阶段。马克思在1873年给恩格斯的信中就提道："你知道那些统计表，在表上，价格、贴现率等在一年内的变动是以上升和下降的曲线来表示的。为了分析危机，我不止一次地想计算这些作为不规则曲线的升和降，并曾想用数学方式从中得出危机的主要规律。"① 因为经济变量可以通过货币单位进行计量，因此西方会计学和统计学的出现为分析经济运行规律提供了可能，马克思也在力求通过这些货币数量关系寻求经济运行规律，尤其是经济危机的规律。这些都说明，用数量变化现象来揭示经济运行规律不仅是西方经济学的目标，也是马克思在经济研究过程中十分重视的方法。透过现象发现本质是经济学研究的共同追求，不管马克思主义经济学还是西方经济学都是一样的。如果经济现象中的规律可以不通过数量变化来显现，那么经济学就不需要存在了，因为哲学就可以用语言来总结概述整个人类社会的运行发展规律，当然经济规律也包含其中了。但是，马克思恩格斯本人是极力反对从抽象的观念来理解具体的经济现象和问题的。

相比马克思主义经济学，西方主流经济学对数学的运用更加显著和有成效。一方面，由于马克思所处的时代，经济学在数学研究方法的运用方面还处于起步阶段，不管马克思主义经济学还是西方资产阶级经济学，对数学的运用都不多，都还继承着亚当·斯密等对经济问题分析的抽象思维方法，还没有深入到对经济数量的定量分析阶段。另一方面，马克思之后，马克思主义经济学出于革命需要，主要集中在对资本主义经济制度的否定性批判上，而对资本主义经济具体运行的规律没有进行研究的必要。而西方主流经济学，既出于为资本主义辩护的需要，要用更加精密的论证说明其存在的合理性，又因为要为现实获利服务，需要更准确地把握经济运行的规律，所以数学的运用就更加深入。由于经济学研究在社会上的广

① 《马克思恩格斯全集》第33卷，人民出版社1973年版，第87页。

泛运用和行业较高收益，因此许多数学研究者转入这一专业，使数学方法运用得到更广泛的普及。尤其是边际方法的出现，使数学，尤其是微积分在经济现象研究中的作用大大提升了，由此新古典经济学建立了一般均衡的经济数学模型，使经济学中数学论证的严密性似乎已超越物理学，从而使经济学成了一门可与物理学相媲美的“精密科学”。

所以，今天人们试图了解资本主义经济发展规律的时候，他们会发觉西方经济学用数理方法所表述的经济规律更清晰和准确。但是，一旦转入对社会制度引起的社会危机和社会经济结构变化的原因分析时，西方经济学又没有说服力而马克思主义经济学则有更大的逻辑力量。这说明，虽然马克思主义经济学在数学的运用上少了些，但这主要是由于马克思主义经济学的研究使命和对象决定的，而不是单纯由研究方法决定的。西方经济学的数学方法使用再多，也有其缺陷和局限。

因此，必须反对把经济学研究极端数学化的倾向，不管是马克思主义经济学还是西方经济学，只应该把数学当成一种工具。西方主流经济学已经把数学作为其发展的一个主要工具，对数学的依赖已经超过了对现实事实的挖掘，往往用数学化程度来评价经济学的水平。但是，数学只能是一个工具，虽然有助于实证分析的精确化，但是并不能改变经济生活作为一种人的实践行为的复杂性。对数学过多的使用只可能使经济学变为脱离人的纯粹数字游戏，对现实经济的了解和把握并没有直接的意义。

马克思主义经济学过去在研究资本主义经济发展规律时主要运用逻辑与历史统一的辩证分析方法，这种方法在把握资本主义整体性质和基本运行规律方向具有特殊的价值与意义，可以深刻揭示资本主义内在的矛盾和最终的走向。但是，对资本主义的了解不能知道其存在矛盾和危机最终灭亡就足够了，还需要了解其不同时期的不同发展变化规律，而且要在与资本主义国家进行交往交易中了解其运行规律，传统马克思主义的研究方法和领域明显不够了。尤其是用马克思主义经济学来指导社会主义经济实践时，传统马克思主义经济学的研究领域和方法就更难以胜任，需要更多运用数学等方法来对社会主义经济发展进行实证研究。推动马克思主义经济学的发展需要引进数学的方法，但是，如此也不等于把马克思主义经济学的经典理论要用数学方法进行新的表述，不是把马克思主义经济学的观点做成与西方经济学一样的数学模型就说明马克思主义经济学的科学性，这实际上依旧是对马克思主义经济学不自信的表现。运用数学是因为马克思主义经济学也要研究市场机制，要研究市场中的价格形成、变动和供需变化关系等，还要对市场中不同生产要素的使用变化进行微观分析，这些没有数学是不行的，数学可以做得更加精确，可以更好地把握市场变化规律，从而为政府和企业在市场中决策服务。

三 西方经济学方法在福利研究领域运用的批判

作为西方主流经济学的一个分支，福利经济学用西方主流经济学①研究方法来研究社会福利问题，把提升社会整体的福利水平作为评价经济活动效果的标准。但是，福利经济学的研究结果并没有实现其预期目标，在逻辑上与实践中都存在着矛盾，不能解决西方主流经济学的社会分配困境，反而暴露了西方主流经济学为资本主义分配制度辩护的立场。

西方主流经济学主张所谓的客观科学地描述和分析经济现象，在研究方法上强调实证研究，即在研究经济现象时不对对象作价值判断，把经济活动作为一个自然现象加以研究。这种思想不敢面对社会分配问题上存在的矛盾尖锐的利益斗争，也无法解决社会矛盾。在分配理论上，西方主流经济学继承了萨伊的三位一体分配说，借鉴了克拉克的边际生产力分配论，最终落脚于马歇尔要素市场价格均衡论。这一分配思想的核心是将资本、土地和劳动的收益归结为生产中的边际生产力作用，用这种方法把投入与产出（收益）挂钩，从而说明资本收益的自然性与合理性。但是，这种主张掩盖了一个基本事实：分配是人与人之间关于产品占有的关系，而不是人与物之间的自然关系。土地、资本（或资本品、生产资料）都只是物，不管这些物在生产中发挥什么作用，最终受益者都不会是物，而是人，即分配的根本决定因素是生产背后人与人的关系。但是，西方主流经济学用所谓的要素边际生产力贡献说明资本主义分配方式合理性之后，就认为分配问题已经从理论上讲清了，社会的收入分配由要素的市场价格决定。因此，除了要素边际生产力分配论之外，西方主流经济学不再

---

① 福利经济学本身没有严格的学科定义，也没有完全独立的系统的学科体系，只不过是将福利经济学研究作为自己的特色，因此围绕这一问题的研究形成了一些学者和思想。实际上这些学者并不单纯从事这一问题的研究。以庇古的《福利经济学》一书研究的体系和框架来看，福利经济学不过是西方经济学的一个角度的转换，实质没有变化，西方经济学的传统总是研究财富增长与分配问题的。因此，不能把福利经济学的研究者局限在明确研究福利问题的学者中。而西方主流经济学是指新古典综合学派，因为这一学派占据了西方经济学的教科书，成为西方经济学的主流。参见厉以宁、吴易风、李懿《西方福利经济学述评》，商务印书馆 1984 年版。

研究收入分配问题。但是，现实社会分配关系比西方主流经济学理论所设想的和谐关系要紧张得多，劳资之间、资本家与地主之间，职能资本家之间，社会各成员之间都有着各种利益矛盾与冲突。尤其当资本主义有了较大发展，自以为市场趋于完善与成熟的情况下，社会矛盾不仅没有减少反而冲突不断，社会分配差距不断扩大，这就引起了人们对要素边际生产力分配论的怀疑。人们不禁要问：为什么资本主义社会生产了大量产品或财富，而社会大众的生活并没有明显改善，资本主义生产方式所追求的目标到底是什么，有没有一种可以改善整个社会生活状况的分配模式？因此，当马克思主义者提出要彻底变革社会及其分配制度时，一些资产阶级学者也试图从新的角度说明资本主义生产方式也可以改善社会成员的整体生存状态，这种改善不是用国民收入统计平均数来提供心理安慰，而是需要满足程度和社会整体幸福感的增加，这就出现了福利经济学思想。

因此，福利经济学是在西方主流经济学在分配理论上出现困境的情况下催生出来的。福利经济学试图在西方主流经济学之外开辟社会分配问题研究新领域，要实现的目标就是：一是如何促进社会整体的发展，而不是少数人的财富积累；二是如何使西方主流经济学的实证思想在分配这一充满价值判断领域得到运用。

福利经济学研究中提出的最大胆的分配主张来自庇古（A. C. Pigou）。他最早系统研究福利经济学，提出了社会均等化的分配思想。庇古认为，货币对穷人和富人效用不同，遵循边际效用递减规律，为了提高整个社会的福利水平，社会应该通过累进税、遗产税等方式把富人手中的一部分货币转移给穷人，直到富人与穷人的货币边际效用相等为止。

但是，庇古均等化的分配思想触犯了富人利益，受到罗宾斯（L. Robbins）等所谓新福利经济学家的批评。他们认为，庇古的福利经济学研究方法是一种规范研究，而西方主流经济学把带有价值判断的规范研究看作是不科学的，因此庇古的思想就这样被新福利经济学家归于旧福利经济学而加以取代了。新福利经济学不再提具体的分配方案，而是研究分配标准，即不同的分配方案哪一个更有效率。新福利经济学借用帕累托（V. Pareto）观点来作为分配方案优劣的评价标准。帕累托认为，如果至少有一个人的境况好起来而没有一个人的境况坏下去，整个社会的境况就算好起来。这一观点引申出了福利经济学的第一定理和第二定理，这些定理要说明在完全自由竞争市场下可以实现帕累托最优状态。但是，帕累托标准只适用于社会增量财富的分配，这种增量财富要么使一部分人受益，要么使所有人受益。但是，存量化的财富分配则可能出现一部分人受益而另一部分人受损问题，而且这种现象还十分普遍。因此卡尔多（N. Kaldo）和希克斯（J. R. Hieks）等又提出了补偿原则理论，即当社会变革使一部分人受益而另一部分人受损时，受益人可以对受损人进行补偿，只要收益大于补偿就说明社会福利增加了。

补偿原则本身很好，说明在分配过程中一定要重视受益者对受损者的责任，从而体现社会利益的共享性。不过，新福利经济学家提出的补偿原则是虚拟原则，他们认为并不需要受益者真的对受损者进行补偿，只要社会整体发展了，这些受损人最终可以通过“漏斗效应”从社会发展中得到补偿。但是，这种终久可以得到的补偿对受损者来说实在是太虚幻了，而不是简单的虚拟。①

从理论上看，福利经济学从经济学角度提示了福利问题的复杂性，也使人们对社会分配的复杂性有了更深刻的认识，同时其对分配标准的研究也引起了人们对公共福利实施方法的争论，在公共经济学、政治学和社会学等领域都产生了广泛影响。但是，福利经济学既不能为社会提供一个可行的分配方案，又不能对各种社会分配作出科学合理的评判，在逻辑与实践中存在着矛盾与困境。

福利经济学有没有突破西方主流经济学的传统，把西方主流经济学长期关注的市场、生产、效率和长期均衡等问题转向关注社会民生和个人的生活，从而开创新的社会分配理论呢？从福利经济学发展至今的研究成果看，福利经济学不过是西方主流经济学的一个翻版，是主流经济学的方法、立场与观点在社会福利问题研究上的延伸，福利经济学自身面临着逻辑与实践的矛盾，使这门学科难以持续发展。②

首先，福利经济学存在的逻辑矛盾。福利经济学从其诞生以来在理论

---

① 李特尔（I. M. D. Little）虽然接受补偿原则，但是他对这种虚拟补偿的提法并不满意。因为“如果相当长的时间是一个长时间的话，那么大多数居民都会死掉（尽管境况变得好些）。显然，如果我们所考察的是一个不断变动着的现实的人群的在一个长时期内的福利，那我们就不能按照字义来对付各个个人了”。参见李特尔《福利经济学评述》，商务印书馆 1966 年版，第 107 页。

② 格拉夫（J. Graaff）认为，“要建立一种有用而值得重视的福利经济学理论的可能性非常之小”。格拉夫：《理论福利经济学》，商务印书馆 1980 年版，第 184 页。

上就不断受到内外部的批评，归纳起来其理论在逻辑上存在四个方面的矛盾：其一，福利与效用的概念矛盾。不管是旧福利经济学还是新福利经济学，其遵循的理论基础都是效用价值论，即将消费对象满足人的需要程度作为幸福指数，即福利。这种福利概念主观性强，与主流经济学使用的效用概念没有本质区别，而且容易与国家或慈善组织向社会成员免费提供的社会福利等概念相混淆。[①] 在理论研究中，庇古等也逐渐用货币效用来替代福利概念，说明“福利”一词的歧义容易引起理论上的逻辑矛盾。福利经济学中的“福利”需要度量，而这种可度量的福利不可能摆脱现实社会中货币这一价值尺度，因此福利经济学必然会将福利、效用与货币等同起来。但是，如果这样，福利经济学的“福利”概念的意义就不存在了，人们可以直接研究用货币形态来计量的社会生活变化，福利经济学的研究也就没有了价值。其二，个人福利与社会福利之间的矛盾。福利经济学从研究个人福利开始，用个人需要的满足程度来定义福利，但是研究的目标却是如何促进整体社会的福利水平，认为个人福利之和就是社会整体福利，个人福利水平的提高会表现为整体福利水平的提高。阿罗（Kenneth J. Arrow）不可能定理指出福利经济学在理论假设上存在的这一逻辑矛盾，即不能简单地将个人福利的增进看作社会福利的增进，更不能为了社会整体福利而牺牲个人福利。其三，公平与效率的矛盾。福利经济学研究的目标是公平还是效率？如果是效率，福利经济学与西方主流经济学没有根本区别，因为西方主流经济学就是研究资源如何有效配置问题，即效率问题。而如果以公平为研究目标，福利经济学为什么在研究中始终把效率作为提高福利的根本标准？帕累托最优是福利经济学强调的一个基本原则，而帕累托最优就是一个效率标准而不是一个公平标准。其四，规范与实证的矛盾。罗宾斯等批评庇古的规范研究无助于这门学科的科学性，新福利经济学采取了更多的方式来避免价值判断。但是，如果没有价值判断，福利经济学存在的意义何在？福利经济学研究的就是人与人、个人与社会之间的福利关系，即分配关系。由于每一个人的福利或幸福感都是在与别人的比较中形成的，要依赖别人的状况来进行判断。因此在分配问题研究上如果没有对人的价值，人与人关系的判断，又如何研究福利问题

---

① 李特尔（I. M. D. Little）也指出，“近来人们使用了‘福利’二字。这个字眼是什么意思，一点也不清楚。换个讲法，我们不明白福利经济学讲的是什么？”参见李特尔《福利经济学评述》，商务印书馆 1966 年版，第 7 页。

呢？福利经济学回避规范性的价值判断，用模糊的福利概念界定人的需要满足的程度，但是对市场效率的推崇实际上也是一种价值判断。因此，如果不能明确地说明福利问题所涉及的伦理与价值问题，福利经济学的研究必将走向末路。①

其次，福利经济学存在的实践困境。在主流经济学方法和原则的要求下，福利经济学把效率作为福利增加的衡量标准，将个人自由选择、个人愿望满足的市场途径作为手段，这样必然导致所提出的分配方案在实践中难以施行。因为以公平为目标的分配方案都是通过非市场手段加以推行的，这些方案与市场手段难以并行。

实行义务教育是社会福利的一项重要内容，教育投入带来的社会整体福利价值十分明显。教育投入可以有效增强社会成员的生存能力和收入水平，提高社会生产率，提升社会整体福利水平。因此，由国家向社会成员提供义务教育是一项重要的社会福利措施，福利经济学不反对由国家承担社会成员的义务教育，但是对义务教育的提供方式提出了反思。他们认为，政府直接提供的义务教育虽然是免费的但不是最优的，社会成员没有学校选择权或教育服务选择权，政府主办的学校也没有竞争压力，政府义务教育的实际效果并不好，因此不主张由政府直接向社会成员提供免费义务教育。福利经济学认为，要充分发挥市场作用，个人要实现自己的福利必须通过个人的自由选择和社会竞争，让市场效率使福利价值真正得到体现。弗里德曼（M. Friedman）② 提出的教育券就是一个典型的事例。弗里德曼认为，应该由政府向社会成员提供教育券，社会成员用教育券的消费来选择教育，而学校也可以通过教育券的回收体现社会成员对其教育服务

① Cirillo Renato 认为，“在过去的几十年里，许多人一直在主张，只有当价值判断被允许做出之后，一种更为有效的福利理论才是有可能的”。转引自姚明霞《西方理论福利经济学研究》，中国人民大学 2001 年版，第 40 页。福利经济学属于规范经济学还是实证经济学并不取决于其研究对象，而是应该取决于其研究方法。陈燕认为，“福利经济学是规范性和实证性的统一”，但这种统一并不取决于对福利经济学的主观期望，而要看福利经济学的研究方法和发展走向。参见陈燕《一种视角转换：福利经济学的伦理解读》，《哲学动态》2004 年第 5 期。

② 弗里德曼不是严格意义上的福利经济学家，而是新自由主义代表，在福利经济学史的研究中一般也没有提到他的思想。此处将弗里德曼的思想作为福利经济学的内容来加以论述，是因为义务教育作为一种福利正是福利经济学应该研究的福利分配问题，而弗里德曼在提出这些问题时虽没有使用福利经济学概念和方法，却是西方主流经济学在分配问题上的研究方法的体现，也与福利经济学一脉相承。他的相关观点参见弗里德曼《资本主义与自由》，商务印书馆 1986 年版。

的认可，从而提高教育质量，改进教育服务水平。弗里德曼的教育券设计是教育市场化的一种方式，政府可以承担义务教育的责任，但是要通过市场化的学校选择来实现教育的竞争和发展，这是市场效率在教育问题上的体现。教育券方案的目标是为了提高教育质量，从而增进个人和社会福利，但是其手段却是市场模式，即希望在福利享有中给获得方提供自由选择，使提供方增加竞争与压力。但是，作为公共产品的教育，尤其是义务教育，其福利分配的最大问题是信息不对称，福利提供方与接受方之间没有对等信息，因此相互之间存在道德风险和过程成本。如果这一过程要用市场来解决信息成本问题，只会增加而不会减少这一过程的信息成本，因为义务教育的福利分配在现实中并不存在市场，这种选择与竞争是人为设置的，这种人为设置的市场只会使福利供给的原来目标发生偏离，实现不了这一福利措施初始设计的目标。

西方主流经济学延续了萨伊“三位一体”的分配理论，通过边际生产力分配说来为资本主义市场分配进行辩护，而对现实中的分配问题不进行研究，把现实分配问题归属于充满争议而无法达成统一的价值判断领域。福利经济学试图解决这一问题，将主流经济学的方法与原则运用在这一领域，但是否定价值判断的福利经济学也陷入了理论与实践的矛盾之中，走向了自己研究目标的反面。西方主流经济学的方法与原则局限了福利经济学的研究，在西方主流经济学的框架下不可能形成有突破性的社会分配研究体系，福利经济学的研究困境正是西方主流经济学分配之困的表现。

（一）西方主流经济学决定了福利经济学在分配认识上的片面性

福利经济学所研究的福利概念与西方主流经济学所使用的效用概念同样是模糊与抽象的，使用模糊与抽象的概念只是为了掩盖他们只关注现象而不愿触及社会关系的研究实质。如果人的生活改善或幸福度增加都是福利增加的表现，那就不能仅仅从货币或物质财富的角度对“福利”加以概括。当福利经济学将福利局限在经济领域时，此时的“福利”与西方主流经济学的效用价值就没有区别，增加福利就成了增加货币供给或实物供应，这反映了西方主流经济学对人的幸福目标追求的片面理解。阿马蒂亚·森（A. Sen）提出的“能力中心观”的福利思想，就是要说明个人幸福的获得不是物质或货币可以实现的，人的幸福不仅来源于经济收入的提高，还有被尊重与自身价值的实现、权利平等和人的解放。但是，资本主义社会体制下的权力架构要实现人的平等与解放是不可能的。在这种社会，一切都被商品化和货币化了。西方主流经济学将社会生活物质化，物质财富货币化，社会分配只是对货币流向的一种功能反映。在资本主义社会制度内的福利只能用货币进行度量，要获得福利也不能没有交换，这种福利又如何能体现人的自由与全面解放的需要呢？福利经济学和西方主流经济学在分配问题的认识片面性只能使其局限在狭隘的市场货币收入上转圈子，根本没有面对资本主义社会市场权力影响下的分配异化。

（二）西方主流经济学决定了福利经济学分配手段的单一性

福利经济学反对存量财富分配，也反对调整影响收入的权力架构，只肯定经济发展形成的收入变化。福利经济学虽然以整体福利提升为目标，其手段却是基于西方主流经济学的个人选择与市场运作。西方主流经济学的收入分配理论只有要素市场价格机制的收入分配模式，而对政府与社会慈善等分配方式都研究很少，认为这些分配手段是社会政治或伦理问题而不是经济学家关心的问题。西方主流经济学和福利经济学一样，都是为了论证市场对收入分配的决定作用，从而说明资本主义收入分配的合理性与自然性。但是，现实的市场根本不存在西方主流经济学所要求的完全自由竞争条件，市场是在现实社会权力结构下运行的。当现实社会的权力结构与市场相结合时，权力借助市场，把权力与市场相融合，因此市场分配不公正处处可见，市场分配强化了市场权力的结构和分配形态，拉大了社会分配差距。西方主流经济学所讲的市场效率在现实社会中只剩下理论假设的价值，由于市场引起的社会分配差距使社会矛盾不断加剧，社会冲突成本最终必将导致市场效率的丧失。西方主流经济学不关注社会关系，包括社会分配中的人与人关系，只将分配作为资源市场配置的结果来看待，市场成了唯一的分配手段，反映了西方主流经济学在分配研究上为资产阶级辩护的立场局限和方法局限。西方主流经济学不研究非市场化的分配模式，而国家福利和社会慈善组织提供的福利都是非市场化的分配模式在社会分配中发挥越来越重要的作用，如果这些分配模式也采用市场模式，只能增加这种人为市场的运行成本，最终无法实现社会所要体现的公平目标。

（三）福利经济学分配之困破灭了西方主流经济学“市场神话”

西方主流经济学坚持市场在社会分配中的核心地位，认为市场分配是有效率的，可以推动经济发展和物质财富的增加，市场实现了各方的利益，体现了要素边际生产力贡献。因此，市场可以解决的应该尽量让市场做，没有市场的也要创造市场让市场来做，市场成了西方主流经济学的万能工具。在这种分配理论下，虽然有人提出政府和社会要对社会财富进行再分配，但是在主流经济学成为西方社会分配主导思想的情况下，西方主流社会总是以市场可以最终有效率解决而对此进行否决。而对从伦理角度确实需要社会给予救济的弱势群体，也是反复地用市场方法来说明这种救济对于市场效率的破坏，或者是这种分配过程中没有市场化而带来的浪费和无效率。总之，依赖市场进行分配，神化市场作用和市场分配的效率性是西方主流经济学“市场神话”在分配问题上的表现。但是，西方社会的分配实践和历史说明，库兹涅茨（S. S. Kuznets）的社会分配倒“U”形曲线并不是市场自发形成的，而是西方社会中无产阶级长期政治与经济斗争的产物，是国家和社会再分配的结果。[①] 因此，忽视社会的历史演进和阶级群体的分配斗争，只能使福利经济学成为西方主流经济学为资本主义现实分配体制辩护的工具，社会分配差距和由此引发的分配斗争必将使西方主流经济学的“市场神话”最终破灭。

第四节 制度与演化经济学的希望和背离

新古典经济学之外，西方经济学还存在一些非主流的政治经济学流派。这些流派往往反对新古典经济学运用数学均衡模型研究所谓理性人的经济行为，认为这种研究是对整个社会经济的片面理解，并发起对新古典经济学的批判和挑战。这些流派处于马克思主义经济学与西方主流经济学之间，既感到新古典经济学不能解释和解决社会经济问题，尤其是制度问题，又不愿意直接接受马克思主义经济学的结论，试图用新古典经济学的研究方法来研究马克思主义经济学的研究领域和相关结论，解决新古典经济学的片面性问题。由于这些学派吸收了西方主流经济学与马克思主义经济学的一些观点与方法，试图融合和发展二者，消除两者之间的对立，因

① 相关论述参见贾后明《论中国经济增长中潜在的分配陷阱——兼评库兹涅茨倒U曲线的适用性》，《内蒙古社会科学》2007年第3期。

而对马克思主义经济学吸收借鉴西方经济学并不断发展具有重要的借鉴意义。

非主流的政治经济学流派很多，但影响较大并与马克思主义经济学有相似之处的主要有制度经济学和演化经济学。国内一些研究者把制度经济学和演化经济学作为马克思主义经济学发展的希望。因此，只有研究这两个流派的经济思想，分析二者与马克思主义经济学的异同点及其差别的根源，才能更好地坚持和发展马克思主义经济学。

一　制度经济学与马克思主义经济学只是研究对象有重叠

以新古典经济学为代表的西方主流经济学，长期对社会制度与经济发展的关系并不重视。一方面，其理论围绕市场运行而展开，认为只要是完全充分的自由竞争，就可以实现经济效率的最大化。由于许多限制市场竞争的制度是政府设置的，因此新古典经济学认为，应打破政府限制竞争的这些制度。新古典经济学只承认一种制度，就是让市场自由竞争的制度。正是在这一思想下，西方主流经济学对政府和社会文化等经济影响因素的研究持消极态度，认为这些因素的存在只会阻碍经济发展，应消除这些影响。同时，由于西方中心主义及其经济在世界的主导地位，新古典经济学学者自然把西方发达国家的经济制度看作是唯一最适合经济发展的制度，把这一制度作为经济发展的条件，而不讨论不同文化和社会结构下经济发展的不同道路和其他有效率的方式。①

马克思主义经济学把人类社会看作一个组织化、制度化的复杂系统，把社会制度视为人类社会的一个存在方式，是不可摆脱和忽视的条件。马克思把社会制度分为五种，即五个社会历史发展阶段，用生产方式来表述社会制度的基本特征，认为生产方式是生产力与生产关系的统一，而生产关系则是社会生产中的生产资料所有权、分配与人的社会地位关系的总体表现。马克思主义经济学强调了产权制度对分配制度的影响和决定，而不是对交易和生产的影响。马克思的制度分析体现了政治和经济的统一，其分析起点是生产力，即人们改造自然、进行物质生产的能力与水平。社会制度变革的根本动力是生产力的发展，而生产关系则是在适应生产力发展中形成与建立的社会生产制度，社会文化、政治、思想制度等上层建筑则

① 同一市场，在不同的资本主义国家的效果不同，导致经济发展水平也不同，这种现象明显与一个国家的社会结构和制度文化相关。但在西方中心主义者思维中，这些发展水平差距是由于这些国家没有实行其经济制度，这就使其经济制度成为市场成功的唯一条件。

是在适应经济基础的过程中形成和发展的。这些论述充分说明了社会制度的多层面结构，也说明了社会制度变迁的动力和模式。马克思主义经济学对社会制度的分析角度和方法，对理解人类社会的制度变革具有重要意义。

制度经济学在制度界定和分析角度上与马克思主义经济学有重叠，也有不同。旧制度经济学虽然批判新古典经济学缺乏对经济结构的动态考察，认为应该从结构变化视角来分析资本主义发展中存在的制度问题，如凡勃伦、康芒斯等试图从社会结构上理解其制度中的经济状况和变化，这使旧制度经济学家的著作表面看起来并不像经济学著作，因为他们探讨的是制度、文化和社会差异。[①] 但是他们总体上还是新古典经济学的一个组成部分，处在主流经济学之中。因为他们依旧在研究“经济人”的经济取向问题，只不过把传统的金钱取向改为文化或社会地位的取向，依旧是研究理性人的激励和选择问题。旧制度经济学既想保留新古典的经济学研究方法和基本结论，又想把经济学研究转向社会制度存在的问题和矛盾。由于旧制度经济学对社会结构和制度理解的主观随意性，缺乏对历史规律的基本把握，虽然对资本主义制度做了批判，但其分析既缺乏计量经济的支持，又缺乏历史证明，因此很快就沉寂了。

以科斯为代表的新制度经济学所说的制度是指经济交易制度，是直接影响交易形成和效率的制度，而不是宏观社会制度。新制度经济学研究产权，是为了讨论产权制度对交易的影响及其程度。交易成本概念的引入，形成了用经济制度产生的交易成本大小来判断制度效率的标准。[②] 新制度经济学通过对产权制度和交易制度的研究试图说明，私有产权的制度安排是有效和可行的，不同国家的文化和社会制度产生不同交易成本，只有降低交易成本的制度和社会才能得到持续发展，才是有效率和有竞争力的，以此说明制度变迁的经济理由，解释西方市场经济制度存续和发展的根本原

① 凡勃伦用有闲阶级与劳动阶级来划分社会结构，并用有闲阶级对荣誉、地位的占有控制欲等心理动机来说明社会阶级划分的根源，说明社会矛盾的根源是文化与心理，而不是现实直接的利益矛盾。他虽然开创了对制度、文化、宗教、教育乃至语言的经济研究，但其描述的主观性和分析的古典经济学做法，都使旧制度经济学难以形成对经济学的真正影响和冲击。而且旧制度经济学看起来更像是人类学或文化学而不是经济学。

② 以科斯为代表的新制度经济学较之旧制度经济学，经济学的“味道”更浓，其关键是坚持了经济学的投入产出分析方法，估量了制度运行和转换的成本，使制度作为一种可供人们选择的社会产品，在经济学意义上进行了新的估算。

因。新制度经济学成功解释了企业存在的理由及其边界：企业组织的存在可以减少内部交易成本，其边界在于交易成本等于管理成本。交易成本的概念使新制度学与新古典经济学建立了直接联系，两者不过是从不同角度得出了市场效率的同一结论，当然也有助于了解制度在经济运行中的作用。但社会制度是多层面的，既包括具体的企业组织制度，也包括经济行为规范和交易方式、经济主体的合作与博弈等，更有整个社会的政治、文化与法律等制度规范，因此，需要研究多层面社会制度对经济发展的作用和影响。

由于制度是社会关系的非物质化表现，因此，不同研究者从不同角度都可能得出不同理解和结论。制度经济学与马克思主义经济学都研究社会制度，但两者研究的制度层面和指向并不完全相同。两者虽有重叠之处，但是不能以此就将两者的研究对象等同，尤其不能盲目泛化制度的形式和影响，不能把一切人的行为与活动都归于制度，尤其不能泛化地把制度作为经济的唯一影响因素。

二　演化经济学与马克思主义经济学研究方法有着重要差别

演化经济学不同于新古典经济学。新古典经济学运用均衡分析方法，试图说明变动的市场最终可以走到均衡，因此其着力点是资源在均衡点分配的效率问题。应该说，新古典经济学也是有演化思想的，因为它强调了市场变动中从非均衡向均衡的演化过程，这一过程隐含着对均衡的合目的性和方向性，认为均衡是完美的。新古典经济学将创新、技术和制度等都视为既定不变的条件或单一供给，并不研究这些因素带来的组织和行为变化。因为新古典经济学认为，创新和制度等因素不可量化分析，其演变过程过于复杂，因而无法用当前的数学模型加以描述。[①] 在分析技术变化和如何促进技术变化方面，新古典经济学确实难以胜任。马克思主义经济学虽强调这一作用，但也语焉不详。而从熊彼特开始强调创新在资本主义发展变化中的作用，这就需要从理论上研究创新的形成及其产生的经济效益，以及由此带来的资本主义制度变化的各种具体过程和路径。演化经济学受到达尔文等生物进化思想的影响，强调组织演化中的不可逆性、初始个体差异的影响、路径依赖、偶然突变因素等。这些因素由于不可预见、

① 马歇尔在《经济学原理》第八版序言中明确提出，经济学家研究的目标应该是经济生物学，而不是经济力学，“但是，生物学概念比力学的概念更复杂；所以，研究基础的书对力学上的类似性必须给予较大的重视”。这表明新古典经济学也是力求关注经济动态变化的，只不过受其理论初始研究的路径依赖影响，其一直在最成功的市场均衡方面继续发展。

不可量化，因此难以融入新古典经济学之中。

演化经济学把生物系统的演化理论运用到经济系统的变化研究方面。由于生物系统中的各个生物并不具有独立的自主意识，却在系统的生理性和历史性的遗传中存续，所以生物系统既有物质环境的无意识性，又反映了生物系统的遗传、变异与进化，并且较之一般的物质环境更加复杂，而与人类的社会系统有相似性，因此，研究人类的组织演化行为可以借鉴生物系统的演化动力和模式研究。当把人类社会组织看作是一个单纯的经济组织，如单纯以营利为目的的企业或单纯追求经济增长目标的国家，此时这些经济组织就会被进一步抽象为经济系统的基因，这样才能把组织的经济行为与生物的生存和进化行为相类比，用生物系统的演化理论来研究人类的社会组织演化进程。

演化经济学对知识、创新、技术扩散等的研究拓展了传统经济学的研究领域和方法。这些领域的发展具有生物系统演化的一般特性，即产生新奇的突变和不可逆性等，而这些因素的形成发展却不是传统的经济投入要素所能决定的。技术和知识的创新既依赖于传统的知识传承，需要在以往的知识基础上进行新知识的创新，但是这种知识与技术创新的出现又具有很大的不可预知性。而且知识和技术创新的出现必然产生巨大的新奇性，需要从经济价值上对其创新意义进行选择，需要新的社会组织来转化，并为社会所模仿和扩散。因此，知识和技术创新的演进过程不同于生产中的常规经营活动，而是一种独特的经济变化模式。演化经济学以此为研究对象，借用生物学的概念和方法，可以更好地描述这一领域的变化规律。

从这一角度看，从生物学而来的演化经济学并不见得是一种思想的进步，而更多的是技术和方法手段的引进。而且演化经济学从根本上说还是使用了新古典经济学的研究方法，因为它把制度作为市场可以选择的一种安排，其选择标准仍是效率或效益，只不过市场的选择原则也如同自然选择一样，是适者生存的经济原则。[①] 经济学在研究过程中不断吸收和引进自然科学的概念和方法，这既反映了经济学自身研究手段和方法的欠缺，也反映了经济学研究的基本模式。经济学研究要通过充分反映人

---

① 如阿尔奇安在其名著《不确定性、演化和经济理论》中批判了新古典经济学把利润最大化作为理性人决策动机的观点，认为个体与企业组织不是追求利润，而是经济系统客观选择了利润最大化的个体与企业的生存和发展，是结果决定了动机。

及其社会组织复杂变化的思想，来研究人和组织的经济行为。由于现在人的经济行为和思想研究还无法与自然科学成果相比拟，所以必须退回到将人的行为简单和抽象化为生物行为的方式，来研究人的经济行为。当然，研究复杂事物之前要把复杂事物抽象为不同的简单事物先行加以研究，在某一单一行为得到深入了解的情况下再进行综合，这是西方科学研究的基本途径。正如经济学只研究人的经济行为，而政治学研究的是人的政治生活现象、伦理学研究人的道德伦理问题、心理学只研究人的心理行为一样。人自然是社会人，但不能只是模糊地将人作为社会人，而是要研究人在不同的角色下所表现的人的不同侧面，最终才能对人有一个全面深入的理解。

演化经济学没有把马克思主义经济学作为其理论源头的原因在于，马克思主义经济学关注的制度变革更多的是制度更替，是一个制度代替另一个制度，没有强调制度形成的路径依赖和制度变迁的不可逆性，而且马克思主义经济学研究的是社会制度，而不是一般性的经济组织制度和交易制度。马克思主义经济学虽然承认制度的演进特征，认为制度是一个渐变的过程，但马克思主义经济学有着制度革命和替代的理论：一方面，承认事物从低级到高级、从简单到复杂的发展演进方向，即目的性；另一方面，又说明资本主义制度存在着促使其走向消亡的衰变动力。虽然是由更高级的社会主义制度代替资本主义制度，即资本主义制度是向更高级的方向演进了，但马克思主义经济学认为，资本主义制度自身会出现一个消亡和被替代的过程，即资本主义制度的更替不是内生的向上过程，而是内生的向下过程，最后会被一个完全不一样的制度革命所替代，只有这样才能实现对其内在变化的容纳。因此，马克思主义经济学的制度演化思想并不是达尔文式的进化观，而是一种属于马克思主义自己的制度演进思想。因此，在对社会宏观制度进行全面分析的情况下，对同一社会制度下不同层次、不同阶段的各种具体制度的演化进行研究也具有重要意义。只不过马克思主义经济学与非马克思主义经济学在具体制度的演化动力和模式的研究方法和立场上是有所区别的。

马克思强调科学技术是第一生产力，强调生产力发展对社会制度变革的推动作用，但这些论述总体上还是一种哲学论断，而不是经济学论断。科技如何推动生产发展，如何成为企业追求的目标和投资的方向，如何影响企业与市场并在资本获利中得到体现，这些马克思都做了论述，因此，当演化经济学把创新和经济组织的制度演变作为研究对象时，马克思主义经济学者会觉得似曾相识。但马克思主义经济学与演化经济学存在很大差别，因为马克思对技术创新和生产力的作用也依旧是总体上的表述，而不是从投入与产出、对企业生产经营方式的影响和制度变化的角度加以分析。马克思在强调社会制度根本变革的同时，也分析了社会制度的部分调整和变化。马克思认为，社会制度的根本性变革不是一次性完成的，而是社会矛盾不断积累、社会危机不断深化、生产关系越来越不能适应生产力发展的要求，而且其自身矛盾不可调和，新的生产力已经产生的情况下才会发生的。因此，马克思提出的两个"必然"和两个"绝不会"都是要说明制度变革的内在规律。

当然，在关注根本性制度变革之外，人们对制度的量的变化从而对制度带来的质的变化的关注也是经济学研究的一个重要内容。马克思对资本主义制度的量的变化乃至可能引起质的变化的研究主要有以下几个方面：一是生产力的变化，即技术变革引发的生产力的变革。二是生产方式的变革，即在技术变革下的资本集中和垄断。三是总量失衡与危机深化，即在生产不能得到有效计划下出现的过剩问题和无产阶级贫困化问题。四是阶级对抗的加剧，即阶级分化及其对抗不断严重。这些制度变化都是基于对整体制度变革动因和过程的考察，反映了马克思主义经济学在制度问题的主要着力点和研究角度。应该说，马克思对资本主义的史前考察和史中考察，运用了历史唯物主义的世界观和方法论，从人类社会整体演进角度分析了资本主义社会的制度变迁，应该说这有其宏大历史的把握，对于理解历史是有帮助的。但是正如人的认识的有限性决定了结论的有限性一样，人不可能用历史总结的方法得出未来发展的一切。之所以不能，就在于社会是一个复杂而庞大的系统。在这一系统演化中的一些初期细微因素，都有可能成为长期历史最终的决定性因素，而在初期又有谁能够确定何者为最终的决定性因素呢?

三　研究目标差异决定了存在不同的经济学流派

追究制度经济学与演化经济学同新古典经济学及马克思主义经济学的关系，还是要回到经济学研究对象和研究目标上来回答。新古典经济学限定了经济学的研究对象就是稀缺资源的配置问题，因而只会围绕市场这一资源配置方式来展开研究。但是，如果把研究对象扩大到整个人类社会的经济活动，把研究目标放在如何促进社会结构优化和幸福度提高这些与人的物质和精神追求相关的内容，经济学研究就要摆脱新古典经济学的研究方法和手段。人类的经济活动既有常态性的可预测、可度量的行为，也有受主观意念、道德观念、习俗文化、知识积累和学习创新等影响的动态行为。不管是新古典经济学还是演化经济学、制度经济学，包括马克思主义经济学，都还是在某一侧面对人类的经济活动进行描述和研究，还都不能完全把握人的经济活动规律。① 因此，制度经济学和演化经济学虽然有了较大发展，表现出对新古典经济学的巨大冲击，但他们不管是对新古典经济学还是对马克思主义经济学，都不具有替代的可能性。

以演化经济学为例，其重视制度、文化和习惯等传统非经济因素，显现了经济活动的复杂性，也使经济研究更加符合现实。但制度、文化和习惯等因素被新古典经济学作为设定的外部环境而不加考虑，其目的就是要更加深入地研究人的经济行为的经济性，这种抽象和忽视是可以理解的。演化经济学增加了这些因素，从理论上更贴近了现实的人的经济生活，但制度、文化和习惯等因素不能进行货币化计量，也不能确知其影响经济的具体途径和方法。因此，演化经济学只能在现象上对这些条件的重要性做一些描述，难以如新古典经济学那样对其进行价格机制的模型化分析。

表面看来，演化经济学研究了制度文化、知识等复杂的不可度量的经济条件，比新古典经济学研究的领域更加复杂了。但是演化经济学不过是借用了生物学中的概念和方法，把生物群落的演化模型套用到人类的经济组织中来。这种简单的套用虽然使经济学的术语概念有所增加，且增加了经济学对社会新奇性行为的研究，但人类的经济组织和知识创新等活动的复杂性又是生物系统所不可类比的。演化经济学不过是在另一个侧面简化了人类的经济活动，其所使用的制度等概念也是一种抽象。

① 胡乐明等提出，与演化经济学的沟通借鉴，不仅是一项繁重而审慎的工作，还需要使学界接受一个作为“相对真理”的容纳学派差异的马克思主义经济学。（参见胡乐明、刘刚《论马克思主义经济学与经济学诸流派的沟通——以演化经济学为例》，《当代经济研究》2012 年第 12 期）承认各种理论的相对真理性是理论发展的必要条件。马克思主义经济学学习和借鉴其他经济学派别的思想和方法，不是要将其他学派的思想纳人马克思主义经济学之中，取消其他学派的研究，而是要认识到其他学派对事物不同角度的研究都是对事物内在规律的探索，都是在共同地接近“真理”。马克思主义经济学完全可以用自己的方法和角度来继续自己对事物的研究，并因事物的变化而调整自己的结论，在与其他学派的争鸣中达到对客观事物的科学认识。

人类经济活动既有静态的，也有动态的，最终当然还是要进行静态和动态相结合的研究。而演化经济学目前开辟的几个研究领域，如知识创新、产业演化、经济活动的空间地理变化等，不过是反映了经济中部分因素引起的动态变化，还不能成为经济活动的一般性规律，还不能说已经掌握了日常经济活动的动态运行规律。① 这首先是由于动态变化中的因素对人的经济行为产生的影响难以描述和定量分析。演化经济学继续会选择一些经济因素来研究其动态变化对经济发展的影响，尤其是一些结构性影响。但社会的制度变迁是一个长期的历史过程，不可能在短期的经济变化中就可以验证。因此，演化经济学虽然说是研究制度的演化，但只可能是经济中具体制度的变化，是短期中可预见、可观察的，而对于长期历史中的社会制度变迁，演化经济学就不可能进行深入研究，因为其既没有这样的研究方法，也不可能得到有效验证。

演化经济学不可能替代马克思主义经济学的原因还在于，虽然马克思主义经济学也研究制度，但是其对制度的演变动力有着自己独特的逻辑体系和概念术语。演化经济学只是在经济组织和人类的技术活动中对其组织制度演化做了分析，而且只是从经济的角度作出分析，而马克思主义经济学则是对社会的整体制度做出了深刻分析，这是演化经济学不可能做到的，因为对社会整体制度的分析不仅仅是经济学中的投入产出分析或是单纯的效率分析，而是要把社会制度变迁放到社会历史的发展规律中去认识，需要用辩证唯物主义和历史唯物主义的世界观和方法论来加以研究。

此外，马克思主义经济学研究的主要目标是资本主义制度的消亡和新社会制度产生的必然性，这就决定了马克思主义经济学研究的是资本主义制度中的内在矛盾和冲突而不是其创新和发展，是结构耗散而不是

---

① 贾根良在研究中明显感觉到演化经济学的危机，包括研究领域的局限性及日渐回归新古典经济学的数学模型化研究方法（参见贾根良《演化经济学：第三种经济学体系的综合与创新》，《学术月刊》2011 年第 6 期）。演化经济学的危机来自过于机械地借鉴生物学的概念和观点，研究视域局限在社会经济中的部分因素和条件，如技术创新、产业结构演变等。如果只是从动态的有机的社会系统角度来理解经济学，演化经济学就无法与复杂系统、自组织理论、博弈论等相区分。所谓综合各种在马克思主义经济学和新古典经济学之外的学派而构建新的第三派经济学，不过是在新古典经济学的基于个体的微观分析和马克思主义经济学的历史宏观分析中建立一个可以容纳二者的中观分析，但是这种努力可能更多的是一种主观愿望，因为科学地描述人类的行为，从静态到动态、从短期到长期、从个体到系统，是一个长期的各个领域和角度研究的过程，而不可能在短期内就通过主观思维的构想就能实现。

结构优化。① 因此，马克思主义经济学会把经济活动中的创新看作是对制度的冲击，而不是对制度的完善和促进。这样的研究目标就使马克思主义经济学把重点放在如何看待社会制度系统中的变异所带来的系统不适应和系统结构分化。马克思主义经济学对新制度的研究也是放在旧制度的变异、变化在未来新制度中的地位和影响，而且基于技术层面而不是制度层面。如果马克思主义经济学转而从制度完善和发展的角度来研究包括创新、产业和经济地理等经济活动的演化问题，那么最终马克思主义经济学的自身的价值追求就不存在了。而具体的制度研究也可以从物理学或生物学、系统学等学科中获取研究方法，并且遵循客观的研究态度，不断探索其变化规律。

第五节　社会主义市场经济理论发展途径与方法

社会主义市场经济不是社会主义与市场经济的简单撮合，而是马克思主义经济理论的创新与发展。把市场经济引入社会主义经济理论之中，才能开创社会主义建设新局面，推动生产力发展，实现与资本主义的真正较量。而要在理论上达到市场经济理论与社会主义理论的融合，必须创新传统理论，使理论与现实更加紧密地结合。只有形成了社会主义市场经济理论，才能说马克思主义经济学中国化真正形成了，可以在这一基础上进一步推动马克思主义经济学的发展。社会主义市场经济理论是马克思主义经济学，尤其是社会主义政治经济学的核心内容。在这一理论指导下，社会主义政治经济学才能构建一个完整的体系，做到不仅可以指导革命，还可

① 孟捷认为，马克思经济周期性危机理论是要说明“危机事实上承担了一种特殊的协调功能，即使整个经济中已遭破坏的内在联系强制性地得到恢复”。而恩格斯把这一观点解读成“资本主义市场经济事实上不可能达成任何秩序，只能导致‘整个社会中生产的无政府状态’，带来混乱和危机。”（参见孟捷《危机与机遇：再论马克思主义经济学的创造性转化》，《经济学动态》2009 年第 3 期）马克思可能并没有说一次危机就会带来资本主义经济的崩溃，而是周期性的危机即反复出现的危机最终会带来制度崩溃。每一次危机对资本主义经济当然是一次强制性的调整，甚至会带来新的繁荣，但恩格斯等后来的马克思主义者对马克思经济危机理论所阐明的资本主义制度的最终消亡的结论并没有错，因为这一结论并不仅仅是危机理论所揭示的，而且是其所有理论的共同指向。

以指导建设的有中国特色的现代经济学理论体系。

一　超越突破意识形态对具体经济理论的价值评判

改革开放以来，随着生产力发展对生产关系调整和改革的要求，全社会尤其是经济学界对传统社会主义模式进行了大量的讨论，形成了社会主义初级阶段理论。社会主义初级阶段理论为社会主义阶段实行市场经济，容许私营经济的存在和发展提供了理论依据。但是，必须要将这一理论与新民主主义经济理论作一区分，因为不作区分，就会认为现在实行的社会主义市场经济也不过是一个暂时性的阶段，是在经济发展落后情况下的一种策略；对于私营经济，只是一种利用，而且是限制性的利用，而不是社会主义整个经济的主要组成部分；社会主义市场经济也就是一个没有真正理论内涵而只具有政策意义上的实践措施。必须把社会主义市场经济作为社会主义经济的内在要求和根本形式来看待，这样才能突破传统教条，真正符合社会经济发展规律和要求。

改革开放以来，关于社会主义所有制性质及其结构的争议，对劳动价值论和按劳分配理论的讨论、探索和创新，对社会主义市场经济的曲折认识，这些过程都说明了我们目前所进行的经济建设和经济理论的讨论不是一个单纯的实践问题，也不是一个单纯的理论问题，而是理论与实践相融合的一个马克思主义经济学的伟大创新过程。建立市场经济体制引起了社会主义理论上的诸多困境，我们不仅要在实践中探索社会主义市场经济的道路，努力实现社会主义市场经济的目标和追求，而且要在理论上论证这一理论对于马克思主义、马克思主义经济学和社会主义理论的创新价值与意义。

徘徊于对资本的批判与肯定之间，马克思经济就难以承担既批判资本主义制度，又指导社会主义经济建设的双重任务。马克思经济学可以分为两个部分：一部分是马克思本人的研究视角和基本观点，这些视角和观点为马克思经济学奠定了基础，需要继承和发扬。坚持批判性，就是坚持马克思经济学的固有风格。另一部分是社会主义经济建设形成的经济理论。这些理论是在马克思思想的影响和指导下在社会主义经济建设的实践中产生与形成的，与马克思的传统结论有差别。中国社会主义经济建设的实践为马克思经济学发展提供了丰富的理论素材，由此形成的经济理论，是对马克思传统经济理论的创新，是与中国实践相结合的中国化的马克思经济学。这种中国化马克思经济学，保留了马克思的批判精神，但批判是发展的批判而不是革命的批判。对于西方经济学理论，提供学习和借鉴，但不是完全的接受，也不是用西方经济理论对马克思经济学进行改造。从改革开放到今天，我们实践和创新着属于中国的马克思经济学，这种经济学的特点就是：超越意识形态对具体经济的价值评判，根据中国改革开放以来社会主义经济建设的实践经验，建立中国特色的社会主义市场经济理论。

马克思经济学的传统理论是排斥资本的，改革开放以来我们大胆引入资本和市场，注重发挥市场作用，在市场运行中允许资本存在和发展。从这个角度出发，中国社会主义经济建设走出了传统理论的框框，资本与市场都可以作为社会主义发展的手段。由此可见，我们提出了建立社会主义市场经济体系，成功地将市场经济与社会主义相结合，突破了传统束缚。

西方资本理论从资本自然性和市场自由性出发，主张放任资本的扩张。西方资本理论表面上以客观的态度来对待资本，但将资本脱离了现实的经济环境和社会关系，是对资本本质不科学的抽象。马克思对资本的批判使社会主义国家在经济建设中对资本的负面性有了充分认识，社会主义制度所追求的目标也使社会主义国家对资本采取了更加客观的态度。社会主义可以有资本，但社会主义不是任由资本驰骋，社会主义国家可以对资本所体现的社会关系进行控制和调整，使资本为社会主义发展服务。

马克思深刻揭示了资本的本质：资本从来不是物，而是生产关系，经济背后反映的是人与人的关系。这些论述使社会主义者充分认识到不能放任资本，而是要积极参与资本的斗争。在资本主义国家里，资本利用其力量，使国家听命于资本。而社会主义国家由于国家政权的性质，使我们有能力与信心对资本追逐利润的本性进行遏制。对资本逐利性的遏制完全不必担心会限制资本作用的发挥，而是为了克服资本主义弊病，充分体现社会主义制度优越性。中国改革开放的实践证明，有效和有力的国家参与，是中国经济保持长期稳定发展的重要因素。

以科学发展和和谐社会为内涵构建社会主义经济新理论。改革开放的相当长一段时间里，我们是摸着石头过河，对社会主义经济应该如何建设没有明确的方向和目标。在实践中，我们不断突破了传统的一些理论，学习和借鉴了西方经济理论，但中国社会主义经济建设的指导思想并不明确。应该说，这几年来，科学发展观和和谐社会思想的提出，不仅在政治上提出了发展目标，也为经济建设提供了理论依据。科学发展观和和谐社会的提出，是要超越社会主义经济与资本主义经济的传统理解和简单区分，直面我们共同的经济问题，既吸收了西方资本主义发展的经验与教训，也保留了社会主义的原则和方向。不管是社会主义模式还是资本主义模式，在面临资源短缺和环境污染等问题时都要坚持科学发展。失去了科学发展，社会主义与资本主义都没有赢家。而社会主义更应该摆脱资本逐利性，摆脱资本主义片面追求经济增长而忽视人与自然、人与人和谐的病态发展。社会主义不仅要比资本主义经济发展得更好，而且这种发展在人的全面发展和自由发展以及人与自然、人与人和谐发展方面将取得更大进步。

二　促进社会主义市场经济理论的传播与创新

应该说，马克思主义经济学在中国的传播适应了中国革命的需要：在中国革命最需要革命理论指导下马克思主义经济学论证了社会财富由劳动创造，劳动人民的历史主体地位和工人阶级的先进性。在马克思主义经济学的指引下，工农革命者团结起来，为了更加美好的、可以得到全面解放的新社会而奋起革命斗争。马克思主义经济学还在劳动创造价值的思想下论证了剩余价值的产生与形成、占有与分割，说明了穷人贫困的根源和解放的出路，这些都为工农指明了革命的目标和方向。应该说，没有马克思主义经济学的指引，中国的工农革命可能还会陷入传统农民起义的轮回中。

但是，如果中国革命者对待马克思主义经济学是教条的，马克思主义经济学也不可能得到广泛和持久的传播。在中国共产党早期革命斗争中，由于脱离社会环境，提出过一些不切实际的口号和目标，导致了群众对马克思主义的抵制，影响了马克思主义的前途。在对待资本的态度上，是消灭资本还是“劳资两利”，这不仅是一个策略问题，还是一个对待马克思主义的态度和原则问题，马克思主义是教条引用就可以解决问题的理论还是需要根据实践加以创新和发展的理论？可以设想，如果我们党始终把工人作为革命主力，始终把城市作为斗争场所，把资本家作为斗争根本对象，中国革命就不可能取得成功。因为这样的斗争只能导致劳资分离、民族资产阶级破败、工人生活窘境加剧。如果共产党在自己执政的区域内完全取消一切非无产阶级，中国共产党必然四面树敌，经济无法持续，物资无法保障，最终坚持不到革命胜利。正是因为中国共产党在革命时期不以马克思主义经济学理论为完全的纲领，而是根据革命实际制定政策，才取得了革命胜利，推动了马克思主义经济学的传播。

马克思主义经济学在中国的创新或中国化是在传播实践推动下展开的，传播中遇到了实践问题，马克思主义经济学需要不断创新才能得到更广泛的认可。新民主主义经济理论的形成并不是马克思主义经济学自身逻辑发展的产物，而是在中国这样的一个落后国家从事社会主义革命遇到的实践问题而形成的。从理论上说，马克思主义经济学是对资本主义经济的批判理论，是对发达资本主义的批判，并不是一个从落后的甚至是半封建半殖民地的国家如何革命和建设的理论。在这一点上，马克思主义经济学继承了古典政治经济学的研究视域和问题意识，是对资本主义市场发展的反思和批判。只不过古典政治经济学力图说明资本主义经济存在的合理性，而马克思主义经济学要证明这种合理性是暂时的历史的。这也是为什么马克思主义经济学在中国传播的相当长时间被人们关注的主要问题并不是马克思本人所关注的问题。[①] 在中国这样的一个落后的国家从事社会主义革命，必须解决的首要问题是如何对待自己没有充分发展的资本主义阶段。新民主主义经济理论是容许甚至在一定时期鼓励资本主义经济成分的存在，就是因为没有这一因素的存在，革命所需要的基本物质资源和社会支持难以获得，更不要说以此为基础来实现更高程度的社会目标了。因此，新民主主义经济理论不是在马克思主义经济学基础上的一种创新和发展，而是为了解决中国革命的现实需要而形成的一种从落后走到发达的现代化理论。新民主主义经济理论并不在马克思主义经济学原有的理论框架内，但却又是马克思主义经济学理当解决的一个问题答案，是在马克思主义根本方法和理想追求下的一种实践总结。这一理论说明了理论创新过程可以不在理论本身的框架下进行，而是可以在理论方法的指导下对其前后延伸阶段进行分析、实践与总结。因为有新民主主义经济理论，中国共产党实现了执政区域的经济建设成功，既保证了革命所需要的物质生产，又为今后执政积累了经验，成为共产党与国民党斗争中在经济上取得胜利的重要法宝。

社会主义改造和“大跃进”、人民公社和“文化大革命”的曲折历程从另一角度说明了没有创新必然导致马克思主义经济学得不到认可和传播。教条式地理解马克思主义经济学，以为可以通过生产资料公有化和计

---

① 马克思创立了剩余价值理论，揭示了资本对劳动的剥削秘密，但是马克思要认证资本主义制度的灭亡不是依据剩余价值理论，而是通过资本积累理论说明垄断带来的资本主义剥削率提高而出现了工人相对贫困的加剧，生产相对过剩引起了资本主义的经济危机，最终导致工人阶级的革命，建立社会主义制度以取代资本主义。马克思是在对资本主义批判而不是否定的基础上提出了社会主义革命的目标。

划行政体制、按劳分配就可以建成社会主义，从而达到超越资本主义阶段的目标，这是漠视经济和社会发展规律的做法。从经济理论上来看，马克思、恩格斯对社会主义制度作了抽象概述，指出了社会主义制度在经济上的特征和做法，但这不等于说马克思等经典作家就认为只要把这些抽象的原则具体化就可以实现社会主义经济制度并达到超过资本主义的效果。理论是为了说明这种理论与其他理论的区别，但不等于说理论就是现实。马克思指出的社会主义经济特征不过是一个总体概述，是从对资本主义制度批判的逻辑下延伸出的对社会主义的理解和认识。马克思从来没有说按照这样的原则就可以建立一个理想国，可以解决资本主义制度中所存在的各种问题，也没有说可以在短时间内通过革命举措就可以实现这样的一个制度。教条式地理解和照搬马克思主义经济学的结果是改革开放前中国经济面临着传统计划体制共同的困境——短缺经济，这样的结果引起了人们对马克思主义包括马克思主义经济学的怀疑。也许此时国家对马克思主义经济学的宣传并不少，但是在严峻现实面前，马克思主义经济学真正的传播却是大打折扣的。

正是在经济发展困境面前，中国共产党在以邓小平为核心的党的第二代领导集体的带领下开始了改革开放。改革开放的理论从根本上来说也不是马克思主义经济学的应有内容。改革开放虽然有继承新民主主义经济理论的一面，即承认中国生产力落后、处于社会主义初级阶段、可以利用国内外资本来发展社会主义的思想，但是改革开放却在这一过程中超越了新民主主义理论。因为这时突破的不是一个半封建半殖民地国家的现代化问题，而是一个社会主义国家如何发展的问题。这些问题使人们在很长一段时间里对私营经济，尤其是私营资本的性质和获利持批评态度，不断提出限制要求，总有人把私营经济和私人资本看作是洪水猛兽，把资本获利看作是剥削，提防私营资本的发展。在市场的发展中也是一样，害怕市场的变化和波动，担心市场对私人资本的推动从而使国家变质。这些都是受传统马克思主义经济学理论的影响而产生的对改革开放的阻滞。

但是，另一方面也应该看到，正是由于这些观点的存在，引起了全社会从理论上讨论社会主义性质和建设的根本理论问题，推动了马克思主义经济学的发展和创新。实践一个个证明了所有对市场经济会影响社会主义发展的担心都是毫无道理的，同时这些讨论使社会重新思考马克思主义经济学，对马克思主义经济学的内涵及其对社会主义经济制度的理解需要重新定位，形成了社会主义市场经济理论。多种所有制并存、摆正政府与市场的关系、私营经济是社会主义经济的重要组成部分，市场是资源配置的基础方式、实行多种分配方式并存从而让各种社会财富的创造源泉充分涌流等思想都超越了传统的社会主义经济建设理论，成为当代中国经济发展的指导思想。在社会主义市场经济理论的指导下，中国经济取得了伟大成就，突破了马克思主义经济学传统批判市场的理论格局，实现了马克思主义经济学与西方经济学的竞争与互动。

正是在社会主义市场经济理论形成过程中，马克思主义经济学得到了社会更广泛的理解、学习与传播，在讨论中深化了对马克思主义经济学的认识和了解。在西方经济学全面引进的情况下，马克思主义经济学的主流地位虽然受到一定挑战，但是在社会主义市场经济理论的推动下，马克思主义经济学发挥了对社会主义经济建设的指导作用，依旧保持主流地位。

理论传播和影响的扩大需要理论不断创新，而理论创新才会更深入和全面地推动理论传播。马克思主义经济学在中国的传播正是由于其不断创新的结果，马克思主义经济学中国化推动了其在中国传播，中国化过程就是创新过程，马克思主义经济学在中国传播的动因是不断适应中国革命和建设的需要，与中国革命与建设相结合，紧密联系中国社会与经济的实际，遵循经济发展的规律，这才是马克思主义经济学与发展的规律，是科学推动马克思主义经济学中国化的进程的有效方式。中国共产党在学习、研究与传承马克思主义经济学这一理论时能够面对理论与实践的挑战，不断创新和发展的这一理论。充分总结马克思主义经济学中国化的创新成果的意义和价值才能更好地利用和传播这些成果，因此把马克思主义经济学中国化的主要成果融入马克思主义经济学的理论体系中，为马克思主义经济学的发展奠定更加坚实的基础。

三 社会主义市场经济理论发展的途径和方法

马克思主义经济学在中国的传播适应了中国革命的需要，虽然马克思主义经济学传入中国多年，但是马克思主义经济学在中国的理论发展成果不多。一方面是由于马克思主义经济学是一个系统的理论体系，在学术理论上突破和发展十分困难；另一方面马克思主义经济学提供的是革命理论，怀疑和讨论在政治上很难容许。用马克思主义经济学理论和方法研究和解决中国经济问题是对马克思主义经济学的应用，还很难说是在学术上对马克思主义经济学的发展。因此，西方学者编著的马克思主义经济学史就很少提到中国的成果和贡献。[①] 但是，马克思主义经济学在中国确实有创新。这主要体现在，马克思主义经济学在中国确实得到了传播，传播的不可能是原样的马克思主义经济学，而是经过中国化的马克思主义经济学。此外，在马克思主义经济学指引下中国革命和建设取得了成就，而这样的成就不可能是照搬照抄马克思主义经典原著就可以取得的。马克思主义经济学在中国得到了创新，是创新使其得到了中国人的接受，在中国得到广泛传播；而且正是由于创新才使马克思主义经济学能够顺应中国革命与建设需要，指导中国革命与建设取得了成功。只不过，这种创新和发展主要不是体现在学术上，而是在实践中。不是通过经济学家，而是通过政治家和革命家来实现和推动的。当然，将这些创新从理论上加以总结和推广，在理论上对这些实践创新加以经济学的理解，中国的马克思主义经济学家功不可没。尤其是进入社会主义建设时期，马克思主义经济学作为社会主义经济建设的指导思想，中国的经济学家对马克思主义经济学的应用中出现的问题就不能在停留在实践中，而是要上升到理论层面。在理论层面对马克思主义经济学的讨论，尤其是在与西方经济学的交锋中，马克思主义经济学在中国也开始了学术上的创新和发展。因此，推动马克思主义经济学的中国化，主要是实践的需要和驱使，但是经济学家在这一过程中发现和领悟马克思主义经济学中国化的难点和疑点，则是最终实现马克思主义经济学理论创新的主要方式。

马克思主义经济学在中国传播中不断创新，这条创新之路不同于西方经济学的发展之路，也不同于西方马克思主义经济学的发展路。西方经济学也是在实践推动、学术研究与融合中不断推动自身发展，而西方马克思主义经济学总体上是为了解决西方经济学提出的反对意见而给予理论上的回答，这些途径不可能用于中国化马克思主义经济学的发展。马克思主义经济学中国化不可能沿着马克思恩格斯传统研究思路走下去，因为这样的思路已经形成了一个相对完整的体系和逻辑架构，要依这一思路是下去只能是零碎修补，如在价值转型、价值内涵等问题上做点小文章。中国化马克思主义经济学的创新和发展不能拘泥于学理和逻辑，而是要依据现实情况和实践需要，走了一条既不同于西方经济学也不同于西方马克思主义经

① 在西方研究马克思主义学说史最有代表性的著作 M. C. 霍华德和 J. E. 金合著的两卷本《马克思主义经济学史》的第二卷（1929—1990）中，基本没有涉及中国学者关于马克思主义经济学的有关研究成果。

济学的发展模式。

马克思主义经济学的传统形态或经典形态依旧是我们学习和研究马克思主义经济学，指导社会主义经济建设的重要思想来源，但是不能将这种传统形态作为根本形态，不能作为中国化马克思主义经济学的主要内容。因为如果这样，中国化的马克思主义经济学不可能在体系和内容上出现新的突破。传统形态是一个系统的完整的体系，这一体系即便修补后也无力解决中国现实社会所面临的各种经济和社会问题。更何况，这一体系很难拆开，也很难依据其内在逻辑上对其进行大的修改。

因此，中国化的马克思主义经济学必须建立在社会主义市场经济这一理论基础上，根据市场经济运行规律，按照社会主义制度特点、性质和要求来研究中国经济社会发展的基本规律和存在的问题。在马克思主义经济学的立场、方法的指引下，借鉴马克思主义经济学的经典理论和西方经济学的研究方法和观点，立足中国经济社会的现实，加以新的思考，形成可以解决中国问题的带有规律性的经济思想理论。

在这一创新和发展过程中，应该立足于中国实践，从中国国情和经济发展需要出发，在实践中，摸索经济发展规律，使理论成为有说服力并且能指导中国实践的理论。只要这一理论是在中国这一社会主义国家里形成并得到了实践的检验和认可，这一理论就是中国化马克思主义经济学组成部分。当各个领域的经济学研究不断积累，最终形成一个较为完善的体系时，中国化马克思主义经济学的理论体系才能完整展现。这一科学理论体系并不是人为构造的，也不是理论抽象的，而是在实践中不断总结和发展的。坚持实践对理论的推动作用，才能不断推动马克思主义经济学的中国化进程，实现马克思主义经济学的创新和发展。

参考文献

[1]《马克思恩格斯全集》，人民出版社各版。

[2]《马克思恩格斯选集》，人民出版社 1995 年版和 2012 年版。

[3]《马克思恩格斯文集》，人民出版社。

[4] 马克思：《资本论》第一卷（法文版），中国社会科学出版社 1983 年版。

[5]《列宁全集》，人民出版社 1987 年版。

[6]《邓小平文选》，人民出版社 1994 年版。

[7]《西方经济学与中国经济学的现代化——杨瑞龙教授访谈》，《国外理论动态》2003 年第 9 期。

[8] M. C. 霍华德、J. E. 金：《马克思主义经济学史（1929—1990）》，中央编译出版社 2003 年版。

[9] Shleifer, Andrei, Robert W. Vishny, Politicians and Firms, *The Quarterly Journal of Economics*, 1994(4).

[10] 白暴力：《“三要素创造价值说”现代形式的理论缺陷》，《北京师范大学学报》（社会科学版）2002 年第 4 期。

[11] 白暴力：《政治经济学若干重大争论问题研究》，西北大学出版社 2000 年版。

[12] 陈文通：《如何科学认识我国现阶段的剥削和阶级（下）——兼论现阶段私有资本和私营经济的性质》，《南方经济》2003 年第 10 期。

[13] 陈燕：《一种视角转换：福利经济学的伦理解读》，《哲学动态》2004 年第 5 期。

[14] 程恩富、顾钰民：《新的活劳动价值一元论——劳动价值理论的当代拓展》，《当代经济研究》2001 年第 11 期。

[15] 程恩富、汪桂进：《评析当前剥削理论与现实》，《毛泽东邓小平理论研究》2003 年第 5 期。

[16] 程恩富：《重建中国经济学：超越马克思与西方经济学》，《学术月刊》2000 年第 2 期。
[17] 德姆塞茨：《关于产权的理论》，转引自罗卫东主编《经济学基础文献选读》，浙江大学出版社 2007 年版。
[18] 杜尔哥：《关于财富的形成和分配的考察》，商务印书馆 1961 年版。
[19] 杜光：《从资本扬弃看当代资本主义》，《理论导刊》2003 年第 4 期。
[20] 杜旭宇：《剥削范畴及其功能作用的重新界定》，《科学社会主义》2005 年第 2 期。
[21] 费希尔：《利息理论》，商务印书馆 1959 年版。
[22] 冯文光：《马克思的价值决定理论及其现实意义》，《马克思主义与现实》1997 年第 1 期。
[23] 弗里德曼：《资本主义与自由》，商务印书馆 1986 年版。
[24] 高培勇：《规范政府行为：解决中国当前收入分配问题的关键》，《财贸经济》2002 年第 1 期。
[25] 高玉泉：《论资本主义社会基本矛盾在资本主义制度框架内的发展》，《广西社会科学》2003 年第 10 期。
[26] 谷书堂：《从产品分配谈到劳动价值论》，《南开经济研究》2001 年第 5 期。
[27] 顾海兵：《基尼系数批判》，《宏观经济观察》2002 年 1 月 30 日。
[28] 郭春生：《苏联特权阶层的形成及影响》，《当代世界与社会主义》2003 年第 5 期。
[29] 郭振斌：《分配公平是社会和谐的基础》，《中国报道》2007 年第 10 期。
[30] 韩云川：《“按需分配”理论再认识》，《科学社会主义》2004 年第 3 期。
[31] 洪银兴：《马克思主义经济学中国化的指南》，《光明日报》2011 年 10 月 21 日。
[32] 胡波：《关于公平分配学说的历史综述》，《前沿》2008 年第 1 期。
[33] 胡承槐：《马克思、恩格斯是怎样看待分配问题的？——兼论现阶段我国个人收入分配原则》，《红旗文稿》2001 年第 22 期。
[34] 胡均、樊建新：《深化对劳动和劳动价值论的认识》，经济科学出版

社 2001 年版。
[35] 胡乐明、刘刚：《论马克思主义经济学与经济学诸流派的沟通——以演化经济学为例》，《当代经济研究》2012 年第 12 期。
[36] 胡敏洁、宋华琳：《美国宪法上的福利权论争——学理与实践》，《政治与法律》2004 年第 3 期。
[37] 黄苇町：《苏共亡党十年祭》，江西高校出版社 1994 年版。
[38] 黄文华：《论剥削的本质与剥削的基本形式》，《生产力研究》2004 年第 4 期。
[39] 黄文忠：《试论社会主义市场经济的个人收入分配方式》，《学术月刊》1998 年第 4 期。
[40] 季正矩：《权贵阶层与苏共的腐败及其垮台》，《当代世界社会主义问题》2001 年第 4 期。
[41] 贾根良：《演化经济学：第三种经济学体系的综合与创新》，《学术月刊》2011 年第 6 期。
[42] 贾后明：《对知识资本理论的几点质疑》，《财会月刊》（会计版）2006 年第 11 期。
[43] 贾后明：《论公有制目标与实现形式的矛盾与统一——兼论股份制的公有性》，《江汉论坛》2007 年第 12 期。
[44] 贾后明：《论人力资本学说的逻辑与现实困境》，《企业经济》2006 年第 2 期。
[45] 贾后明：《论中国经济增长中潜在的分配陷阱——兼评库兹涅茨倒 U 曲线的适用性》，《内蒙古社会科学》2007 年第 3 期。
[46] 贾后明：《批判与构建——马克思经济学的两难》，《贵州财经学院学报》2007 年第 3 期。
[47] 靳卫萍、柳欣：《新古典生产函数的质疑与货币量值的生产函数》，《当代经济科学》2005 年第 4 期。
[48] 克拉克：《财富的分配》，商务印书馆 1959 年版，第 101 页。
[49] 库纳斯特：《资本的法律定义》，转引自庞巴维克《资本实证论》，商务印书馆 1991 年版，第 70 页。
[50] 李琮、李宪魁：《当代资本主义的新发展》，经济科学出版社 1998 年版。
[51] 李定中：《关于先进技术创造价值的问题——兼与钱伯海同志商

榷》,《经济学家》1994 年第 5 期。

[52] 李惠蓉:《和谐社会构建中的收入分配不公平问题研究》,《经济体制改革》2007 年第 5 期。

[53] 李济广:《公有制经济的高效率研究述评》,《马克思主义研究》2006 年第 2 期。

[54] 李济广:《共产主义社会按需分配吗?》,《科学社会主义》1989 年第 4 期。

[55] 李嘉图:《政治经济学及赋税原理》,商务印书馆 1983 年版。

[56] 李杰:《解析马克思的公平分配观及促进和谐社会建设的当代价值》,《马克思主义研究》2007 年第 9 期。

[57] 李静娟:《资本主义的自我否定对社会主义的价值意义》,《江南大学学报》(人文社会科学版)2002 年第 4 期。

[58] 李培林、张翼:《国有企业社会成本分析》,社会科学文献出版社 2000 年版。

[59] 李鹏程:《马克思的〈1844 年经济学哲学手稿〉与亚当·斯密》,《学习与探索》1982 年第 5 期。

[60] 李特尔:《福利经济学评述》,商务印书馆 1966 年版。

[61] 厉以宁、吴易风、李懿:《西方福利经济学述评》,商务印书馆 1984 年版。

[62] 厉以宁:《论新公有制企业》,《经济学动态》2004 年第 1 期。

[63] 林岗、张宇:《探索马克思主义经济学的现代形式》,《教学与研究》2000 年第 9 期。

[64] 刘斌:《马克思主义公平分配观的形成及其核心思想研究》,《当代经济研究》2005 年第 3 期。

[65] 刘继同:《个人主义与市场经济:自由主义社会福利理论综合评介》,《福建论坛》(人文社会科学版)2005 年第 12 期。

[66] 刘金源、吴庆宏:《多维社会视野中的福利国家》,《国外社会科学》2002 年第 1 期。

[67] 刘克明、金挥:《苏联政治经济体制七十年》,中国社会科学出版社 1990 年版。

[68] 刘万明:《从古希腊思想家到重商主义者的收入分配与价值思想探源——兼论我国的分配不平等问题》,《甘肃社会科学》2006 年第

6 期。

[69] 刘伟：《经济学为什么研究价值理论——兼论马克思劳动价值论面临的历史性挑战》，《经济理论与经济管理》2003 年第 5 期。

[70] 刘元春：《国有企业宏观效率论——理论及其验证》，《中国社会科学》2001 年第 5 期。

[71] 刘宗碧：《马克思关于分配问题的理论内核和辩证立场——对劳动价值论及其分配理论的分析》，《黔东南民族师范高等专科学校学报》2005 年第 5 期。

[72] 柳欣：《资本理论争论：给定的技术，还是技术变动》，《经济学动态》1996 年第 12 期、1997 年第 1 期。

[73] 柳欣：《资本理论——价值、分配与增长理论》，陕西人民出版社 1994 年版。

[74] 陆长平：《收入分配与相对价格模型——兼论斯拉法资本理论的成功与局限》，《经济评论》2003 年第 2 期。

[75] 陆长平：《新古典经济学的“悖论”及其反思》，《南开经济研究》2002 年第 2 期。

[76] 马歇尔：《经济学原理》，商务印书馆 1983 年版。

[77] 马艳：《中国马克思主义经济学的主流地位及其创新》，《上海财经大学学报》2005 年第 1 期。

[78] 孟捷：《危机与机遇：再论马克思主义经济学的创造性转化》，《经济学动态》2009 年第 3 期。

[79] 潘晓江：《关于簿记、资本、会计的历史考察：资本会计论（续五）——再谈国际金融框架与国际会计准则》，《中国第三产业》2004 年第 1 期。

[80] 庞巴维克：《资本实证论》，商务印书馆 1991 年版。

[81] 钱伯海、王莉霞：《否定物化劳动创造价值就等于否定马克思的劳动价值论》，《经济评论》1999 年第 2 期。

[82] 钱伯海：《企业物化劳动创造价值如何创和创在哪里——对宋则行教授有关质疑的回复》，《当代经济研究》1997 年第 5 期。

[83] 乔新生：《收入分配制度改革不能单兵突进》，《解放日报》2006 年 7 月 20 日。

[84] 秦晖：《从传统民间公益组织到现代第三部门》，http：//www.

wtyzy. net/（问题与主义）2001。
[85] 琼·罗宾逊：《经济学论文集》，商务印书馆 1988 年版，第 86 页。
[86] 《权衡：和谐社会中的收入分配：寻找政府与市场的合理边界》，《财经理论与实践》2007 年第 5 期。
[87] 萨缪尔森等：《经济学》（第 16 版），华夏出版社 1999 年版。
[88] 萨伊：《政治经济学概论》，商务印书馆 1963 年版。
[89] 世界银行：《中国：推动公平的经济增长》，清华大学出版社 2003 年版。
[90] 隋成竹、赵桂荣：《当代资本主义新变化的历史规律性》，《学术探索》2004 年第 8 期。
[91] 孙祖芳：《西方收入分配理论与实践的发展及其启示》，《同济大学学报》（社会科学版）2002 年第 5 期。
[92] 汤国钧：《我国关于"按劳分配"的讨论》，《经济研究》1958 年第 7 期。
[93] 唐铁汉：《国外政府公共服务的做法、经验教训与启示》，《国家行政学院学报》2004 年第 5 期。
[94] 唐正东：《马克思与"劳动崇拜"——兼评当代西方学界关于马克思劳动概念的两种代表性观点》，《南京社会科学》2005 年第 4 期。
[95] 特纳：《琼·罗宾逊与两个剑桥之争》，江西人民出版社 1991 年版，第 168—169 页。
[96] 王成稼：《关于生产资料公有制理论与公有制概念翻译问题》，《当代经济研究》2006 年第 1 期。
[97] 王检贵：《倒 U 现象是不是一条经济法则？——对罗宾逊经典结论的质疑》，《经济研究》2000 年第 7 期。
[98] 王健、吕玉莲：《论按贡献分配是社会主义分配的最高理念》，《经济纵横》2007 年第 3 期。
[99] 王璐、柳欣：《马克思经济学与古典一般均衡理论》，人民出版社 2006 年版。
[100] 王璐：《"剑桥资本争论"与新古典边际分配论质疑》，《河北经贸大学学报》2004 年第 5 期。
[101] 王晓升：《从异化劳动到实践：马克思对于现代性问题的解答——兼评哈贝马斯对马克思的劳动概念的批评》，《哲学研究》2004 年

第2期。

[102] 王越：《恩格斯晚年“革命策略”基本思想研究回眸》，《湖北社会科学》2008年第7期。

[103] 王智勇：《从劳动异化史观到唯物史观——论马克思历史观的转变及其内在逻辑》，《哈尔滨学院学报》2005年第10期。

[104] 卫兴华：《按贡献参与分配的贡献是指什么?》，《人民日报》2003年2月18日。

[105] 卫兴华：《劳动价值论讨论中的一些观点质疑》，《当代财经》2002年第12期。

[106] 吴朝震：《简析联合劳动价值论》，《南方经济》2001年第2期。

[107] 萧灼基：《推进理论创新指导经济实践——谈谈“关于深化对劳动和劳动价值理论的认识”》，《当代经济研究》2001年第5期。

[108] 谢志华：《分配制度变革是经济制度改革的核心问题》，《北京工商大学学报》（社会科学版）2007年第1期。

[109] 亚当·斯密：《国富论》，商务印书馆1972年版。

[110] 杨承训：《科学认识分配关系与所有制结构之间的内在联系》，《思想政治教育导刊》2005年第11期。

[111] 杨华星：《“富”与“均”：中国传统社会分配思想中的两难问题》，《云南大学学报》（社会科学版）2006年第1期。

[112] 杨继瑞：《论知识技术在价值形成过程中的功能》，《经济学动态》2001年第7期。

[113] 杨文进：《分配的逻辑与决定》，《经济评论》2005年第2期。

[114] 杨玉生：《从本质上坚持马克思的劳动价值论》，《当代经济研究》2000年第6期。

[115] 姚明霞：《西方理论福利经济学研究》，中国人民大学出版社2001年版。

[116] 尹碧波、柳欣：《新古典收入分配理论：总量悖论与实证检验》，《南京社会科学》2008年第1期。

[117] 尹沿技：《西方国家国有企业私有化理论初探》，《国际观察》2004年第1期。

[118] 于金富、李影：《试论生产要素按贡献参与分配与按劳分配的一致性》，《教学与研究》2004年第9期。

[119] 于金富：《构建现代马克思主义经济学范式》，《马克思主义研究》2008 年第 4 期。

[120] 于金富：《马克思按劳分配理论与我国现阶段社会主义分配制度》，《当代经济研究》2006 年第 11 期。

[121] 张凤林：《西方资本理论研究》，辽宁大学出版社 1995 年版。

[122] 张雷声：《从资本主义基本矛盾运动看资本主义历史走向》，《中国人民大学学报》2005 年第 3 期。

[123] 张小也：《“按贡献参与分配”的主体是谁——访国家发改委宏观经济研究院研究员常修泽》，《光明日报》2003 年 5 月 13 日。

[124] 张燕喜：《中国特色社会主义分配问题初探》，《当代世界与社会主义》2008 年第 2 期。

[125] 中共中央党校研究室编：《28 位专家学者谈劳动价值论再认识》，中共中央党校出版社 2001 年版。

[126] 中央党校编写组：《四个如何认识学习问答》，中央党校出版社 2006 年版。

[127] 朱钟棣：《当代国外马克思主义经济理论研究》，人民出版社 2004 年版。

[128] 邹东涛：《劳动价值论：把创新写在自己的旗帜上》，《经济评论》2003 年第 4 期。

后　记

步入马克思主义经济学的研究是从2000年考入当时的清华大学人文学院经济学研究所（现清华大学社会科学学院经济学研究所）攻读硕士学位开始的。在此之前，我虽然对经济学有兴趣，在党校工作时也讲过一些经济和管理方面的课程，但是并没有明确的研究方向，也没有对自己的学术追求和能力有清晰认识。第一篇真正意义上的学术论文是在清华大学上蔡继明教授的《资本论研究》课时课堂思考所得。蔡老师提出，商品价值量与劳动生产率不成反比而成正比，这一观点与我所接受的传统观点不一致，促使我产生了认真研读《资本论》的冲动，试图反驳蔡老师的观点，最终形成了《试论劳动价值论的适用范围》一文（发表于《求是学刊》2002年第6期）。当然，当时这一举动只是想反驳蔡老师，说到底也是要维护自己心中传统教育留下的观点，是为了肯定自己观点的正确。蔡老师随后的课堂讨论中又花了相当时间来说明我的观点是不正确的，坚持他所持的广义价值理论。这样的课堂教学与讨论极大地开拓了我的思路，让我开始思考劳动价值论在何种条件和环境下是有效的，而在何种条件下又存在问题。我对资本概念以及生产要素和价值创造等观点中马克思主义经济学与西方经济学的异同进行了对比和思考，读硕士期间，与导师合作在核心期刊《求是学刊》和《教学与研究》上发表了两篇相关论文，从而走上了研究马克思主义经济学与西方经济学比较的研究之路。在清华读硕期间，我的导师吴娅茹教授不仅关心我的生活和政治表现，对我从事的学术研究也给予大力支持，拿出经费让我参加全国政治经济学研讨会，帮我修改论文，从语句表述到标点符号，修改十分细致。当时，《教学与研究》编辑部的陈翔云老师说，没有见过清样出来后还进行如此细致修改的老师。

正是因为在清华读硕士期间能够在核心期刊上发表文章，我才坚定了从事学术研究，尤其是马克思主义经济学研究的道路。清华给予我的不仅是学术上的引领，还有感情上的归属，让我看到了优秀的老师是如何关心爱护学生，如何以学生为荣不断帮助学生发展的。清华当然也开拓了我的眼界，见识了诸多学界“牛人”，毕业后不再对学术研究有神秘感，在学术研究的道路上勇于探索和坚持自己的观点。

在我学术成长的路上还离不开中国社会科学院经济学研究所主办的全国政治经济学研讨会对我的鼓励和熏陶。2001 年我在清华读硕士时就在蔡老师带领下参加了在东北财经大学召开的年会，所提交的文章在会议报到的当天晚上就为《求是学刊》编辑看中要刊发，真是给了我巨大的鼓励。这个论坛由一批从事政治经济学研究的志同道合者主办，充满学术平等交流、交锋和探讨的氛围，不分年龄、地位、学校，体现了学术至上的学术会议宗旨。大家在会上畅所欲言，热烈争论，遵循学术研究的规范和讨论的平等，每一个参会者都有机会发言，每一个学者发言之后的提问环节都难免受到质疑和讨论，最终还有点评人对发言人提交的论文进行诚恳评点。发言对每一个参会者来说都是一个荣誉也是一个机会，因为大家都想把自己的思想与其他人交流分享，都想通过他人来验证自己的对错。政治经济学遗留的历史问题很多，有些问题又涉及马克思主义的基本观点和立场，讨论难免会有观点交锋和思想对立，甚至出现一些情绪化的场面。但是，坚持平等的交流和追求真理的学术精神是这个论坛的一贯风格，这样的一个风格在很多年里能得到坚持，得益于主持承办会议的中国社会科学院经济学研究所钱津研究员高超的组织能力，他善于营造平等的学术交流氛围，保证会议顺利开展，这是我参加过的学术会议中氛围最好的一个！因此，多年来不管我在何处工作，总是尽量参加这个论坛，论坛的组织者钱津研究员也对我关怀有加，是我学术道路上的一个赏识者和支持者。我每一次参会文章基本都收录在会后的论文集中，也总是能够发表在好的刊物上。有一段时间我在一个专科学校教书，参加这样的论坛对我的学术研究的推动是十分巨大的。尤其是在河南财经政法大学的那届年会上，在中午将用餐之前还有十几分钟，钱老师提议再找个人发言，最后把这个荣誉给了我这个会议上唯一来自专科学校的老师，真是抬举！论坛伴随着我的学术成长，是我了解学术前沿的一个主要途径和窗口。论坛参会的许多老师的思想给了我许多的启发和帮助，也增进了我与他们之间的交流和感情。其中，特别要提到原南开大学经济研究所所长柳欣教授，他每一次都是积极支持论坛，热心交流，从没有大学者的架子，他对资本主义经济的金钱游戏论述尤其发人深省。可惜他英年早逝，让人叹息不能再有机会聆听他的教诲。河南财经政法大学的樊明教授也使人印象深刻，他带领学生进行社会调研，一年出一本书的教学改革让人对海外归来的经济学者热心育人的精神充满敬意。

当然，论坛也使我以文会友，结识到许多朋友，其中一位就是吉林社会科学院赵玉琳研究员。他思想解放，思路活跃，对社会主义经济有自己独特而系统的看法。他还提携后学，乐于与年轻人交流。他始终关注和支持我的研究，与他在一起真让人忘记年纪和环境，只是沐浴在学术的思想场域之中。

这些师长带领我走过了这些年的学术之路，没有他们的交流和鼓励，学术研究一定没有这样令人流连。学术研究首先是一个兴趣问题，是一个在逻辑与历史中去探究真理的过程。其乐趣首先是思维的快乐，其次是交流的快乐，当然也有社会认同的快乐。没有快乐，学术研究就会异化为任务与名利而进行的文字游戏。这些年不管我身处何种环境能够坚持学术研究，就是因为其中有着日常感性所难以达到的快乐。

马克思主义经济学的研究应该是开放的，应该在与西方经济学的比较与交锋中不断发展。如果强调或重复经典观点就叫作马克思主义经济学研究，无视历史发展和人类认识进步，马克思主义经济学不可能在新的时期获得新的发展，更不可能得到更多人的了解和支持。

本书是我主持的江苏省哲学社会科学基金项目“马克思主义经济学在当代中国的发展研究”的结项成果，也是我主持的国家社会科学基金项目“马克思主义经济学中国化历程研究”的阶段性成果。书中许多观点和研究的视域都是在清华上学时期形成的，后来在教学与科研中又不断加以拓展，形成了相对系统的对马克思主义经济学主要领域在当代中国发展的基本思考。这些思考并没有形成结论性观点，而是反映了我对马克思主义经济学在中国今天的社会环境和实践中产生的新变化和新发展的一些认识。当然，有些观点可能与主流观点有所不同，但是我认为，我们要容许和鼓励学术研究的创新和发展，因为没有创新和发展，马克思主义经济学就缺乏对当代人的吸引力，缺乏对现实经济社会问题的解释力，最终只能越来越边缘化。不要急于对研究成果做出哪些观点是不是马克思主义的判断，因为马克思主义经济学的研究应该遵循的是马克思主义的研究方法，而不是具体的结论。本书观点和论述大部分已经在我以前的研究过程中以文章和著作的方式发表过，但是没有充分系统化，这次借省课题结项之机进行了全面梳理。

马克思主义经济学在当代面临着许多挑战，要使马克思主义经济学发挥对中国特色社会主义经济建设的指导作用，就需要在研究中解放思想，从历史与逻辑统一的角度来认识马克思主义经济学的历史成果，结合当前中国和世界社会主义实践中遇到的问题，不断创新和发展，促进马克思主义经济学更加贴近当代社会，能够解释和指导现实经济的发展，在当代中国经济学思想中始终保持自己的主流地位和思想价值。

本书出版得到省重点建设学科和校重点学科——盐城师范学院马克思主义理论一级学科、省品牌专业——盐城师范学院思想政治教育专业的支持，是重点学科组编的《马克思主义话语创新与生活传播研究丛书》中的一部，在课题研究和成果出版过程中得到校领导和科研处、法政学院、马克思主义学院领导的关心和支持，刘张华博士参与课题部分研究工作，在此一并表示感谢！

贾后明

2015 年 11 月 20 日